语篇的"言语个性"
分析及语篇教学模式研究

王清华 著

东北师范大学出版社

长 春

图书在版编目（CIP）数据

语篇的"言语个性"分析及语篇教学模式研究/王
清华著. —长春：东北师范大学出版社，2014.12（2024.
8重印）
　　ISBN 978 - 7 - 5681 - 0554 - 5

　　Ⅰ.①语…　Ⅱ.①王…　Ⅲ.①语言教学—教学研究
Ⅳ.①H09

　　中国版本图书馆 CIP 数据核字（2014）第 311793 号

□责任编辑：冀爱莉　　□封面设计：李冰彬
□责任校对：施　涛　　□责任印制：刘兆辉

东北师范大学出版社出版发行
长春净月经济开发区金宝街 118 号（邮政编码：130117）
网址：http：//www.nenup.com
东北师范大学出版社激光照排中心制版
河北省廊坊市永清县晔盛亚胶印有限公司
河北省廊坊市永清县燃气工业园榕花路 3 号（065600）
2015 年 4 月第 1 版　2024 年 8 月第 3 次印刷
幅面尺寸：155 mm×230 mm　印张：18.50　字数：300 千

定价：55.00 元

本书系东北师范大学
图书出版基金项目

前　言

前　言

　　本书的研究课题在很大程度上起源于我博士生期间的工作。我的博士论文试图在"语言个性结构"理论、语篇分析和语篇教学之间建立起一座桥梁。研究灵感源于：一、语篇作为言语思维活动过程和结果的总和，作为言语交际活动的重要媒介，它不仅把言语思维活动和相应的社会文化背景纳入其中，还保存了人类的普通经验、知识、思想、价值观念和价值体验，也反映了语篇生成者的个性特点。二、"语言个性结构"理论中词语——语义层、认知层和动机——语用层的配置与言语活动结果视角的语篇——话语的结构语言、反映现实和目的方向三个特点相一致，因此，语篇描写是"言语个性"分析的重要途径。三、教学语篇具备语言学语篇的一切特点，我们可以运用"语言个性结构"理论建立反映俄罗斯民族"言语个性"特点的"三维语篇教学模式"，而"言语个性"知识，毫无疑问，是民族文化的一部分，如果高中俄语课堂推行"三维语篇教学模式"，那么《普通高中俄语课程标准》（实验稿）提出的"文化素养目标"就会顺利实现。

　　2012年在东北师范大学教育科学学院完成博士学业后，我未将博士论文束之高阁，导师的鼓励、认可和建议，以及自己对这一课题的兴趣一直激励着我对它进行修改和充实。2013年12月，我的工作单位通知我申报"东北师范大学图书出版基金选题"，在近30个单位推荐的报名者中，本课题有幸闯过激烈的角逐，最终成为"学校图书出版基金学术委员会"评审通过的10部著作之一，荣幸地获得资助。2014年2月至7月，我集中时间重新审视博士论文中的研究思路，对许多关键性的问题作了进一步思考。在本书中，通过对课题研究的理论依据进一步匡正，对反映"言语个性"特点的语篇进行深入的讨论，理论运用更加合理，语篇解释更加深入，语篇教学模式得到进一步修正和充实。

　　近些年来，国内外出版了较多语篇分析的著作，通过一些研究者的努力，国内外语学界对语篇分析的一些做法，如衔接、连贯、人际意义、主位—述位分析、及物性分析、语篇意义的建构、语篇的生成与理解等也较为熟悉。但由于语篇是跨学科的复杂现象,涉及面广,因而研究者们可能运用不同的理论研究语篇。"语言个性结构"理论,是通过民族语篇的话语组织结构来解读民族个性心理特征的理论,也是俄罗斯目前语言学界的主流理论,自 2003 年被赵爱国教授引入我国之后,研究进程缓慢,将其用于语篇分析的研究更是少见,运用"语言个性结构"理论建立语篇教学模式的研究至今尚未见到,希望本书所做的工作是一个有意义的开端。

本书既研究语篇本身,也研究语篇体现的民族"言语个性"特点;既研究我国现行高中俄语语篇教学现状,又研究"语言个性结构"理论指导下的语篇教学模式。

全书总体布局共分为十章:

第一章是绪论,主要阐述选题的研究背景、研究意义、研究对象与问题、研究方法与技术路线。

第二章对本研究涉及的三大核心问题——语言个性(言语个性)问题、语篇问题及语篇教学问题在国内外的研究现状进行了评述。

第三章是提出本研究的理论依据。对人格心理学理论、民族心理学理论、语言个性结构理论和言语个性理论进行了简要介绍,以便指导后面具体问题的研究。

第四章对语言学语篇的概念、语篇特点、语篇结构和类型都进行了深入探讨。

第五章通过分析俄语语篇的"言语个性"(性格特质、思维方式和价值观特质)特点,来说明俄语语篇是了解俄罗斯文化——"言语个性"的重要渠道。

第六章通过解读"言语个性"形成过程,说明了俄罗斯民族个性的形成有其复杂的原因,如种族因素、自然地理条件、东正教、历史命运和地缘政治地位等。

第二章至第六章,主要想让读者知道什么是"言语个性"、什么是语篇、如何通过语篇了解"言语个性"特点、为什么语篇中的俄罗斯人会有这样的个性特点。紧接着,我试图用"言语个性"理论说明俄语教学语篇同样具有语言学语篇的特点,说明课堂语篇教学重视"言语个性"这一文化元素,是语篇教学应该解决的根本问题,也是还原人类言语作品——语篇以本来面貌。

第七章试图通过编制观察量表和课堂实录两种考察方法了解高中教

师在语篇教学中关注文化元素——"言语个性"的情况，了解现行的语篇教学理念，找到阻碍"文化素养目标"实现的原因。

第八章依据俄语语篇教学的性质和实现"文化素养"目标的必要性，对俄语语篇教学所要解决的问题进行探讨。

第九章结合现行高中俄语语篇教学现状，在尊重语篇语言、认知、语用三大特点的条件下，在"语言个性结构"理论的指导下，构建"三维度语篇教学模式"。解决目前高中俄语课堂教学中存在的问题，实现《普通高中俄语课程标准》（2003）的"文化素养"目标和"俄语综合语言运用能力"的总体目标。

第十章是对本研究进行的总结，对研究成果应用前景的展望。

在成书的过程中，我对原来的博士论文各个章节进行了不同程度的修改和补充，特别是对第一、二、三、四章补充了较多的内容，最重要的是对理论部分进行了大幅度的调整，对语篇本身较之前进行了更深入的研究。

本书在修改的过程中，我的博士生导师高凤兰教授对我一直十分关心，在百忙中为我推荐书稿并给予我热情的鼓励，使得这部拙作最终修成正果；东北师范大学外语学院博士生导师杨忠教授、张绍杰教授，作为我的老领导，多年来他们都非常关心我的成长，对于我的两部著作他们都曾细致阅读书稿及草稿，热情为我推荐出版；在本课题的实证研究阶段，制作"课堂观察量表"过程中，东北师范大学外语学院博士生导师刘永兵教授曾给予我具体建议。几位先生的学术精神及人格魅力在无声地感染着我，我对他们的敬意深藏心中。另外，本书在出版的过程中，也曾得到院党委张绍刚书记的热心支持；东北师范大学图书出版基金学术委员会的公正审稿，使拙作得以与读者见面；在本研究的课堂观察阶段，黑龙江、吉林、内蒙古的 17 位高中老师无私地为我提供课堂，使我能够顺利搜集所需要的数据；在本书的各种图表制作中，张浩同学、李婷婷同学都曾给予无私的帮助；我身边的同事和朋友们对本书的即将问世给予了莫大关怀；在我埋头修改书稿的日子里，丈夫和女儿给了我太多的体谅、关怀和包容。这一切都令我永远心存感激。

最后，谨向为该书出版提供资助的东北师范大学以及东北师范大学出版社的编审们表示衷心的感谢！

王清华

2014 年 6 月 13 日

目　　录

第一章 绪 论

第一节 研究背景

新世纪以来，随着中俄友好合作伙伴关系的确立和双边交流与合作领域的迅速扩大，我国社会对俄语人才的需求日益增长，相应地对俄语人才的培养提出了更高的要求。21 世纪中俄两国关系日趋紧密的大背景要求俄语学习者不仅要学会听、说、读、写、译，更重要的是，在了解俄罗斯国家文化、了解俄罗斯人的条件下，还要会得体运用俄语语言，实现与俄罗斯人的跨文化交际，这才是新形势下俄语教学应该追求的目标。我们必须承认，我国的高中俄语教学遇到了新问题、新挑战，需要我们认真面对，及时找出对策。只有这样，俄语教学才能够与时俱进，培养出符合时代要求的人才。选择《俄语语篇的"言语个性"分析及语篇教学模式研究》作为研究课题，主要基于以下几个原因：

一、俄语语篇是跨文化交际的重要媒介

随着心理语言学、语用学和交际理论的发展，反映客观现实与创建语篇（дискурс）的语言理解和言语理解取代了远离现实的语言系统的学习。语篇不仅把言语活动、话语活动和相应的社会文化背景纳入其中，还保存了人类的普通经验、知识、思想、价值观念和价值体验。因此，人在评价自己的个性时，不仅依据本我和自己交际圈内部的关系特点，还依据语篇，因为语篇不仅反映客观现实，还能够反映个性本身的特点。

用谢尔巴（Л. В. Щерба）的话说，具体社会群体生存的某个时代，具体环境的说和理解的总和，对研究跨文化交际尤其重要。这是因为不同语言文化的代表们有自己的价值观念、交际规范和原则，"关系建设"

的脚本和交际角色的定位，首先取决于具有民族特点的语篇[1]。如果说在单一文化的交际中，交际者们由于以前的经验相同或相近，而使自己的感知过程具有"压缩"特点，那么在与另一种语言和文化承担者互动时，交际会因为语言障碍、交流障碍和价值观念等障碍而复杂化。

因此在跨文化交际中，语篇知识可以帮助交际者感知对方的语感特点和行为特点。例如，俄语语篇不仅包括交谈中交换的信息，还包括朋友们的共同观念以及正常的交际态度，所以俄语语篇在本质上能够形成俄语语言承担者的日常意识。

俄语语篇特有的深情、坦诚和信任有利于关系的加强，而这却往往让西欧文化代表感到不解和繁琐，让东亚文化的代表陷入文化休克。一般来说，辨别俄语语篇的人际意义、互惠目标和情感评价会很困难。在相互理解方面，俄罗斯人不习惯像东亚文化代表那样善于察言观色，东亚文化代表含蓄和委婉的语篇会让他们感到人际的复杂。所以在跨文化交际中语篇分析具有心理语言学特点，语篇的民族文化特点研究和民族"言语个性"研究对跨文化交际实践具有非常重要的意义。

二、语篇描写是"言语个性"分析的重要途径

众所周知，人，即个性创造文化，并在文化中生存，个性中明显体现人的社会特点，因为人本身是社会文化生活的主体。著名的美国心理学家马斯洛夫（А. Маслоу）把人看做内部特点的存在，他认为，作为内部特点的人几乎不依赖外部世界，内部特点是任何一种心理形成的原始条件。而生活，与内部特点相适应，被看做心理健康的原因[2]。但是研究个性离不开国家、民族文化背景，因为人一出生就要面对一定民族的文化原型。文化范畴包括时间、空间、历史、地理、政治、国家命运、风土人情等。文化反映当时的价值体系特点，文化还提供社会行为模式和感知世界的模式。这是形成"言语个性"的独特的协调体系。

"言语个性"是言语生成者在选择交际策略和交际手段时折射出的"语言个性"。卡拉乌洛夫认为（Караулов，1987），"语言个性"是拥有创建和感知话语之能力的人[3]。按照他的观点，话语有三个特点：结构语言的复杂程度不同；反映现实的深度和准确度不同；有一定的目的方向。卡拉乌洛夫根据艺术作品话语（текст）研究了语言个性的层面模式。他的见解是语言个性存在于三个结构层之中。

第一层是词语语义层，即语义系统。这一层是不变的语言层，它反

映说话人掌握日常语言的程度；第二层是认知层，这一层是指社会个体（语言个性）所固有的知识和概念在话语中的实现，来自集体认知空间和个体认知空间的知识和概念都在这一层中实现并被认识。这一层反映个性的世界、个性的词库、文化和语言模式；第三层是话语的最高层，即语用层，这一层包括揭示和说明语言个性说话的动机和目的。

因此，信息的编码和解码都在"个性交际空间"中词语——语义、认知和语用三个层面的相互作用下发生。"语言个性结构"理论的三个层面在配置与交际过程中沟通、互动和感知三个方面相互关联。

"语言个性结构"理论的层面模式反映概括的个性类型。在该文化中具体的语言个性可能会有很多，他们的区别在于个性组成要素中每一个层面的意义会发生变化。因此，语言个性是言语交际中个性多层面多成分的聚合体，是活动中的语言个性。既在言语交际中体现语言个性的民族文化特点，又体现交际本身的民族文化特点。

"语言个性"的内容通常包括如下一些成分：

1. 教育内容，如世界观、价值观（即价值体系）或生命意义体系。语言提供了一个原始、深刻的世界观，形成了语言世界映像和民族性格，形成了对话交际过程中得以实现的精神层面。

2. 文化成分，如提高语言学习兴趣有效手段的文化发展方面。与言语行为规则和非言语行为规则密切相关的所学语言的文化因素，促进充分使用交际技能和有效影响交际伙伴发展的方面。

3. 个性成分，即每个人身上个体的、深刻的东西。

"语言个性"存在于语言反映的文化空间中，存在于科学、日常生活等不同层面的社会意识形式中，存在于行为规范和行为标准中，存在于物质文化的对象中，等等。作为意识观念的民族价值观在文化中起着决定性的作用。

文化价值是一种体系，其中可以划分出普遍文化价值和个体文化价值、主导文化价值和补充文化价值。他们在语言中得到反映，确切地说，在词义中，在句法单位的意义中得到反映，在成语、格言警句中得到反映，在先例文本中得到反映，卡拉乌洛夫把这类单位称为语篇（*дискурс*）。语篇描写是研究语言个性的重要途径，因为它反映语言个性结构组织中语句的总和。某个民族文化共性的心理特点都会在个体的言语行为中留下痕迹。所以通过研究作为言语行为的语篇，可以了解语篇背后的语言个性，了解语言个性的民族文化特点。

三、我国高中俄语教学理念亟待更新

我国《普通高中俄语课程标准》（2003）提出，发展学生的"俄语综合语言运用能力"是我国高中俄语教育的总体目标[4]。俄语综合语言运用能力包括语言知识、语言技能的掌握、学习策略的设计、情感态度和文化素养的培养。如果说，语言知识、语言技能是掌握俄语语言的基础，那么学习策略和情感态度是影响学生学习俄语的重要因素，而文化素养则是得体运用俄语的重要保障。得体运用俄语是"俄语综合语言运用能力"的表现形式，是俄语教育的终极目标。要保障学生能够得体运用俄语，顺利实现跨文化交际，那么在俄语教学中注意学生文化素养的形成则显得尤为重要。

在俄语课程标准实施十年之际，为了检验课程改革的实施状况，作者对黑龙江、吉林和内蒙古三个省份的高中俄语教学情况进行了课堂跟踪调查及课堂录音。发现高中俄语教学理念普遍保守，几乎无一例外地采用古老的"翻译法"进行语篇（对话和课文）教学。教学目标更多的是应对高考。教师的"跨文化交际"意识不明显。这一现状显然偏离了《普通高中俄语课程标准（实验稿）》提出的"文化素养目标"。本研究希望通过分析语篇的"言语个性"特点，给高中俄语语篇（对话和课文）教学提出有益的建议。

社会语言学家海姆斯（D. H. Hymes）指出，一个学语言的人，他的语言能力不仅是他能够造出合乎语法的句子，还包括他是否有恰当地使用语言的能力，由此海姆斯首先提出了"交际能力"这一著名的概念。这里的"交际能力"既包括语言能力，又包括语言运用。他还进一步阐明了交际能力的四个特征：一是能够辨别、组织合乎语法的句子；二是在适当的语言环境中使用适当的语言；三是能判断语言的可接受性；四是能知道语言形式出现的或然率是常用的习惯语言，还是个人用语[5]。要想"恰当地使用语言"，至少要对俄罗斯人有基本的了解，如性别、年龄、社会地位、受教育程度、时间、地点与场合等；要想知道自己所说的话作为交谈对象的俄罗斯人能否接受，就要熟悉他们的性格、思维方式和价值观等个性特点。从这一点看，作者通过俄语语篇教学来考察"文化素养"——"言语个性"知识在高中俄语教学中的呈现情况显得尤为迫切。

《普通高中俄语课程标准》提出"俄语综合语言运用能力"这一目

标的同时，还提出高中毕业生最终能够达到在交际中注意中俄文化的差异，形成初步的跨文化交际意识的能力。这无疑对高中俄语教学提出了更高的要求。

根据《普通高中俄语课程标准》的教学目标、要求以及对教师的要求，我们认为，学习俄语语言、训练俄语言语技能、了解俄罗斯文化、培养跨文化交际意识，这在未来的俄语学习及应用中是非常关键的内容，但说到底，这些素质的具备最终还是为了面对俄罗斯人。了解他们才能走近他们，如果想在交际中尽快拉近与俄罗斯人的心理距离，首先应该了解俄罗斯人的个性特点。这一点在目前的俄语教学中显然还没有引起重视。

基于上述现实，本研究以《俄语语篇的"言语个性"分析及语篇教学模式研究》为题具有现实意义。

第二节　研究意义

提高俄语学生的文化素养，让俄语学习者通过俄语语篇学习了解俄罗斯人的性格、思维方式、价值观等个性心理特征，对俄语语言学习和俄语言语交际有着重要的意义。哪些文化元素是迫切需要的，如何有效地形成学生的文化素养，这些问题一直困扰着广大中学俄语教师，本研究选择《俄语语篇的"言语个性"分析及语篇教学模式研究》作为研究课题，具有重要的理论价值和实践意义。

一、理论意义

目前高中俄语语篇教学只重视表层的语言知识讲解，而对保证俄语语言理解、言语交际顺利进行的文化素养形成却不以为然，作为俄语文化元素的"言语个性"——俄罗斯民族的性格、思维方式和价值观更是无人关注。本课题通过语篇教学来培养学生的文化素养，让学生了解俄罗斯民族的内在心理特征，对《普通高中俄语课程标准》中"文化素养"目标的实现提供了较好的研究视角。

二、实践意义

俄语"言语个性"与俄罗斯民族心理、认知、思维活动相关，了解言语个性，就是通过语篇了解俄罗斯人的性格、思维方式和价值观。了解"言语个性",可以有效地帮助学生理解俄语语言,准确地提取俄语语篇信息,正确理解俄罗斯民族的言语行为。此外,了解俄语"言语个性",还可以有效地培养高中俄语教师的国际意识,为俄语学习者和工作者尽快走进俄罗斯人的内心世界,在交际中尽快缩短心理距离提供参考。

针对中国学生学俄语难、说俄语难、用俄语与俄罗斯人进行实际交流更难的现象,在我国俄语教学界一直不断去发现问题、解决问题,有志之士还多次组织举办俄语教学改革的会议,让俄语教育工作者畅所欲言,力求找到问题存在的症结,比如由重视语言教学到重视言语教学,由重视言语教学到重视情景教学,再到注重文化因素在实践课中的导入,充分体现了俄语教育工作者立志教好俄语的决心和把学生培养为有用之才的理想。遗憾的是多年的努力改革似乎一直没有找到问题的根本原因。作者认为,人类中心论的语言学研究,必将带动新一轮的教学改革,那就是学语言、练言语、重文化之后,最终不可避免地把我们的目光投向俄语语篇的生成者——俄罗斯人。只有走近俄罗斯人,我们才能够实现俄语理想——学以致用。从这个角度看,《俄语语篇的"言语个性"分析及语篇教学模式研究》不仅适合高中俄语教师,还适合高等院校俄语专业、非俄语专业教师使用。除此之外,本书还可以作为语篇研究者、学科教学论方向的研究生、博士生的参考书使用。

第三节　研究对象与问题

一、研究的对象

本课题的研究对象是俄语语篇、俄语语篇的"言语个性"特点和反映"言语个性"特点的俄语语篇的教学模式。

二、研究的主要内容

本课题研究俄语语篇的内涵、特点、结构和类型;研究俄语语篇生成者——俄语"言语个性"特点及其类型;研究俄语"言语个性"特点形成及演变的影响因素和"言语个性"研究本身对跨文化交际和俄语语篇教学的实用价值;研究我国现行高中俄语语篇教学的现状;研究"语言个性结构"理论的性质,并在该理论基础上建立反映俄罗斯民族"言语个性"特点的"三维语篇教学模式"。基于叙事语篇和文学语体语篇的观念分析法描述和归纳俄罗斯民族言语个性特点及其演变现象。研究的主要问题是：

1. 语篇的概念、特点、结构和类型怎样？

2. 俄语语篇是怎样反映文化元素——"言语个性"特点的？

3. 高中俄语课堂是否实现了新课标要求的"文化素养"目标？

4. 语篇教学是否能够实现"文化素养"目标？怎样的语篇教学模式能够实现课程标准要求的"文化素养"目标？

第四节 研究方法与技术路线

一、研究方法

根据本课题研究的内容和要解决的问题，研究的过程采用了如下方法：

1. 文献法。通过阅读文献发现国内外蕴含"言语个性"成分的"语言个性研究"、"语篇研究"和"语篇教学研究"的特点，界定"语篇"和"语言个性"的概念。

2. 课堂观察法。运用《课堂教学观察系统量表》记录高中俄语教师的语篇教学过程，对高中课堂教学的整体情况有一个感性认识。

另外，还根据《转写标注规范手册》对所研究的对象——高中俄语语篇教学的课堂实况进行录音，然后把录音中教师和学生所说的每一句话都追记下来，记录在软件中，用相应的符号严格按照《转写标注规范手册》的要求录入。转写后，将得到的课堂观察录音转写文件转化成网页形式，再转入 word 制作成表格。最后把 word 版本表格形式的课堂观察转写文件转成 text 文本文件放入语料库进行分析。

3. 统计分析法。对课堂观察和录音转写获取的资料数据进行统计处理，描述和分析不同背景特征的俄语教师对俄语语篇教学的影响。

4. 案例分析法。运用典型的语篇样例来分析语篇呈现的"语言个性"类型。

5. 思辨法。用于论证"俄语语篇语言个性的成因"和语篇教学模式的构建思路。

整体上，本课题将运用文献法完成论文的"文献评述"、"语篇"、

"语言个性"的概念界定；运用课堂观察法和统计分析法完成"高中俄语教师对俄语语篇语言个性关注状况的调查研究"；运用案例分析法完成"俄语语篇的语言个性分析"；运用思辨法完成"俄语语篇语言个性的成因"分析和语篇教学模式的构建。

二、技术路线

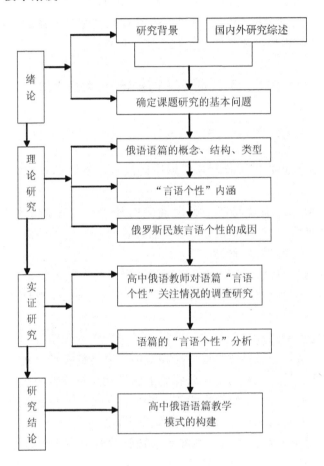

第五节 创新之处

一、研究视角新

本课题突破了系统功能语言学、语言文化学、言语行为理论等研究语篇的方法，从心理语言学"语言个性结构"理论视角揭示了语篇的本质特征；通过语篇课堂教学考察文化（语言个性）素养目标在中学的实施情况；以"语言个性结构"理论为指导构建文化支架的"三维语篇教学模式"。

二、研究方法新

本课题在对高中俄语学生文化素养（语言文化和交际文化）的形成情况进行分析时，不是采取传统的思辨法，而是通过对高中俄语课堂跟踪观察和课堂录音得来的数据进行了实证分析。

第二章　言语个性、语篇和语篇教学问题研究现状述评

本课题是心理语言学范畴的"语言个性结构"理论应用于语篇分析和语篇教学实践的研究。在研究过程中涉及三个核心问题："言语个性"、"语篇"和"语篇教学"。因此在正式进入课题研究之前，本章将对三个问题的国内外研究现状作一述评。

第一节　"言语个性"问题研究现状述评

"言语个性"是言语生成者在选择交际策略和交际手段时折射出的"语言个性"。俄罗斯科学院院士、苏俄心理语言学家卡拉乌洛夫（Караулов Ю. Н）于 1987 年提出语言个性（языковая личность）这一概念，将个性（личность）概念外延扩展到语言层面，是对一般个性的发展和深化。他认为，心理学中的个性是由生物本能、社会条件和物理环境互动而产生的相对稳定的有动机趋势的组织[6]。而语言个性是对创建和感知言语作品（话语）起着制约作用的人的能力和特性的总和[7]，是在语言（言语）中所体现的个性。心理语言学也指出，每一篇话语背后都有一位掌握语言系统的个性[8]。卡拉乌洛夫（1987）将个性和语言个性视为跨学科现象，认为尽管心理学和心理语言学都是研究人的心理特征，但心理学侧重的不是人的认知方面，而是其情感和意志方面。如果语言个性作为分析的客体，那么人的智力（认知）方面就提到了首位[9]。二十多年来，国内外学者对语言个性问题进行了多重探讨，争议主要围绕以下五个问题：

一、语言个性与个性的区别

卡拉乌洛夫（1987）认为，二者既有联系又有区别。联系是：个性

与语言个性都体现人的个体心理特征。区别是：个性的心理特征可以在各种各样的活动中，如在非言语活动和言语活动中体现，但主要体现在情感和意志方面；而语言个性的心理特征只能通过言语思维活动作品——话语（текст）体现出来，突出个性的智力（认知）方面[10]。因此语言个性多见于话语分析中。

二、语言个性的实质

卡拉乌洛夫（1987）发现，早在 1930 年维诺格拉多夫（Виноградов В. В.）就已接触语言个性概念，但他是通过研究文学作品的"作者形象"和"艺术形象"来解释它。之后鲍金（Богин Г. И.）（1984）在自己的博士论文中描写了语言个性发展的过程，从语言教学角度提出"语言个性"模型。而卡拉乌洛夫（1987）则在前人研究的基础上提出了最系统的强调认知内容的"语言个性结构"理论。这一理论把人的语言能力和人生成的话语特点（语言结构、反映现实、交际目的）结合起来。从1987 年至今的 20 多年里，俄罗斯学者对"语言个性"展开了广泛的研究。研究语言个性的语言学方向有：心理语言学（Залевская А. А.）[11]、历史语言学（Аникин Д. В.）[12]、语言教学（Караулов Ю. Н.）、语言文化学（Карасик В. И.）[13]、民族语言学（Шойсоронова Е. С.）[14]、社会语言学（Сиротинина О. Б.）[15]、认知语言学（Бабушкин А. П.）[16]、语言修辞学（Ворожбитова А. А.）[17]。我国学者赵爱国（2003）从哲学角度对"语言个性结构"要素及其相互关系作出了评价。[18]李新民、关海鸥（2012）对语言认知个性化生成的理论进行了探索，搭建了语言个性化的认知理论构架。[19]这说明在语言科学领域，语言个性的内容及其实质形成了多元化特点。

三、语言个性的类型

别兹洛科娃（М. Б. Безрокова）（2013）在文章中指出，目前学界已引入 60 多个语言个性类型，如第二语言个性、俗语语言个性、历史语言个性、双语语言个性、多语语言个性、单语语言个性、职业语言个性、文学语言个性、精英语言个性，等等。[20]哈萨克斯坦的学者苏尔塔尼亚耶夫（О. А. Султаньяев）（2004）对俄罗斯民族的"俄罗斯性"进行论证后又提出了民族语言个性类型。[21]我国学者孙军（2001）曾在广义语言个性的基础上提出了思维个性、狭义个性、言语个性和交际个性的类型。[22]

四、不同民族语言个性的异同

近年来也有一些学者开始尝试对比分析不同民族语言个性的异同。如俄罗斯学者涅多苏果娃（Недосугова А. Б.）（2010）对俄罗斯民族个性和日本民族个性的心理特点、语言文化特点进行了分析，在进行多层面对比研究中揭示了俄语和日语文化中民族性格的异同[23]。越南学者列·德科·特崖（2003）在俄、越两种民族谚语基础上研究了越南民族和俄罗斯民族不同的外貌特征[24]；我国学者高键（1999）在文章"语言个性与翻译"中对汉、英语言个性作了较充分的揭示[25]。

五、语言个性理论对教学的指导意义

随着语言个性研究的推进，近几年有些学者把目光转向了语言个性理论的应用研究。如俄罗斯学者科列切托娃（Кречетова Е. А.）（2010）认为，技能和个性活动教学方法是发展教育和培训的优先方法。俄语语言和文学教学体系中采用技能和个性活动方法能够使学生的人文文化、精神、道德价值观融入社会，增强人的积极性和创造性，培养耐性[26]。我国学者李向东（2011）将语言个性的常量内容植入了教学实践过程[27]。

如上所述，语言个性理论对人的个体心理特征、语言能力和话语组织有独到见解和很强的解释能力，但理论本身，无论就其体系的完善，还是就其应用方面来说仍有深入研究的空间。过去的研究或专注于理论探讨，或专注于类型学研究，或专注于对不同民族语言个性的对比研究和应用研究。到目前为止，把"语言个性结构"理论用于语篇分析的研究还很少见；用"语言个性结构"理论指导俄语语篇教学的研究还很少见；在"语言个性结构"理论的指导下对语篇分析和语篇教学进行贯通的系统性研究还很少见；苏联解体前后俄罗斯民族的观念、性格、思维方式和价值观等语言个性特点还有待于深入研究并进行描述和归纳。

第二节　语篇问题研究现状述评

俄罗斯学者斯捷潘诺夫（Степанов Ю. С.）曾经给语篇进行了有趣的定位："语篇是 20 世纪末出现在我们面前的语言新面貌。"[28]其实，

关于语篇的探讨远远早于 20 世纪末，因为按克拉斯内赫（Красных В. В.）的观点，语篇是言语思维活动的过程和结果。过程视角的语篇（дискурс）具有动态的口头的特点；而结果视角的语篇具有静态的字面特点，结果视角的语篇常常被称之为话语（текст）。所以语篇既指 дискурс，也指 текст。下面我们来看看中外语言学研究者们对"语言新面貌"曾经进行了哪些方面的研究工作。

一、语篇研究在国外

如果把语篇看做大于句子的结构单位，那么语篇的研究应该始于 20 世纪 20 年代的苏联形式主义语言学；而语篇内部结构组织的研究则始于 20 世纪 50 年代的美国描写主义语言学。语篇研究的历程开始之后，人们大致研究了如下　些问题：

（一）关于语篇与话语的争论

早在 20 世纪 20 年代，苏联语言学家谢尔巴（Щерба Л. В.）在研究包含各种句法联系种类（并列联系、从属联系、独立、插入结构等）的统一综合语句（единое комплексное высказывание）时，就提出了"超句统一体"（Сверхфразовое единство）这一术语[29]。以谢尔巴为代表的苏联形式主义语言学研究的对象是句子组成的结构——复杂句法整体（сложное синтаксическое целое）和超句统一体，主要研究构成超句统一体意思连贯的语句之间的逻辑——语法关系。20 世纪 50 年代，继谢尔巴之后，美国结构主义学者哈里斯（Zelling Harris）进行了语篇内部组织的研究，主要关注描写和解释句子层面语言现象的规则。在他的研究中，确定了有直接关联的语句中词素和句法结构的重复特点，确定了相同环境下不同表达法的意思等值性特点。[30]

60—70 年代之间，语篇研究受到文艺学、功能修辞、信息学、交际理论、自动翻译、语言教学、话语的静态研究等多学科的关注，形成了话语语言学流派。到 70 年代初，研究超句统一体和单述体语句以外的语言单位语义相互影响问题的著作明显增多。

由于话语受到不同学科的关注，传统上把语言作为自己研究对象的语言科学意识到进一步明确自己研究对象的必要性，从此，语言学研究的范围超越了句子，扩展到语篇，进而产生了建立篇章语法的思想。

有一段时间，学者们曾对语篇在语言学领域的地位表示怀疑。比如 1966 年郭杰尔（P. Годель）写道："语篇，当做语篇语言学的概念是相当危险的，因为它意味着思维和言语。"[31]与此同时，宾维尼斯特（Benveniste）在运用语篇概念时，把作为过程的语篇与语言系统对立起来："我们将与句子一起离开作为符号系统的语言领域，进入另一个世界，进入作为交际工具的语言世界，语篇是交际的表达法。"[32]在阐述语篇过程特点的思想时，他写道：语句（высказывание）是"语言向语篇的个体转换"，并且生产的就是"语句，但不是语句的话语"[33]。对实现语言体系的过程——语篇和这一过程的结果——话语进行了区分。

法国语言学词典作者给语篇下了这样的定义："在现代语言学中，语篇的意思是在篇幅上超出句子的各种语句，从句子间彼此连续的连接视角研究的语句。与句子是语言终端单位的见解相反，语篇分析揭示了语言学研究的新前景。"[34]

但是"话语"这一术语没有丧失自己的地位，与"语篇"相比，其使用范围更加宽泛了。整部长篇小说是话语，格言文集也是话语，此时根据布衣森斯（Buyssens）的见解，长篇小说是一个分为多个统一体的语篇，而格言文集则是有多少条格言就有多少个语篇。[35]

"话语语言学"的代表们一直坚持把"话语"这一术语仅用于书面文件。话语语言学领域最完整的话语思想是加尔佩林（Гальперин И. Р）提出来的："话语是具有完整性的言语创作过程的作品，是以书面文件形式客观化的作品，是根据这一文件类型进行文学加工的作品，是由名称（标题）和一系列由不同的词汇、语法、逻辑、修辞联系起来的特殊单位（超句统一体）组成的作品，具有一定的目的性和应用目标。"与口语言语相反，"话语的特点是文字体现"[36]。

然而，当语言学家们仅仅把超句子层面的言语作品称为话语时，却否认其他书面形式的话语存在。很显然，话语不但像句子一样有连贯特点，而且像任何书面文件一样，它是既可以按语言规律建构，又可以按其他图表建构，还可以按人的实际需要建构的文字成分。这样，话语可以有众多种类，如分类表、清单、广告、说明书、训练练习的一整套句子、词典、手册等。

除此之外，我们发现，在符号学中出现了一种体现不同社会文化的"话语"，如一定地域的文化古迹、写生画作品集以及建筑物，这些都是话语的类型。这种话语是作为文化现象出现的，它可能与自然语言有直接关系，也可能没有直接关系，所以话语的使用范围有扩大的趋势。

对于语言学家来说，话语，首先是以文字形式固定下来的语言材料，话语可以是任何一个层面的单位——词和词组、词素和音位的连续，就是说，不能把话语仅仅作为句子的连续来研究。话语可以在语篇展开的过程中得到运用，但不是任何一类话语都包含在语篇之中。

既然话语是书面材料，语言学著作中又常常把话语当做语篇来使用，那么话语既可用来表示任何一个书面形式的语言材料，又可以作为语篇的同义词使用。到 20 世纪 80 年代，西欧语言学中的语篇概念完全回归传统的话语概念，这时，人们研究语篇主要关注结构的成章性。在研究语篇形式时，可以把许多分散的语言数据综合起来。托多罗夫（Цветан Тодоров）写道："最终必须承认，实际上，只有一个统一的研究整体，这一整体目前被语文学家、社会语言学家、民族语言学家、语言哲学方面的专家和心理学家们无情地在语义学方面给分开了。"[37]

语篇的特点是动态性。语篇的动态特点使语言（язык）这一客体发生了改变，并获得了极其复杂而全新的面貌。其中，语篇的多面性特点决定了诸多语篇概念的存在，决定了在同一学术方向内部科研观念的迅速改变。比如巴尔特（Р. Барт）认为，语篇是研究"民间创作话语和文学话语以及大众传媒话语（书面话语和口头话语）"的符号学分支，是"转换语言学"（транслингвистика）的客体。[38]

巴黎符号学流派给自己设定的研究范围非常广泛，它既研究语言学现象，又研究超语言学现象，如描写语言——客体的描写层，描写分析手段的方法论层和把源语言结构转向逻辑数学符号的认识论层（Semiotique，1982）。60 年代末在符号学领域就出现了语篇理解范围扩大的趋势。当时克丽丝铁娃（Ю. Кристева）宣布了转换语言学范畴不能向语言学范畴转化的观点。她建议把文化理解为"总体话语"，提出了赋予话语一定社会坐标和历史坐标的"意念"（идеологема）概念。[39]

贾克（В. Г. Гак）在描述巴黎符号学派时写道："巴黎符号学派的代表们力求阐释话语的符号系统，找到叙述成分标志的深层意义。很多西方研究者在分析话语结构时发现，可以找到作者创作构思的关键所在。这一研究方向距离语言学最远，其分析方法也是最客观的。西方研究者进行的话语'符号分析'经常与话语的心理分析连在一起。"[40]这种情况在克丽丝铁娃的一部著作中也曾经强调过："'语篇'这一术语表示任何一个说的过程，它把说话人与听话人连同第一个人影响第二个人的愿望都纳入自己的结构。因此，语篇渐渐成为方便运用心理分析的场所。"[41]

根据弗兰算子（Франсуаз Эльгорск）的见解，"语篇"一看就是多义现象。"实际上语篇一直以一定的方式表示与某个非语言学领域（社会的、意念的、文化的上下文）或者与没有说出的什么（无意识的，假设的）密切相关的有组织的言语活动"[42]。他在研究语篇时强调两种方法：基础方法和句子转换方法。基础方法是对句子不同形式进行分析的方法，句子转换方法是建立话语语法和建立新的修辞方法。

从符号学视角看，语言学方法，不论多么奇特，都是用来描写一些社会生活方面，如政治、科学、国家的阶级情况等。其实，这种理解完全偷换了海里斯（З. Хэррис）为了描写语言结构而研究的语篇分析概念。符号学的"语篇分析"根本不是分析语篇本身，而是把语篇当做描写工具，分析相互作用的不同社会领域。实际上，"语篇分析"方面的著作描写的是不同的语篇变体，如政治语篇、法律语篇、教育语篇、广告语篇等的单一交际调节模式，其基础是不同的语用策略。这种情况下，语言学本身没有采取新的研究方法。符号学仍旧像从前一样，强调一贯的传统语言观。仅仅因为这一观点，综合的语言结构实际上等同词语符号。

托多罗夫（Христо Тодоровый）对这种状况进行了批评："超句的意思（сверхфразовый смысл），即话语的意思由亚句子意思（подфразовый смысл），即单个词的意思论证；在没有引起人际对新协约的需求时，词的意思产生话语的意思……在话语中按怎样的规律准确实现意思的语言论证，这，毫无疑问，是文学家感兴趣的语言学问题，但是结构语言学还没有正确提出解决这一问题的手段。"[43]

（二）语篇的语义句法范畴描写

语篇，作为语言学研究的对象，像词和句一样，既有形式方面，又有语义方面。当人们确定语篇的形式是句与句的衔接之后，语篇的语义结构问题引起了学者们的重视。心理语言学家强调语篇的语义内容不仅具有整体性（цельность）、连贯性（связность）特点，[44]语篇还有间断性（разрывность）特点；[45]应用语言学家强调语篇意思的充分性（полнота），综合化（интеграция）与完整性（завершенность）；[46]功能语言学家强调语篇外形整体性（цельнооформленность）等。[47]所有这些概念彼此间都有这样或那样的相互联系，它们是在考虑形式和内容互补的情况下，在连续性、离散性[48]范畴中总结出来的。

　　语篇的连贯性是一个相对的概念。因为，从形式上说，任何一个语篇都是离散的，语篇是在言语活动的过程中由单个的份额、量子生成的语句组成的。谈连贯性应该考虑语篇展开时某些参数的继承性或某些参数相互交替的规律性。语篇的连贯性通常是指形式（词法、句法）整体和语义整体的各部分间的协调一致。语篇中话语之间语义联系的手段决定了任何一种连贯话语的语义成分[49]都会使形成超句统一体（段落、复杂整体）的专有结构具有规律可循。

　　学者们进一步研究发现，这种结构的规律性确实存在。比如词的重复、代词复指、同义词、上义词、换喻等语义重复的手段就证明了这一点。

　　作为句际联系手段的代词复指手段是太尼尔（Люсьен Теньер）创建的，根据他的见解，代词性的词"是词典中语义空洞的词，但是只要一进入语篇充当另一个词的复指，它就会变为实义词，成为先行词或语义源泉"。[50]复指词可以确定两个没有直接句法联系的结构之间的语义联系。太尼尔首次提出了人称代词参与建立连贯语篇的见解。

　　语义重复手段不但是语句连接的信号，而且是语句含义断开的信号，即同时能够把语篇切分为层次有序的统一体。[51]语义重复通常伴随着话语的逻辑连贯，但在逻辑上彼此不连贯的句子中同样也可能发生重复。

　　布拉格语言学派创建的"句子的功能前景"理论，高度概括了话语交际——逻辑连贯的思想。该理论的特点是根据交际任务把语句实际切分为"主位"（тема）和"述位"（рема）。[52]在话语中确定每一个句子的主位成素和述位成素之后，再确定建立主位推进的主位成素和述位成素之间的联系特点；主位推进（主位—主位）、述位推进（述位—述位）和混合推进（主位—述位）是三种最简单的逻辑链条。这些链条的组合构成主题推进的不同构型排列，包括语句的并行联系和串状联系，这些联系把句子组成更大的单位：段落、章、整个篇章（Danes，1970）。[53]切尔尼亚霍夫斯卡娅（Черняховская Л. А.）[54]尝试在话语实际切分中建立"垂直"层次，这种"垂直"层次在整体篇章中是繁化主位（гипертема）和繁化述位（гиперрема），它们的关系被确定为逻辑关系。

　　但"实义切分"方面的研究无法区分出某些本质的语义成分，比如说，这种实义切分把由情境揭示的"新知"与说话人带入的"新知"混为一谈。列昂捷夫（Леонтьев А. А.）认为，实义切分可以解释为：

（1）原始语义基础（主位）与语句目的，或者与说话人用语调强调的语句实义述体之间的逻辑语义关系；（2）说话人在听话人已知和新知之间的交际解释。[55]

有时人们把称为"内聚现象"的整体范畴与话语的连贯范畴进行对比。如果对二分法原则进行研究，那么就很容易发现，语篇的连贯性首先应该与非连贯性和分散性形成对立。只有在这种对立的基础上，才能谈连贯话语的整体性问题。话语的整体性取决于其每一个成分的内容对其他成分内容的依赖程度。各成分内容之间相互依赖的程度越小，话语分散的程度越高。有一些话语中由于直接相关的语句相互粘连保留了连贯性，却没有普通的语义核心，比如斯米尔诺夫（А. А. Смирнов）（1984）的链状话语和混杂的话语就属于这类。由此我们发现，语篇的划分有一定的心理生理基础。研究表明，语篇可以自然切分为亚结构。亚结构作为感知单位，原则上，其篇幅不超过人们高效记忆的篇幅。大致是 7—9 个连续的基本语句（单述体）。实际上任何一个语篇在更大篇幅的含义整体中，都会切分为相对自制的综合成分。[56]

语篇的结构是指语篇的统一体内所有亚结构的层次排列。在结构层面上同样也要考虑整体的密度和切分程度：一个意思可能由一个最小的手段表达，也可由更大的语言结构表达。在两个同义结构中，如果篇幅较小的表达手段和篇幅较大的表达手段表达近似同样的内容，那么很显然，篇幅较小的结构内容含量大。结构不完整并不影响语篇的整体性，比如截断结构，可以认为是对话语空缺的等值复原。[57]

（三）理论方法百家争鸣

语篇自身的复杂性使不同领域的学者对它产生了兴趣。20 世纪 70—80 年代，在外国语言学中，研究对象由静态的句子、超句统一体转向了动态的语句、话语和语篇。语言科学的发展和语言性质的演变也引起学者们科研观念的转变。随着对超句统一体、话语和语篇问题的争论此起彼伏，研究语篇的诸多理论方法也应运而生。

奥斯丁（Austin）言语行为理论的创立，无疑为研究者们探索语篇奥秘开辟了一条新途径。言语行为理论的研究对象立足语句和话语，但对语句和话语的外部形式和内部含义及内部组织并不感兴趣。奥斯丁认为，语句不是用来正确或错误地描述事物，而是在做某事，比如打赌、道歉、宣判、许诺等，[58]这些行为都是通过话语的形式来实施的。言语行为理论关注的不是如何去完善话语本身，而是日常生活中人们怎样用话语进行有效的交际，如何以言行事。该理论还认为，言语交际的最小单位就是以言行事的行为。该理论把注意力放在了话语的使用上，解决了作为活动的语言和人使用语言的交流问题。

如果说，语用学研究人如何使用语言，解决语言与外部社会关系的问题，那么认知语言学则通过语言研究人的大脑如何工作的问题。发端于20世纪70年代的认知语言学，到80年代起研究范围已涉及语言学的各个领域，包括句法学、语义学、音系学、语篇分析等。语篇的认知分析主要体现在对语篇的理解方面。认知心理学认为，语篇理解的实质是在读者的头脑中构建一个关于语篇层级及主题的表征系统。语篇理解可分为三个层次：(1)词语—语义层。(2)认知层。(3)语用层。[59]

(1)词语—语义层，这一层面对于承担者来说要求正常掌握自然语言，而对语言研究者来说要求从传统角度描写表达一定意义的形式手段。

(2)认知层，即每一个语言个体形成的某种有序的、系统化的、反应价值层次的"世界图景"。概念、思想、观念是认知层面的单位。语篇的认知层及其分析要求扩充意义并向知识转化，也就是说包括个性的智力范围，是研究者通过语言，通过说和理解的过程走向人的知识、意识和认知过程。

(3)语用层，它包括目的、动机、兴趣、目标和意向。这一层面保证了语言个性分析中从评价语言个性言语活动向理解世界中现实活动的合理又有条件的转化。

整体看，语篇的认知分析以分析语篇的内部语义为己任，认知语义法中最深入的分析方法应该是框架理论。该理论的奠基人明斯基（Марвин Минский）把框架确定为准备用来呈现某类型情景的数据结构。框架，是把人类活动的某个领域切分为亚领域，并且成为框架的客体，而把客体又切分为能够进行详细说明的成分。因此可能会提出日常生活情景框架、数学框架、物理框架、心理框架、语法框架、框架的框架、脚本框架等。[60]

巴尔梅尔（Ballmer，1980）就曾经提出，通过将上下文结构切分为语言学框架（词法—句法框架、语义—语用框架、元理论框架）的途径对语篇进行描写，这样的观念阐释了话语中反映当时的情境，但这样理解的话语不提供任何新的信息过程。[61]

"话语语言学"时期，苏联一些著作不但重视研究语篇内容情境所指方面，而且研究语言与活动密切相关的其他方面，其中有智力逻辑方面、情感评价方面、个体个性方面、社会心理方面等。因此，话语语言学，原则上强调语篇的交际性。语篇作为言语活动的产品，有其交际方面，但语篇内部可以划分出意思相对完整的部分。这些意思相对完整的部分等同于修辞学的段落。用奥京左娃（Одинцова В. В.）的话说，"作为言语修辞学的合成部分，话语修辞学研究的是交际过程中使用的，表达一定内容的复杂（联合几个段落）词语的修辞结构"。[62]

心理语言学也强调交际，其任务不是描写超句子层面的语篇单位，而是描写社会实践中语篇活动的本身。西方心理语言学感兴趣的是人们在使用和习得语言时必须具有的潜在的知识和能力，这些能力看不见摸不着，只能通过外在的言语行为——听到的语篇来推断，如洪堡特（Humbold）早就指出："言语的真正含义在于：它在任何时候都是瞬间即逝的。它本身不是一种成品，而是一种活动。"[63]

俄罗斯心理语言学则重视言语语篇生成的过程。比如，列昂捷夫（Леонтьев А. А.）把言语生成过程分为四个阶段：动机阶段、意念阶段、内部编程阶段、语句的词汇语法展开阶段；阿胡金娜（Ахутина Т. В.）则把言语生成分为 7 个环节：表述的内部言语图示、句子的语法结构化、表述的音阶图示、对音节的选择、按意义对词的选择、按发音对词的选择、听力监督。[64]除此之外，苏俄心理语言学还重视语篇的语言个性研究。

代克（Dijk）提出研究语篇"宏观结构"的想法。他的语篇不包括对话，因为他怀疑任何一类对话的深层结构："对话语篇的研究是不可能的，尽管可以假设，这样的连续像语篇结构一样（独白对话），同样也有话语结构，但研究不同说话人生成的语句连续性是不可能的。"[65]代克试图创建宏观结构理论来克服实指——所指观和交际语用观的片面性。该理论认为，宏观结构可能是自身概括的、以语义命题层级形式呈现的话语基本主题的语义结构，也可能是言语语用方向的语用学结构（宏观见解、宏观请求、宏观判断等），目的是把语篇作为连续的言语行为联合为统一整体的结构。

派克（Pike）试图把美国描写主义的理论用于行为系统形式描写。他运用统一的观念机制把各个层次的言语形式联合起来，他把语句行为与社会相互作用的个体行为进行对比之后，概括了行为（一部分情况是语句的行为单位）范畴中人的词语化行为和非词语化行为，设计了言语行为的分配－分类模型，这一模型包含层级单位，从音位开始，以超越句子（其中包括超越问答统一体、独白和"交谈"）的综合言语结构结束。在这一模式中每一个单位都能填补上一层级单位上下文中一定的单位。如果言语相互作用层的成分不注重内容说明，尽管模型中词法－句法层面单位的分类极其详细，那么还是元语言模型更具包容性。派克发现了言语活动原则的知识不够深入，作为建构语篇工具的语言知识也不够深入。

正如凯列门（Я. Келемен）认为的那样，"完全可以在行为和动作范畴理解语言，语言不是现实之外的、幻影式的传达信息的领域，而是受现实本身影响的实际成分。语言，不但是获取知识和传达知识的手段，而且是在其特殊的结构中发生的知识实体化。除此之外，还是一定的生活形式。谁会使用语言，谁就会使用一定的策略立足世界，谁就会对人类环境进行解释，会使用一定的行为模式。"[66]

综上所述，可以认为，人们在掌握语言时，也在掌握语篇形成的方法。语言学家们特别关注保障语篇形成的那些规则。

（四）表达与内容的相互关系

语言学本体的研究一向是形式和意义、内容的双重研究，如词，既有语法形式又有词汇意义；句子，既有句法结构又有其表达的内容。同样作为语言学客体的语篇，也有表达方面和内容方面。之所以这样区分，是因为同一个形式手段可能表达不同的内容，同一个内容也可能由不同的形式手段来体现。这样，自然而然形成了表达范畴和内容范畴的对立。这种传统的区分，为话语的结构范畴和内容范畴的划分奠定了基础。然而，将语篇区分为表达方面和内容方面，这只是语言学家们的初期任务。要使语篇真正地为人类交际服务，必须将形式与内容两方面进行整合。

孤立研究任何一个方面，都必然会导致语言学研究走向两个极端。一方面，如果轻视表达重视内容，就会有杜撰形式的语义进入超语言现实模式化的范畴；另一方面，如果轻视内容而重视表达，则不可避免地缺乏对语言的描写，忽略动态语言单位意思的确定和意思不等的情况，忽略语言在上下文中的使用。

语言单位表意范畴的研究是表达方面和内容方面综合研究的依据之一。早在 18 世纪，法国语言学家加布里耶尔·日拉尔（Габриель Жирар）就把表意概念引入了语言现象描写，他在自己的《法语的真正原则或被引向使用规律的言语》一书中把表意定义为依赖于社会建立的、在大脑中引起一定思想的词的影响效果。根据日拉尔的见解，在语言中没有绝对的同义词，语言中的每一个词都有自己的表意性，与所要表达的思想数量相比，表达手段的数量非常有限，当词被使用时，表意性可能会发生变体。[67]

为了科学理解语言单位的特性，索绪尔（Ф. Де Соссюр）赋予表意范畴极其重要的特点："同一个词两个用法之间的联系不是建立在物质等同性基础上，不是建立在意思相似的精确度基础上，而是建立在我们应该找到的另外的成分基础上和帮助我们接近语言单位真正特性的成分基础上。"[68]比如象棋游戏中棋子可以用任何一个另外的物体来替换，只要赋予它那种表意性。因此，我们看到，"在符号学系统中，比如在所有成分都相互联系的语言中，根据一定的规则构成平衡时，等同的概念会与表意性概念混为一谈，以及正相反。这就是最终表意性概念覆盖单位概念、覆盖具体语言实质概念、覆盖语言现实概念的原因"。[69]

语言形式的表意性或者语言形式的运用范围是由语言系统中其他形式的局限性决定的，其中任何一个形式都拥有自己的表意性，并且因为任何一个其他形式与表意性相对立。因此表意的总体区分特征"是那种其他形式没有的东西"。[70]

语言学不但要研究词素或词的表意特征，而且要研究在系统中发挥作用的任何一个语言形式的表意性，其中包括以综合结构（语篇结构）为基础的有序形式的表意性。很有可能，一定的结构表意性既符合句子的表意，又符合超句统一体表意。根据斯米尔诺夫（Смирнов Г. А.）的见解，话语的层级结构中"表意特征是作为话语组织方式出现的，是话语的矩阵"。[71]这种抽象的结构矩阵在语篇用具体的词和语句展开的过程中得到填充。

语言的表意特征是受社会制约的："要建立表意特征必须有集体。"根据很多语言学家的意见，把所有语言承担者联合起来，主体之间的关系范畴是制约它们相互作用的基础。丘克洛（O. Дюкро）写道："主体之间的关系不会产生狭义的交际，即不会引起知识的交换：在这种关系中体现了人与人之间庞大的关系特点。"[72]这样看来，语言本身首先是社会关系的容器，并且这种社会关系通过人的语言折射出来。但是语言实体本身就是社会现实，只是在很大程度上，语言事实从语言承担者的意识中反映出来时，失真了而已。因此，正如列昂捷夫（Леонтьев

A. A.）所讲："语言学家的任务，是去做那种'普通'语言承担者做不了的事情，是要深入到语言表面的背后，揭示以主观的语言概念为基础的东西，即揭示它的实质特点。"[73]

"语言承担者"既是独立的个体主体，又是社会主体。"团体主体是整体封闭结构的交际行为承担者，而个体主体只是部分交际行为的承担者"。[74]

语言形式拥有双重地位：一方面具有社会的、总体的表意特性，另一方面具有个体的、独一无二的特点。当然，如果把个体性、独一无二性语言单位的用法仅仅确定为与"上下文联系起来的随机词的意义"，那么就不用强调这种语言单位的奇特性。但是如果不顾任何社会因素地使用这种语言单位，也是令人怀疑的。

苏联诗学擅长阐释篇章矩阵结构方面。在 20 世纪末，维谢罗夫斯基（Веселовский А. Н.）描写民间文学情节（Сюжет）时使用了"动机"这个概念，动机是最简单的不可分割的叙事含义单位。情节，一向是相互联系的动机的综合体。单调的公式化是动机的特性。用维谢罗夫斯基的话说，动机"可以用 a＋b 的公式得到表达：злая старуха не любит красавицу—и задает ей опасную для жизни задачу"。[75]

普洛夫（Пропп В. Я.）的童话结构描写法也对后来的语篇分析产生了深远的影响。他强调，童话的所有特点都可以在有限的类型情节基础上进行描写。[76]普洛夫的思想引起了结构主义学者的注意，并且在他们的著作中得到发展。

托多罗夫（Тодоров Ц.）以叙事篇章为例，在矩阵序列的规律性中发现了它们的动态特点："理想的故事通常从某个固定的位置开始，这个固定位置后来由于某种力量的作用遭到破坏。经常产生不平衡的状态；由于某种矛盾的力量，平衡状态会得到重建；新的平衡与原始的平衡相似，但它们永远不会相同。因此，故事的组成部分包括两个类型的事件（эпизод）：描写的状态（平衡或者不平衡）和描写由一种状态向另一种状态转化。第一个类型的特点是相对稳定性，比如说，重复性：一个类型的行为可以无限地重复。第二种类型正相反，是动态性，原则上那是一次性。"[77]

作者把这两类事件和两个类型的述体联系起来，即将状态述体与一种状态向另一种状态转化的述体联系起来。

（五）语篇的句法组织和含义的模式化

到 20 世纪下半叶，很多语言学家提出了句法现象和语义现象密不可分的见解：语义具有句法特点，句法也有语义特点。因此篇章结构描写主要在语义句法范畴内进行，这种篇章研究与完全孤立地研究语义方面和形式句法方面相比，更有前景。本弗尼斯特曾经指出，一切摆脱意义的描写语言的尝试都没有获得成功。相反，离开形式，用纯语义描写替换它同样是人为的、机械的。

加尔佩林（Гальперин И. Р.）的话语分析弥补了孤立看待语义内容与形式观点的不足。他重视形式在交际中的重要作用。一方面，强调语言系统决定信息话语的中性形式，另一方面，强调"超线性"的形式决定文艺话语的修辞性。"这种形式的特性，特别是在不同形式话语中体现的特性，可以称为有机的、本体的特性"。[78] 正是这种语篇的组织形式，不但可以辨别内容真实性信息和内容概念性信息，而且可以辨别内容蕴含性信息，即潜台词信息。根据加尔佩林的见解，内容真实性信息是对在我们周围的现实世界和假想的世界正在发生、已经发生和将要发生的事实、事件、过程的报道；内容观念性信息是向读者通报个体作者对于内容真实性信息手段描写的现象之间关系的理解，对现象之间因果联系的理解，对他们在民族社会生活、经济生活、政治生活和文化生活中意义的理解，包括单独的个体之间的关系，其复杂的、心理美学认知的相互作用；内容蕴含性信息是由于语言单位能够生成联想意义和内涵意义，由于在内容真实性信息的内部，句子能够增加意思，从内容真实性信息抽象出来的隐性信息。

加尔佩林在观察篇章特点时，非常准确地捕捉到了词汇单位和句子单位的能力，即它们在语篇构成中具有生成含义的能力。这种情况下，句法组织中相互作用的语言单位形式决定了篇章的综合含意。可以断言，语义的生成器正是这种句法形式。这既可以解释句子句法含义的生成，也可以解释语篇结构的超句子句法含义的生成。

在感知语篇意思时，首先要辨别语篇属于哪一种类型结构是完全正常的，比如由阐述部分和评论部分组成的两部分的段落结构（开放结构）；由引子（关键句子）、评论部分和结论部分组成的三部分结构（封闭性结构）。[79] 在语篇中开头的语句有希望与后面的语句联系在一起，而任何一个后面的语句又要回头依赖上一个语句。这时句法的作用不仅仅是语句的彼此协调一致，即不仅仅是依据不同的重复（代词重复、同义词重复、结构重复、情态时间重复等）建立语义连贯性。重复，实质上是话语多余的因素，一般来说，不是构成话语的必要成分。语篇句法的主要特点是产生独特语义的能力，产生独一无二的意思的能力，这类独一无二的意思或者以语篇的形式一次固定下来，或者长期受说话人支配。

任何一层面的语言单位意义都离不开它的形式，形式的变化总是会引起意义变化。同样，语言单位意义的变化也不可避免地引起其形式的变化。这种情况下，形式是广义的，它既可以是语言单位的专有形式，又可以是单位与单位的搭配形式。这种搭配形式已经涉及上下文，涉及语言单位的语篇特点。

作为语篇句法结构成分的词承受着语义分化，这种语义分化在惯用语及最终在语言系统中巩固下来时，会在专有的词法－词汇方面反映出来。

所谓的多义词就是时刻准备形式分化的词。语篇词的语义特点只能靠语篇上下文来维持。在语篇中语句也可能经历含义裂变。语篇上下文也决定语句形式的变化，即上下文也要求动词述体与语篇时间方面的一致。

语义分化产生的原因是同一语言单位可以裂变为不同意义的变体。

语篇分配分析的创建者海里斯特别重视语篇等值的类别研究，即不是单位语义分化研究，而是语义趋同研究。这种语义趋同，是不同话语单位在进入同一个上下文环境时，进行对比分配的情况下发现的。根据海里斯的见解，与另外一个词具有等值用法的词素或者词属于同一个等值类别。重复词一向是一个类别的同一个成分，而与重复词并存，在用法上彼此不相等的词则构成另一个等值类别。对话语进行分段是为了让每一段与另一段都是可比的，哪怕是在一个等值类别方面具有可比性。

无论是导致构成上下文同义词的语义趋同，还是补充性分配单位的语义分化，最终都是语篇句法矩阵的行为效应。因此，句法矩阵的组织应该受到重视。应该确定，哪些成分决定语篇矩阵的建立和语篇模型的类型特点。

可以预见的是，语篇句法组织的研究可以揭示语篇成分的语义调节问题，揭示语篇结构含义模式化的过程。

（六）作为最高层语言单位的语篇

在言语活动中，语篇被看做由含义连贯的句子组成的最高层面的语言单位。作为词汇层和句子层所特有的一切句法语义受相对独立的最高层语言单位——整体语篇结构的制约。然而，语篇与最底层语言单位不同，它原则上不会像音位和词素一样被复写，但是在言语中被创建。与此同时，作为语言单位的语篇独立性是显而易见的，比如文学作品，也像语言系统的其他单位一样，具有专门的变体，因此具有一定的结构意义和系统意义。

像音位、词素、词和句子等单位的特点一样，语篇也有自己的民族语言特性。这一事实，在很大程度上是翻译理论家们意识到的。他们断言，整体语篇才是翻译的真正单位，而不是词，抑或句子。语篇应该作为统一的整体进行翻译。而在一般情况下，语篇允许逐个词翻译和逐个句子翻译，这只是普遍性中的特殊性。除此之外，不同语言的语篇，原则上在自己专有的"外部"形式方面也是有区别的，即不考虑语言文化上下文是无法翻译的。

于是，在把语篇看做语言系统最高层级单位时，可能要强调下列一些情况：

1. 语篇在自己的结构方面区别于建构它的该语言的一切其他单位。

2. 语篇具有整体功能化特点。

3. 一种语言的语篇作为整体单位翻译成另一种语言。这种情况下，不仅会有词汇序列空缺，还会有修辞空缺。

4. 在诗学方面，语篇具有语言和民族语言特点，它不仅是诗体作品、押韵组织的音节和韵律，它还包括在语篇层面体现的语言修辞和语言文化因素以及不同的语言学文化中语篇模式的体裁特征和不同的使用特点。

5. 语篇作为某种情境模式具有该语言的结构特点，在系统中具有矩阵意义的某个语言"谱系"与语篇相适应。

二、语篇研究在中国

语篇分析于 20 世纪 70 年代末被介绍到中国。语篇分析在我国外语界出现之初，主要是普通语篇的衔接方式和超句统一体的研究。从 20 世纪 70 年代到 20 世纪末语篇研究进度比较缓慢。进入 21 世纪，我国语篇研究取得了长足进展。作者在"中国知网"对 2000－2013 间的六大外语类 CSSCI 期刊《外语教学与研究》、《外语与外语教学》、《外语教学》、《外语学刊》、《外国语》和《中国俄语教学》的"语篇研究"和

"语篇教学研究"情况进行了检索，同时对 2000－2011 间 "语篇研究"方面的硕博论文、著作进行查询，结果发现，我国在 "外语语篇研究"方面已是硕果累累，不过，绝大多数研究成果都集中在英语学界，俄语学界语篇研究及语篇教学研究成果相对较少。查询数据显示，我国的外语语篇研究主要是英语语料，俄语语篇研究还未形成氛围。

从各种形式呈现的研究成果看，我国的语篇研究特点是：引进外国语言学理论研究外语普通语篇；从普通大众语篇过渡到类型语篇；又从类型语篇到汉、外语篇对比研究。

（一）理论的引进与外语普通语篇

语篇是超句统一体、连贯的话语，还是言语思维活动的过程和结果，还是……至今没有统一的定论。因为从 20 世纪中叶起，国外用来分析语篇的理论不断推陈出新，他们从不同的角度审视语篇，因此有多少种理论，就会有多少种语篇的定义。而我国语言学研究基本是在引进并践行外国语言学理论，所以，我国语言学研究的脚步相对滞后，可以说，我国语篇研究的成果留下了外国语言学发展的痕迹。

1. 实际切分理论与语篇

20 世纪 80 年代是功能语言学发展的鼎盛时期，功能语言学的各种理论不同程度地影响着我国语篇研究的取向。

首先，引起我国学者关注的是捷克语言学家威廉·马泰鸠斯创立的实际切分理论。实际切分理论的创立使句法研究摆脱了传统语法观念的束缚，成为现代理论语言学中一门新的学科。句子的实际切分是一种功能、意义分析法。在把句子切分为主题和述题两个部分时，既不根据词语在句中的语法形态，又不根据词语在句中的句法作用。它从词语在句中的交际功能出发，把句子切分为两个部分：叙述的出发点和叙述的核心。

在我国率先发起实际切分理论研究的第一人是王福祥教授，在该领域影响最大、研究最深入的也是王福祥教授。王教授身体力行，先后著有《俄语话语结构分析》（1981）、《俄语实际切分句法》（1984）、《话语语言学》（1988）、《汉语话语语言学初探》（1989）、《话语语言学概论》（1994）。他不但对实际切分理论进行深入探讨和补充研究，而且把理论付诸话语分析实践，他以威廉·马泰鸠斯的实际切分理论为基础，对组成连贯话语的简单句、复合句切分方法进行深入分析的同时，首次对大于句子的连贯话语进行了分析，与此同时，也把实际切分理论从简单句、复合句扩展到语篇。

当然，也有一些零散的期刊论文出现，比如王燮康的"从后置的一致定语看俄语词序"[80]、崔燡的"超句子统一体及其结构类型"[81]、陈洁的"从实际切分角度谈翻译中的词序及行文线索"[82]、陈倩的"俄语句际关系中的实际切分与交际接应"[83]等。

实际切分理论在我国被践行多年，直到几年前研究者们还在持续对它进行挖掘。2003年出版的《现代俄语语篇语法学》[84]应该是实际切分理论持续深入研究的代表性成果。该书以语篇语言学为理论基础，着重研究现代俄语中句子的实义切分，超句子统一体及其实义切分、片段及其实义切分。除此之外，俄语语篇语法学主要研究构成俄语语篇中语言单位之间的形态接应和语义接应，也就是研究连贯性语篇的内部规律。

2. 系统功能语法理论与语篇

西方韩礼德（Halliday）的系统功能语法理论是世界功能语言学的一个分支。对我国学者的影响似乎超越了实际切分理论。从20世纪80年代起一直到5年前我国学者还一直对语篇的衔接、连贯、人际意义等问题讨论不休，在各大刊物上用系统功能语法理论分析语篇的文章连篇累牍，对衔接、连贯、人际意义等问题的研究相当深入，目前已有几本著作问世。

《语篇的衔接与连贯》[85]是用功能语法理论分析语篇的代表性著作之一。功能语法理论认为，语篇的衔接与连贯是语篇研究的核心。语篇前后衔接、意思连贯是语篇成立的基本条件。韩礼德和哈桑的衔接模式偏重语言内部，尤其在词汇句法层的体现过程。该书在保留这些基本观点的情况下，试图把功能语法的及物性理论、主位—述位理论、信息理论、语境理论以及语用学的一些研究成果也包括进来，在更大范围内探索语篇衔接和连贯。该书偏重于书面语的研究，而忽略口语的研究。

另一部著作《英汉语篇衔接手段对比研究》[86]则比较全面地介绍了英语和汉语中各种衔接手段，将它们分为照应、替代、省略、连接、重复、同义词、反义词、上下义关系和搭配等9类，并用实际语料描述这些衔接手段的功能。可以说，这部著作是目前英语和汉语语篇衔接手段进行对比研究的比较全面的专著。

系统功能语法有三大基本概念，代表了语言的三大元功能：概念意义、语篇意义和人际意义。《话语的人际意义研究》[87]以人际概念为基础，对话语进行了分析。该书不但研究不同类型言语体裁的人际意义特色，而且研究它们的共性特点，即实现话语人际意义的多种手段。

3. 言语行为理论与语篇

从 20 世纪 60 年代后半叶起，语言学家的注意力从语言体系的研究转移到言语活动的分析上。英国哲学家奥斯丁在这方面起了带头作用，他和他的追随者们为言语行为理论的发展作出了贡献。奥斯丁的言语行为理论主要特征是把"人的因素"放在了重要的位置。该理论认为，交际单位不是句子而是表达说话人一定意图的语句，将语言的使用与一定的说话者联系起来，将语言符号的使用同"自我"对应起来。语句不是正确或错误地描述事物，而是在做某事。奥斯丁称之为"言语行为"。言语行为又分为言内行为、言外行为和言后行为。80 年代语用学理论引入我国，语用学热持续 20 多年，学术论文、著作等各种研究成果成绩斐然。

《言语行为理论与俄语语句聚合体》是这方面的研究成果之一。该书从报章、杂志、电影、电视剧本、文学作品中选出的大量话语实例作为研究对象，运用言语行为理论研究话语，不是把话语当做句子或交流信息的语篇，而是把它们当做表达言语行为的手段。作者将其与俄语语义学的一些观点结合起来，引进语句同义手段和语句聚合体等观点，并在此基础上将表达同义言语行为的不同手段（话语）归为一个聚合体，分析不同手段（话语）的语用含意，并说明如何使用这些手段，使言语行为理论更加接近客观交际的实际。[88]

4. 修辞学与语篇

在不同交际场合，为了达到不同的交际目的，同一件事要用不同的语言材料及组合方式。为了语言能切合题旨情境，恰当地传情达意，不仅需要语音、语法、词汇知识，还应研究语言单位的各种附加意义，了解不同交际领域的语言运用规律，这些问题属于修辞学的研究范围。20 世纪 70 年代末，苏联修辞界将注意力转向连贯言语修辞规律的研究，探讨在各种类型的连贯、完整的话语中根据内容、语体、体裁、布局、交际目的、对象等方面的要求恰当地组织言语的规律，开拓了篇章修辞学。

篇章修辞学，仿佛人人都懂，但是真正去研究的人很少。作者管见所及只有吕凡、王辛夷等人的研究成果。吕凡、宋正昆、徐仲历编写的《俄语修辞学》是以教材形式出现的理论性书籍，介绍了各种语体（科学、公文事物、报刊政论、口语、文学)篇章的词汇、词法、句法特点和整体篇章的修辞分析。[89]

王辛夷的"俄语语篇中段落的功能及其划分原则"[90]把段落看做语义——修辞范畴的结构——修辞单位。段落是语篇切分过程中作者的主观手段(作者的语用宗旨)和语篇的客观倾向(语篇的语用宗旨)相互作用的结果。作者的语用宗旨和语篇的语用宗旨处于复杂的相互作用之中。当作者的语用宗旨和语篇的语用宗旨相吻合时,超句子统一体与段落相一致,反之,则二者不一致。

运用修辞理论对语篇进行的研究成果不多,但也代表语篇研究的阶段性特点。

5. 认知语言学与语篇

认知语言学于20世纪70年代在美国萌芽,80年代中期以后开始成熟,其学派地位得以确立。90年代进入稳步发展阶段。90年代初开始,我国学者逐渐关注国外语言学界从认知角度研究语言的发展动态,开始在一些重要的语言学刊物上介绍国外部分学者的研究成果。到90年代后期,认知语言学已在我国成为一门有相当影响的语言学新兴学科。国内已有大批学者和博士研究生选择认知语言学作为自己的研究方向,各大语言学刊物认知语言学方面的文章稳步增长,国内出版的认知语言学方面的专著已经超过10部。

认知语言学不是一种单一的理论,而是代表一种研究范式,其特点是着重阐释语言和一般认知能力之间密不可分的联系。

《知识与语篇理解》[91]是认知语言学研究成果之一。书中把认知科学与话语分析结合起来,讨论了话语中的知识,把认知心理学的分析方法运用话语知识类型、知识表征和知识构型的解析,探讨语篇意义的建构,涉及语篇系统、语篇世界和语篇信息论,展示了如何从多方位视角理解语篇的宏观结构。

6. 语境学与语篇

言语环境中完整的话语才是真正的语言事实(B. 马林诺斯基)。[92]语境大致有两种理解:广义语境和狭义语境。广义语境包括:(1)语言因素,即上下文,口语里表现为前言后语。(2)发生言语行为时的实际情况,其中包括参与者的主观因素,如性别、年龄、职业、受教育程度、性格特征、心境、文化、社会、政治等;狭义语境指言语交际时的具体情境。[93]

《语境与话语》一书从语境的角度考察话语，把语境放到了重要的位置，即把说话人的心理、生理及社会因素，说话当时的情景以及言语活动参与者的统觉基础等放到重要的位置。该书指出，话语实际上包括两个部分——词语和语境，说话人借助语境来表达思想，听话人依据语境来理解对方的话语。词语和语境的完整结合才形成话语特有的结构句式和内在规律。

7. 批评性语篇分析学与语篇

批评性语篇分析指语言学领域继"批评语言学"之后的一个发展阶段。这个阶段形成于 80 年代末 90 年代初。批评性语篇分析随着在国外的稳定发展，对我国学者影响也很大。[94]批评性语篇分析的内容包括：强调分析者的立场在研究语篇、权力及意识形态关系中的作用，认为分析本身就是参与社会变革的实践活动；注重分析连接语篇与社会的媒介。《语篇研究：范畴、视角、方法》把语篇界定为人们在社会生活中使用的语言（书面的和口语的）。但语篇的概念不仅仅是语言本身，它还包括人们运用语言的方式以及制约这些语言运用的规约。在社会生活中，人们根据自己的社会地位、交流对象、所在场合以及各自依托的机构在选择使用不同的的词汇、句法、体裁、模式来传递信息，参与活动，构建身份，再现事实。所有这一切构成了该书所说的语篇。而对语篇参与活动、构建身份和再现事实这些语篇社会功能的研究，构成书的主要内容。该书主要从批评语言学的视角，对汉语语篇进行了批评性分析，对将分析的范围从小句和语法扩展到文章结构、修辞手段、文体、叙事以及争论策略等范围，即对语篇与中国社会关系的问题进行研究。

8. 心理语言学与语篇

世界心理语言学形成于 20 世纪 50 年代。心理语言学的主要内容是分析言语生成、言语理解和言语习得。我国研究者受西方早期心理语言学影响较深，尤其是近几年，心理语言学方面的成果不断增多。从心理语言学角度考察语篇，既把语篇看成是言语思维活动的产品，又看成领悟接受的材料。[95]目前，用心理语言学理论分析语篇的著述还很少见。笔者在中国知网仅查到三篇期刊论文，它们是吴莉的《心理空间理论关照下的语篇分析认知图式解读》[96]和辛斌的《批评语篇分析的社会和认知取向》[97]等。

（二）普通语篇转向类型语篇

普通语篇是对各种类型语篇共同特点的认知。一般认为，语篇是交际中使用的单位,是由一系列联系的语段或语句构成的意思整体。语篇的单位是语句,语篇中的语句之间形式上是衔接的,语义上是连贯的。在借用外国语言学理论之初,我国研究者都是以大众普通语篇为研究对象。随着对语篇认识的深入,人们开始把目光投向更为具体的类型语篇。

类型语篇是根据交际功能的不同进行划分的语篇,语篇类型制约着语篇结构,特定类型的语篇往往由特定的结构组成。因此在借用同一种语言理论分析不同类型语篇时,可能会发现语篇内部的另一些奥秘。在我国语篇研究涉及的类型大致有独白语篇[98]与对话语篇[99]、广告语篇[100]、新闻语篇[101]、科技语篇[102]、旅游语篇[103]、演讲语篇[104]、文学语篇[105]、幽默语篇[106]、商务语篇[107]、网络语篇[108]、行政公文语篇[109]等。

上述研究成果基本来自历届硕博论文。从研究生们的选题中可以发现,我国语篇研究的类型越来越广。在所涉及的类型中,新闻语篇居多,广告语篇次之,再就是文学语篇和幽默语篇较多。另外,指导普通语篇研究的理论同样也指导各种类型的语篇,换句话说,如果普通语篇研究可用不同的理论方法,那么同一个理论方法也可以应用于各种类型的语篇,如史春婷的《自然灾难新闻语篇中被动语态的人际功能研究》[110]、孟姣的《中国大学生即兴演讲的人际意义研究》[111]、杨晓宜的《中英文商业广告文本人际意义对比研究》[112]、高宏的《英文日用品说明书语篇的人际功能研究》[113]等几篇论文都是采用系统功能语法的人际概念理论。

(三)类型语篇转向汉、外语篇对比

近几年,我国研究者在高度关注外语语篇研究的同时,也在时而审视自己的研究取向,似乎已经意识到自己严重忽视了母语语篇这一广阔的空间。外语语篇既然是交际中交流信息的媒介,那么汉语语篇作为人类语言之一,何尝不具备这种功能?但是,汉语语言的地域性、民族性特点使其与世界其他国家语言又有很多不同之处,如语言系统特点、语言语用特点等,基于世界语言的共性与个性差异,人们不免会向往语言对比研究。如果我们认真观察就会发现,我国语篇研究的性质正悄悄发生变化:从外语语篇向汉语语篇转变。

在我国最早的一部对比研究方面的著作是朱永生等所著的《英汉语篇衔接手段对比研究》,其比较全面地介绍了英语和汉语中各种衔接手段，将它们分为照应、替代、省略、连接、重复、同义词、反义词、上下义关系和搭配等 9 类，并用实际语料描述这些衔接手段的功能。可以说，《英汉语篇衔接手段对比研究》是目前英语和汉语语篇衔接手段进行对比研究的比较全面的专著。

第二部著作是胡明亮的《语篇衔接语翻译》[114]。该书研究语篇衔接手段与翻译的关系，语篇衔接手段对翻译的影响。比较英语和汉语标点符号（逗号）的衔接功能，并探讨这方面的误解对翻译的影响。研究英语汉语语篇中小句的语序表示的主题结构和信息结构以及语序在语篇中的衔接功能，探讨这方面误解对翻译的影响。

第三部著作是唐青叶的《语篇语言学》[115]。该书指出，应将交际主体置于研究中心，描写人们如何运用语言来交际，说话人如何建构语言信息，听话人如何理解语言信息，并提出将语篇作为社会现象和认知现象进行研究。基于这种思想，该书以英汉语为语料，对语篇本体、语篇与社会、语篇与认知三方面进行了研究，即以语篇本体为中心，围绕语篇结构、语篇信息以及语篇与认知、社会的关系，基于语篇内部与外部要素，从结构、功能和认知三个方面，阐述语篇语言学的相关理论并作实证研究，把语篇语言学的理论方法融入具体研究之中。每一部分都注重理论与实际分析相结合。

除了专著形式的成果之外，硕博研究生们的论文选题也多有涉及汉外语篇研究领域，如孙亚娟的《中英文社论的语篇连贯对比分析》[116]、金莉娜的《韩（朝）汉语篇结构标记对比研究》[117]、刘齐生的《汉德宣传性语篇结构差异的政治语法因素——汉、德"企业介绍"语篇研究》[118]等。

从各种对比形式的研究成果看，还是汉英对比居多，这大概与英语学科在语言学领域的领军型角色有关。当然，从对比研究的覆盖面看，汉外语语篇对有超出单一的英汉对比的范围的趋势，如与朝语对比、与德语对比，当然在我们查阅的资料中也发现了汉俄语篇对比，但只是零散的期刊性论文。对比研究中涉及的问题有语篇的连贯、标记特点、语法特点等。

第三节　语篇教学问题研究现状述评

20 世纪 70 年代"语篇"这一术语开始出现在探讨外语教学的文章

中。正如达罗（М. Даро）指出的那样，语篇分析可以把语法范畴和词汇范畴与环境色彩结合起来组织语言教学[119]。近年来，关于外语语篇教学问题，国内外学者已经探讨很多，主要围绕以下几个方面进行。

一、语篇教学理念

语篇教学理念产生于语篇分析理论。由于语篇是跨学科的复杂现象，所以在语篇教学实践中，存在着各种各样的教学理念，如认知交际观（Юрьевна М. Л.），交际、言语、跨文化交际（Гураль С. К.），语用观（Игоревна З. Е. 2006），协同原则（Гураль С. К. Г）等。从上个世纪 80 年代起至今，我国研究者们提倡的语篇教学思路大致有交际功能观（吴贻翼）、语言文化观（季元龙）、系统功能观（徐建平）、心理语言学观（桂诗春）。

二、教学思路

杜比妮娜（Дубинина С. В.）（2011）认为，语篇是一种感知系统。在言语交际活动中依赖所学语言国家的一切文化知识、风俗习惯和语言承担的心理特点来理解和解释感知语篇的信息。古拉儿（Гураль С. К. Г）（2009）认为，语篇是一个协同系统。语言、语言个性是一个开放的、非常复杂的自我发展的系统，教学时应注意它们的协同关系。我国研究者们提倡的语篇教学思路大致有：语篇是具有交际功能的逻辑信息结构（吴贻翼，2003）；语篇是社会文化信息的容器（季元龙，2004）；语篇是内容层级表征系统（杨明天，2004）；语篇是一个图示结构（桂诗春，2000）；语篇是语句之间前后衔接、语义连贯的整体性宏观结构（徐建平，2008）。

三、教学内容

语篇教学内容与语篇讲解的思路有关。有什么样的讲解思路，就有什么样的语篇内容。

语篇是一种感知系统，强调在言语交际活动中依赖所学语言国家的一切文化知识、风俗习惯和语言承担者的心理特点来理解、解释、感知语篇的信息。语篇是一个协同系统，强调语言、语言个性是一个开放的、非常复杂的自我发展的系统，教学时应注意它们的协同关系。语篇是具有交际功能的逻辑信息结构，强调学生接受的信息是语篇，是超句统一体。语篇是社会文化信息的容器，强调语篇讲解的过程中，重点解释构成语篇的各个层面语言单位传达的民族文化信息、语言传达不同社会时期的时政信息、语篇的潜在读者。语篇是内容层级的表征系统，强调语篇教学的目的是帮助学生构建课文内容的情境模型，如时空框架、实体的集结和一系列实体间的相互关系，使学生达到对课文内容的高层次理解。语篇是一个图示结构，在理解语篇的过程中应分四步走，主动处理语篇材料，包括认知活动、辨认说话人或作者所强调的要点，根据语篇内容和结构诱导出作者的图式，以期建立语篇的全面结构。[120]语篇是语句之间前后衔接、语义连贯的整体性宏观结构，强调从总体上把握篇章的总结构和组织模式，并让学生熟悉各种篇章类型及其相应的篇章组织结构，增加学生对语篇模式的敏感度，并通过语篇模式理论讲授和相应的阅读实践相结合，促进学生对语篇模式的掌握，从而提高阅读教学效果。

如上所述，语篇是一个复杂的现象，从不同理论视角看语篇，语篇会有不同的面貌，不同理念下的语篇教学会使学生的收获大不相同。过去研究者们对语篇教学理论研究虽说涉及很广，但语篇分析的理论研究仍有很大的空间，过去研究者们要么专注于理论探讨，要么专注于应用研究，到目前为止，用"语言个性"理论指导语篇教学的研究还很少见，反映俄罗斯民族观念、性格、思维方式和价值观的语篇教学模式研究还很少见，理论探讨、应用研究贯通的系统性研究还很少见。

第三章 语篇分析、语篇教学模式研究的理论依据

语篇（дискурс）的"言语个性"分析和反映"言语个性"的语篇教学模式是本课题研究的主要对象。语篇是"考虑超语言参数的话语的总和"[121]。而作为语篇单位，作为交际行为的组成部分，话语（текст）在任何情况下同样拥有交际行为本应该有的特点，如对情境产生反应的超语言特点；决定交际顺利进行的，被称为预设的认知特点；影响语言手段选择和话语结构的，被称为上下文的语义特点；形成话语、词语产品的语言手段总和的纯语言学特点。因此，语篇不是孤立存在的语言单位。当语篇作为教学对象时，可以把语篇的语法范畴和词汇范畴与说话人的认知模式、交际目的、言语环境色彩结合起来进行教学。在语篇分析和语篇教学模式的研究中将会涉及人格心理学理论、民族心理学理论、语言个性结构理论和言语个性理论。在此我们拟对这些理论作一简要概述，后面章节有关俄语语篇分析和语篇教学模式的研究将以这些理论为指导。

第一节 人格心理学理论

英语中的 personality 和俄语中的 личность 都可译为"人格"、"个性"，本研究采用后者"个性"这一术语。但由于英文理论著作普遍使用"人格"一词，故在本章不妨尊重"人格"这一约定俗称的译法。

人格心理学理论是心理学家用来解释人格的一套假设系统或参考框架。它肩负着两项任务：一是寻找造成个体差异的特殊变量，如情绪稳定性、内外向性，探讨构成人与人之间种种不同的个性差异；二是把个体活动的一般过程，如生物学的、认知的、情感的、学习的、发展的和社会的等等整合起来，形成一个完整的人的描述和解释。人格理论纷繁

复杂，本研究只取罗伯特·菲尔德曼和黄希庭[122]的观点。

一、人格的定义及特征

人格是个体才智、情绪、愿望、价值观和习惯性行为方式的有机整合，它赋予个体适应环境的独特模式。这种智、情、意、行的复杂组织是遗传与环境相互作用的结果，包含着个体受过去影响以及对现在和未来的建构。人与人之间的心理与行为是不同的，每个人都有自己独一无二的特点，虽然人们有许多共性，但人格心理学重视他们彼此不同的独特性；人格具有跨时间的持续性和跨情境的一致性，一种人格一旦形成，青少年时期如此，成年后或到晚年依然如此。所以人格有两大特点，即独特性和稳定性。

二、人格形成的因素

一种独特而稳定的人格形成会受多种因素影响。

1. 生物遗传因素

人格的形成离不开个体的遗传基础。个体的遗传基因、神经系统（特别是脑）的特性、体内生化物质是人格形成的基础。体貌特征也对人格的形成有一定的影响。

个体是由父方精子和母方卵子的成功结合形成受精卵之后产生的。受精卵承载着父母的遗传信息，它们不仅决定了我们的生理特点，还影响着我们人格的形成。个体生来具有某种特质，但不等于这种气质不会改变。

2. 环境因素

人格形成也离不开环境影响。这种环境包括胎内环境、家庭教养环境、学校环境及社会文化环境。

（1）胎内环境

从母体受孕开始，环境因素就已经对人格的形成产生作用了，最早的环境是子宫。不同母体的子宫环境各不相同，他们对新生儿的影响也各不相同。有资料表明，吸烟母亲所生先天畸形儿的数量是非吸烟母亲的 2.3 倍。吸烟导致发生无脑儿、腭裂、唇裂、痴呆和体格发育障碍等畸形儿的几率是不吸烟者的 2.5 倍。这些特征虽然出生时便已存在，但却不是由遗传决定的。

（2）家庭环境影响

家庭结构类型（正常的双亲家庭、不正常的残缺家庭）、家庭气氛、教养方式等都会对儿童人格的形成产生重要影响。正常家庭的孩子长大后，一般都会身心健康、成熟、独立、友好、自控和自主。生活在残缺家庭的孩子，由于长期得不到父爱或母爱，很可能对人格的形成产生负面的影响，他们常常会极端、叛逆、封闭等。

（3）学校环境影响

学校环境包括教育内容、校风、教师、同伴交往。校风校纪、教育内容、同学的素质对学生人格发展有着深刻的影响。优良的校风对学生健全人格特征的养成有显著的促进作用，此外教师的言行对学生人格的形成也会产生潜移默化的影响。

（4）社会文化影响

社会文化环境是指人所处的社会结构、社会风俗和习惯、信仰和价值观念、行为规范、生活方式、文化传统、人口规模与地理分布等因素的形成和变动。社会文化能够陶冶一个人的民族性。民族不同，文化传统就有所差异，生活在不同民族文化环境中的儿童，心理发展就不一样。米德（Mead，1935）曾对新几内亚三个未开发部落作过现场调查，探讨一个民族的文化特质和其成员心理特征之间的关系，结果发现，在相同的环境中接受相同文化影响的成员之间，有着某种共同的心理特征。

（5）遗传与环境的交互影响

在同样的家庭环境、同样的学校环境、同样的社会文化环境影响下，人们也会有很多的个体差异。因为遗传与环境的交互作用不同。心理学家已区分出三种不同的交互作用形式：反应的交互作用、唤起的交互作用和超前的交互作用。

面对同样的环境，不同个体以不同的方式感受、体验和解释。处于同样的人际环境中，外向的孩子与周围人和事的联系比内向的孩子更多、反应更频繁。这种交互作用被称为反应的交互作用。而孩子对环境的不同反应亦会引起周围人对他的不同反应。易哄、爱笑的婴儿自然会比烦躁不安、大哭大叫的婴儿能得到父母和周围人更多的关怀。温顺的孩子比惹是生非的孩子更少受到家长的训斥，此种交互作用称为唤起的交互作用。这两种交互作用自始至终贯穿于人格发展的全过程。随着孩了的长大，有了一定的自主性之后，他们便会选择和建构自己偏爱的环境，而这些环境反过来又进一步塑造其人格，此种交互作用称为超前的交互作用。

总之，人格的形成与发展是遗传与环境交互作用的结果。

第二节　民族心理学理论

民族心理学是对不同民族人民心理特点进行比较研究的一门社会学科。民族心理学属于发展心理学的范畴，研究特定条件下某一民族心理活动的发生、发展和变化规律，解释一个民族作为一个大群体所具有的典型心理特点，也包括该民族的成员个体身上所体现的这些心理特点。这二者的关系是共性和个性的关系。在第一节中，我们依据人格心理学理论，确定了个体个性（人格）的基本含义和基本特征。我们认为，每一个个体都属于一定的民族－文化空间，因此个体个性具有民族文化特点。在此结合本课题的研究需要，对民族心理学理论进行简单介绍。

一、民　族

"民族"这个词汇我们并不陌生，如"五十六个民族五十六支花"、中华民族、俄罗斯民族、日耳曼民族等。那么民族的含义是什么呢？如果把这个词汇拆开解释：民，是人民，某种人，民间的，非军人。[123]族，是事物有某种共同属性的一大类。[124]

所以，民族应该是有某种共同属性的一大类人民。"民族"在词典中有两种解释：指历史上形成的、处于不同社会发展阶段的各种人的共同体；指具有共同语言、共同地域、共同经济生活以及表现于共同文化上的共同心理素质的人的共同体。[125]

共同体是民族个性形成的前提。共同体是指因某些共同的目的而组成的团体，是在共同条件下结成的集体，如苏联解体后，为了共同的政治利益和经济利益，由独立后的 12 个苏联加盟共和国组成的"独立国家联合体"。从心理学上讲，共同体是具有以下一些心理特征的人群的组合：各个成员在行为上有交互作用、相互影响；各成员在道德结构上以共同信仰的内心情感体验作为彼此联系的纽带，他们有同属于"这一群"的感受，有强烈的归属感。[126]

这样说来，民族是一个有很多共同性的群体。作为民族共同体，民族生活在共同的地域、操共同语言、享有共同的经济生活、执行共同的社会制度、沐浴共同文化、怀有共同的信仰、遵循共同的风俗习惯。民族是一个相对稳定的群体,当然,民族在不同的发展阶段其基本特征的内涵会不同程度地发生变化。

二、民族个性

民族个性是指一个民族区别于其他民族的个性心理特征。如果说个体的个性是单个人的独特、稳定的心理特征,那么民族个性是某个民族共同体共有的、稳定的共同心理特征。个性是人意识的外显形式,"意识是我们对世界、对行为、对周围世界的觉知,是人所特有的心理现象"。[127]意识的内容包括世界图景、思维和信仰。作为民族个性的内在心理形式,民族意识是以综合的、趋同的特点出现的。

因为在同一环境下的长期共同生活,使同一民族内部的人们将本民族看做利益一致的群体。在民族内部,"有维护民族自尊的风俗习惯、语言、文字、道德观、价值观,并尽量形成一种成型的社会理念、社会舆论、社会风俗、社会习惯"[128]。

民族是人类历史发展的产物,是拥有共同利益和共同目标的群体,即民族共同体。对于民族个体而言,民族共同体的首要意义在于,它是一定的活动系统,这种活动系统是由民族共同体在社会劳动分工系统中的地位所决定的。民族共同体"本身是一定形式活动的主体,并且通过活动加入到整个社会关系系统中去"[129]。民族共同体内部的语言、文字、政治、经济、文化、科学、生活习惯等在历史的发展中表现出相对的稳定性。民族共同体所拥有的共同的语言、文字、物质文化和精神文化、风土人情、共同的经济生活、生存的环境和历史文明等在漫长的人生旅途中渐渐地内化为心理素质,形成共同意识的内容,最后以个性的形式表现出来。

根据前文对个性的界定,我们可以认为,民族个性是一个国家或一个民族共同体的共同心理特征,即共同的历史背景、文化背景、共同的生活环境和宗教信仰等因素造就的民族共同体共同的性格、思维方式、价值观及其行为表现。民族个性作为民族的内在心理特征可能体现在社会生活的方方面面,比如建筑、服饰、饮食、礼仪、文字、语言等。

语言(言语)是民族文化的镜子,一个民族的文化特点及其在社会生活各方面表现出的民族心理必定会反映到民族语言(言语)中来。语言（言语）反映的民族心理，即语言个性。

第三节 "语言个性结构"理论

"语言个性结构"理论是通过民族语篇的组织结构来解读民族个性心理特征的理论。

从维诺格拉多夫（Виноградов，1930）提出"语言个性"[130]这一术语至今，很多学者对"语言个性"问题产生了浓厚的兴趣，但到目前为止，还没有一个统一的、大家都能接受和认可的解释。对语言个性的解释包括从主体、个体、话语作者、语言承担者、提供信息的人（消极或积极地）到语言世界图景和世界知识、语言的知识和有关语言的知识，直到语言意识、民族自我意识、民族心理，等等。

本研究只遵循"语言个性结构"理论的创建者卡拉乌洛夫（Ю. Н. Караулов）的观点。他说："我理解的语言个性是一套决定他创建和感知言语作品（话语）的特点和能力。"言语作品（话语）因如下情况有所不同：结构语言的复杂程度不同；反映事实的深度和准确度不同；特定的目标方向不同。[131]语言个性的结构由三个层次组成：

词语－语义层。对于语言承担者而言是正常掌握自然语言，而对于研究者而言是对表达一定意义的形式手段进行传统描写。

认知层。其单位是每一个语言个体形成的某种有序的、某种系统化世界图景的概念、思想、观念。世界图景反映价值层次。语言个性的配置及分析其认知层要求扩大意义并向知识转化，这就意味着，通过语言，通过说和理解的过程走向知识、意识、认识人的过程的研究时，概括了个性的智力领域。

语用层。包括目的、动机、兴趣、宗旨和意图。在分析语言个性时，语用层保证了对其言语活动的评价有规律地向理解世界真实活动的转变。[132]

研究"语言个性"的途径之一是描写语篇（дискурс）。某个民族文化共同性所特有的心理特点都会在个体的言语行为中留下痕迹。与作为民族特有的、可以从个体性格中分离出来的民族特点不同，民族社会概括的社会行为特点可以理解为民族性格特点。[133]言语行为的民族文化特点从该民族各种因素系统形成的语篇交际组织、交际功能和交际过程中体现出来。

同文化传统相关的因素有允许和禁止的种类、定型的情境、传统、交际的角色特点和社会象征特点、话语组织；与交际的社会情境和社会功能相关的因素有功能亚语言，功能风格、礼节；所指因素有传统映像体系、比较体系、象征所指用法体系；决定该共通性语言特征的因素有定型系统、话语结构、言语的心理语言学组织。由此可见，语言个性结构的三个特点中，尤其是后两个层面，基本上包含了心理学的范畴和客体。在卡拉乌洛夫的"语言个性"理论中，心理方面显得尤为突出，不但后两个层面——认知层和语用层渗透了心理特点，而且第一层——词语—语义层也具有心理特点，因为第一层建立的基础是心理学联想—词语网形式的词汇语义组织。当然，用语言手段呈现的语言个性的心理特点不能与心理学呈现的个性深度相比。因为语言学家在诉求语言个性时，把心理学认为最重要的个性（不是把个性作为人的集合概念来揭示，而是作为具体的个体来揭示）方面排除在自己的视域之外。卡拉乌洛夫很希望通过话语"重建个性世界观"。[134]他认为，世界观是认知层面与语用层面联合的结果，是个性价值体系，或者"世界图景"与其生成的话语中体现出来的生活目的、行为动机和宗旨相互作用的结果。而重建世界观的话语"不一定是连贯的独白，它可能是对话中、不同情境中的一段话，几个长的语句等"。[135]他把这类材料称为语篇（дискурс）。

第四节 "言语个性"理论

"言语个性"（речевая личность）理论是随着"语言个性"（языковая личность）理论的产生而产生的。1987年"语言个性"理论建立以来，很多研究者一直把语言个性和言语个性混为一谈。直到2001年克拉斯内赫（Красных В. В.）在自己的专著《心理语言学基础与交际理论》中首次提出"语言个性"作为"交际的人"应该包括"言语个性"和"交际个性"的观点。[136]

一、"言语个性"的概念

"言语个性"是在"语言个性"理论构架的基础上提出来的。言语个性是这样的个性，它在交际中实现自己，是在选择并实现某种交际策略时展现的个性，是选择并运用某种手段时展现的个性（既可以是语言学的手段，又可以是超语言学的手段）。言语个性强调的重点是，言语生成者在选择交际策略和交际手段时折射出的语言个性。[137]

二、"言语个性"理论的实质

基于"言语个性"概念涵盖的内容，我们可以认为，该理论有如下特点：

1. 该理论是"语言个性"理论的"分叉"，它与"语言个性"结构的第二、三层面相关，更倾向于第三层面。

2. 该理论属于心理语言学范围的言语心理语言学范畴。

3. 该理论的研究对象是作为言语思维活动过程和结果的语篇。

4. 该理论坚持的分析方法是：以言语语篇为载体探究说话人的个性心理特点。

5. 运用该理论研究语篇时，既要考虑语言学参数，又要考虑超语言学参数。

由于"言语个性"理论强调在交际条件下选择交际策略和选择表达手段时实现的个性，所以它一定与言语交际活动的媒介——语篇有着必然的联系。首先，语篇是言语活动中最高层语言单位，表达说话人连贯、完整的思想，所以通过说话人选择的语篇风格和语篇的内涵，可以透视其性格、思维方式和价值观等个性特点；其次，语篇是言语思维活动过程和结果的综合体，通过语篇在交际中产生的效果，可以感受说话人在交际中使用的策略技巧，从而发现其性格、思维方式、价值观等个性特点。

第四章　作为心理语言学现实的语篇

在本研究中，语篇（дискурс）是"语言个性"的载体，是俄语课程的主要教学内容之一，因此在这一章有必要厘清语篇的概念、语篇的目标、语篇的结构、语篇的类型以及语篇与话语（текст）的相互关系等问题。

第一节　语篇的概念

语篇（дискурс）源于拉丁文 discursus（讨论，论据），属于现代语言学、符号学、哲学范畴等复杂难懂的概念之一，"语篇"概念在英语文化，特别是法语文化中广泛使用。在英、法语言文化中语篇有言语、演说、论断等意思。在俄语里，甚至是大多数欧洲语言中都没有它的等值词，常被译作语篇、言语、词、话语、论断等。语篇，作为理论研究的对象，时间相对较短。

思达布斯（М. Стаббс）曾经总结了三个主要的语篇特点：1. 形式关系上，是超过句子数量的语言单位。2. 内容上，语篇与社会环境里语言的使用相关。3. 组织结构上是交互的、对话形式的[138]（Стаббс，1983，7）。谢礼奥（П. Серио）则赋予"语篇"八种意义：1. "言语"概念的等值词，语篇是任何一个具体的语句。2. 是在篇幅上超过句子的单位。3. 鉴于语句的情境性，语篇对其接收者产生影响。4. 是作为主要语句类型的交谈。5. 与叙事对立的说话人立场的言语。6. 是语言单位的使用，是语言单位的言语现实化。7. 社会或意识形态上限制的语句类型，例如宣传女权的语篇。8. 用于研究话语产生条件的理论构想。[139]

语篇既与言语和语言相近，又区别于言语和语言。语篇与言语相近，是因为它也是过程和活动，与言语不同的是，语篇是一个系统，有整体性，有内在组织和形式，语篇拥有种类、体裁和风格；语篇与语言相近，是因为它的系统特性，语言是普通抽象的微系统，那么作为语篇则是具体的最小系统。语篇是具有社会文化维度的言语或是说话人主体改造的，并且被纳入具体社会文化环境的语言。语篇类型包括宗教、政治、文学、哲学及其他语篇题材。这些情况下，我们通常使用语言的概念，认为文化的每个领域都有自己的语言：文学语言、哲学语言、科学语言等。

语篇的概念广泛应用于社会科学和人文科学中。史学家用语篇来研究档案文件，社会学家与心理学家则运用语篇进行各类调查、讨论和采访。巴尔特（P. Барт）开辟了将语篇方法应用于文艺学和文学批评的先河。[140] 富阔（M. Фуко）通过语言和语篇棱镜来研究整个西方文化的演变，特别关注了科学、哲学和文学领域。[141]

历史上的语篇具有不同的形式、意义和体裁，如某种重要历史事件的发生、国王发表的施政演说、某种学术大会的开幕词和闭幕词、获得崇高荣誉和奖项时的感言等。文艺复兴时期的法国诗人罗恩萨尔（Ронсар）曾把自己的诗集命名为《语篇》（дискурсы）。《语篇》可以被视为极为广泛的作品。比如哈别尔马斯（Ю. Хабермас）的《现代哲学论》用法语 discours 命名，这本书由 12 篇在法国大学上课的讲稿组成。

综合语篇的各种概念，马卡罗夫（М. Л. Макаров）总结出形式坐标、功能坐标、情景坐标这三个主要坐标，他通过这些坐标来定义语篇。形式坐标的语篇是高于句子层面的结构，功能坐标的语篇分为广义理解和狭义理解。广义的功能性语篇是语言的使用，即不同类别言语的使用。狭义的功能性语篇是有组织的、在语境中使用的整体语言单位的总和。情景坐标的语篇则是考虑社会、心理和文化方面的重要条件，考虑交际环境，即语用语言学研究的场所。所以从事言语行为理论研究、交际逻辑应用研究，从事转换分析、对话分析、话语语言学分析、语篇批评分析，从事社会语言学和民族交流问题、认知语言学和心理语言学问题研究的学者们从各自立场解释语篇是合理的。

切尔尼亚夫斯卡娅（В. Е. Чернявская）概括了国内外语言学对语篇的不同理解后，将其分为两大类：1. 在一定的受认知和类型制约的交际空间中实现的由书面话语和口头言语记录下来的具体交际事件。2. 有主题的相关话语的总和。[142]

克拉斯内赫（В. В. Красных）同意万·德意卡（Ван Дейка）、基

布里克（А. Е. Кибрик）和卡拉乌洛夫等学者关于语篇是言语作品的见解，但她认为，"语篇不但是作品本身，而且是活动（是过程和结果相加的总和），在言语活动过程中产生言语思维产品。"[143]她在前人研究成果的基础上给语篇下了这样的定义："语篇是词语性言语思维活动，该活动被理解为过程和结果的总和，它既包括纯语言学方面，又包括超语言学方面。"[144]根据克拉斯内赫的观点，从结果视角看待语篇，语篇就是在交际过程中产生的话语的总和，而从过程角度看待语篇，语篇就是此时此地的词语化言语思维活动。

本研究支持克拉斯内赫关于语篇的观点。

第二节　语篇的交际特点和语用特点

语言学上的"语篇"可以通过各种方法进行界定。有时，它被看做谈话类型；有时，它被看做整体上复杂的交际事件；有时，又是具体的谈话。语篇永远是言语，然而言语话语却和语言系统相关。总体上，口头语篇可用问题"说什么，怎么说，怎么做"和"谁说，对谁说"来定义。这表明，说话人和听话人见面之前的整个生活情景和当前双方互动的情境整合了谈话的形式与内容。普通形式的语篇指的是用语言形式实现的社会互动，即交际行为。个人－个性和社会两个维度下的对话是口头语篇的主要特征。谢里奥曾这样写道："个人不能当做语句意思的绝对主人，因为历史和无意识将潜在的思想融入了说话主体的概念里。"[145]关于这一点，巴赫金（М. Бахтин）也作了论述：词语不能只供一个说话人支配，作者（说话人）有自己的用词权，但听者也有相应的权利，也能通过作者的叙述表达自己的心声。[146]这样一来，说话人的词语来自社会的方方面面，经过多次使用后含义有了不同的细微差别。人们以社会成员的形式使用语言，把语言当做富有人生道理、文化规范、稳定评价和信念的语言形式。巴赫金称社会成员为"出租点"（пунктом проката），因为来自社会成员的词语和词组都带有上下文的印迹。在这个意义上，社会成员通过具有一定价值关系的言语实践系统监督和调节着个体语篇。语篇的结构像镜子一样，反映了社会文化环境及其总体思想。这样一来，个人语篇本质上由社会语篇调节。

根据巴赫金的观点，对话不只是答话的交换、意思的交换，它不但产生于语句内部，而且产生于语句之间。话语的对话性可以由同一个人的语句内部或语句之间不同的"声音"（思想）交相呼应来界定。这种话语特点（整体言语）被命名为语际性（интертекстуальность）或者篇际性（интердискурсность），指的是把话语或言语记入文化上下文，是最初的对话性。语言的社会实质要求有言语接收者的存在。如果在这样的对话模式下，脱离交际情境和上下文孤立地分析语篇，那么语句就没有意义了。人们可以独立地组织话语，表达自己的意见，可以用任何主题进行解释和谈论。然而他们永远是男人和女人，永远是自己社会群体和社会文化的代表。即便他们不接受别人语篇中包含的评价和意见，也不会改变那样一个事实，即大多数世界观都是通过主流话语形成的。每个人都是在掌握经验的过程中形成自己的世界图景，每个人世界图景的形成都会受很多因素的影响和制约，比如，能够加强或削弱经验的某些人、权威性的隐喻或强势的文化承担者的经验、获取知识的先后顺序（课堂、讲座、教材、说明书）、多种知识的选择（比较看法）等。

　　因此，一方面，了解参与言语互动的个体如何创建和理解语篇很重要，另一方面，了解语篇在社会环境中如何发挥作用也很重要。换句话说，语篇是通过语言形式实现的社会互动。这样一来，对话和语篇在本体方面是一致的。个性在个体早期发展阶段掌握的含义和意义是其创建话语的普通基础。这包括"我"和"不是我"的区别，包括二元对立和范畴系统的话语基因，基因话语是一切话语现象（话语、句子、语句）的基础，这些话语现象，首先是在符号和句法上组织起来的，并直接参与到社会互动中。这样一来，整体含义形成的过程，就变成任何一个心理特征形成的过程。语篇中的话语是从说话人的立场建立的，建立话语时说话人会考虑接收者、情景的情况，为话语选择一定的结构，这种条件下，一般会通过一定的语言、修辞和演讲手段来实现。"读者或听者面临解释话语的任务时，会实施解释策略，作者借助这种解释策略将带读者通读话语，好像在揭示没有明确表达的内容"。[147]语篇为说话人和听话人建立了一个共同的世界，这个共同世界跟随说话人和听话人的谈话的动态进程建立起来。这样，话语的任何一个元素（词素、词位、词组或语句）都可集成一个整体，这个整体受交际环境制约。话语具有交际情境的功能，话语元素同样也由情境提供。要理解话语思想，个人必须具有相应经验和解释该话语语言结构的能力。语篇是个体心理现实的表达，也是包括这种个体心理现实的个体转换场。在时间上持续展开的动态上下文是语篇最重要的特点。这时，语篇的内容以某个主题或热点观念为核心。

这个主题或观念是整个言语所涉及的内容，在这个意义上，语篇的主题（比如，与权威或当局的关系）区别于说话人的主题（和妈妈的争吵）。另外，语篇主题在很大程度上与社会、世界有关，说话人的主题则与自己内部生活问题相关。语篇分析旨在展示，是谁在监控主题及其变化（语义宏观结构），是谁来决定语言的形式和风格。这样的主题理解方式解释了语篇的整体性和连贯性现象。在语篇生成过程中，个体在头脑中分析或扫描当前的巨大焦点，然后将其分为与每一时刻的意识规格相称的单个焦点。这种情况下在生物接触的边界——周围环境就呈现为感受、感觉、思维和形象，所有这些都是通过言语间接表达并转达给听话人的。

听话人接收说话人的语句时却是相反的，听话人在解释说话人的语句时，会受到之前掌握的一套词义、意思和思想的制约。比如，解释过程中整部语篇的戏剧创作艺术会得到阐释，但解释者却改造了整个语篇或是改造了语篇事件的现实、期望和虚拟的精神世界[148]。解释者建立解释的基础是：语篇的连贯性，即话语各部分的排序方式，建立因果联系，主题发展过程，语篇内部关系，语篇各部分的联结方式；信息组织，新、旧信息提供的方法，即表达手段；新、旧信息提供的背景；修辞手法；句法特征；词汇选择；社会原则角度、心理原则角度和转换原则角度的语言使用；句子命题内容的建立。这样一来，语篇监控了交际参与者的思维方式、说话方式和社会内部的行为方式，监控了自身表现的社会方法和心理方法。

语篇宏观层面的主题会影响被感知的主要信息，比如某个话语的标题或者所谓的普遍性意见会影响感知者对信息的接收。在语篇微观层面发挥作用的是通过修辞手段，如隐喻、委婉语、明喻反映的心理模型。解释听到的或写出来的信息同样是一定语篇的产品，支持这种解释的因素有很多，如语义因素、句法因素和语用因素。但是在语篇焦点中总是能够找到我—他人（Я—Другой）的对话互动。相应地，不同语言学方向研究语篇时会着重强调其某些方面，但整体语篇分析要求使"没有得到表达的，没有意识到是'问题'的，符号上隐性出现的"东西明确起来。这就涉及与"他人"关系的定型，涉及偏离标准的差异解释，涉及偏见。所有这一切对参与者内在互动尤为重要。

这种问题的提出是社会结构主义思想的反映。社会结构主义认为，任何意思的生成都是主题解释的变体，是依赖于社会环境解释的变体，是受当时主流语篇制约的解释的变体。语篇的动态性对听话人来说是清楚的，前提是说话人说出的语句与已听到的语句之间有共同的语义空间，与背景，即与言语预设、隐含和暗语反映的对话参与者的共同语义空间相符。任何交际过程中参与者的语句都会对信息解释基础的形成进行补充。大部分命题决定着听话人感知上下文的动态性。听话人将新信息与已有的信息进行比较后得出结论。说话人与"单纯的听者"不同，他应该学会分辨出自己个人的预设和听话人的预设，分辨出交际的含义，警惕假意，因为部分假意会支撑听话人对问题情境的有限解释。

第三节　语篇的结构

语篇，一方面是言语、交际、言语行为的中间现象，另一方面是在交际中固定下来的话语。一般来讲，对"语篇"这一术语的理解非常宽泛，比如所有说的、写的，都是语篇。换言之，任何声音、图解、电子文件（同时也是语言材料[149]）的言语活动都是语篇。在形式上，语篇是语言单位；在篇幅上，语篇超过句子；在自身组织上，语篇是对话性质的。语篇结构中有两种组成要素：语言学要素和超语言学要素。语言学要素构成系统化的语言学单位，如词形和句子。超语言学要素由情景的、社会的、语用的、文化的、心理的和其他因素构成。实义切分范畴、预设范畴、主体情态范畴、情境范畴和交际行为范畴是语篇的特点。由于话语和语篇紧密相连，所以语篇结构和话语结构相似，其区别在于，它们是否与言语口语再现相关。

语篇一开始便奠定了交际的基调和风格，比如正式交际的或非正式交际的，与此同时，语篇也承载了延续的社会文化和社会心理，而语篇的动态性，在很大程度上具有作为过程的口头言语特点。标示语篇结构的词语如 вот，ну，так сказать，或是控制接收者心理过程的词语，如 понимаешь，Вася…；видите ли，Петя…逐渐成为这种动态的标记。另外，言语的重音、停顿及语调情景也是动态的标记。

语篇还应该区分出不同的结构层面，如宏观结构、整体结构、微观结构和局部结构。语篇的宏观结构可切分为大型组块，如小说中的片段，报刊文章中的段落，口头对话中的几组对白等。口语语篇中大型片段之间有相对较长的停顿标示界限，书面语篇中用图来标示或用专门的词汇手段，如一些虚词或词组：a，так，наконец，что касается 等来标示。语篇大型片段的内部有参与者立场的主题、事件、时间、空间的统一体等。

"宏观结构"这一术语在杰出的话语语言学创建者、话语分析学科的创建者，著名荷兰学者万·德意卡（Т. Ван Дейка）的著作中有专门解释，宏观结构（макроструктура）是语篇基本内容的概括描写，由接收者在理解的过程中建立。宏观结构是宏观命题的序列，即按所谓的宏观原则从原始语篇的命题中导出命题序列。这类宏观原则包括缩减原则，即减掉非本质的信息；概括原则，即用两个或两个以上的同类型主题进行概括；建构原则，即将几个主题综合为一个主题。用这种方式建立宏观结构，是为了构成全价话语。宏观原则被多次应用，因此在概括程度上有几个宏观结构层面。[150] 实际上，按万·德意卡的观点，宏观结构也被称为文摘或摘要。因此，运用宏观结构理论可以把《战争与和平》的原始话语概括为几个句子组成的摘要。宏观结构与长时记忆结构相符，即它们取回长时间保留在人们记忆中听到或读到的某个语篇的信息。听者或读者构建宏观结构是一种语篇理解策略。语篇理解策略是万·德意卡理念中的基础概念，理解策略的概念替代了以往语篇分析要严格遵循的原则和演算的思想，策略是非常灵活的达到目的的方法，总体策略可以是几个策略的联合。

美国心理学家巴尔特列特（Ф. Бартлетт）1932 年在《记忆》一书中又提出了一个有关总体结构的重要概念。他发现，在以往的词语化经验中，人们经常使用现实的定型概念，巴尔特列特称这些定型的背景知识为示意图[151]。比如，住宅的示意图包括厨房、浴室、前厅、窗户等。俄罗斯人前往别墅的特别示意图包括去车站、买电车票等部分。语言集团共享的示意图直接影响着生成语篇的形式。

20 世纪 70 年代出现了一系列意思非常相近、可以相互替代的术语。比如，美国人工智能领域的专家们提出了脚本（скрипт）和框架（Фрейм）两个术语。框架在很大程度上属于静态结构，如住宅的示意图，而脚本则属于动态结构，如去别墅和去餐馆。

英国心理学家赛恩佛尔德（А. Сэнфорд）和加罗德（С. Гаррод）使用的是"剧本"（сценарий）的概念，剧本和脚本这一术语的意思非常相似。"剧本"和脚本两个概念之间通常没有任何区别。俄语中习惯用"剧本"。应当注意的是，术语"框架"很早就用于社会学和社会心理学中了，在此，"框架"用来表示对社会重大问题表达不同看法的方式以及表示用来支持某种看法的手段。术语"框架"在以神经语言学编程著称的应用交际心理教学法中具有特殊意义。

语篇宏观结构和微观结构的对立是将语篇切分为最小的具有语篇层面意义的份额。在现代大多数方法中，主谓关系（предикации）或分句（клаузы）被称为最小的单位。在口语语篇中很多语调单位的相近特点证实了这种思想。通常词语化信息的心理语言学试验表明，分句的信息分配相对稳定，而由分句连成的复合句是极其多变的。所以与分句的概念相比，句子的概念对语篇结构而言显得不那么重要。

在修辞结构理论中，曾提出统一的宏观语篇—微观语篇描写方法。修辞结构理论的假设是：任何一个语篇单位通过某种意义关联的方式至少和该语篇中一个其他单位相关，这些关联被称为修辞关系。术语"修辞"没有原则性意义，它只指出，每个语篇单位本身并不是语篇，而是说话人为达到一定目的对某个其他单位的补充。进入修辞关系的单位可以是各种篇幅的，从最大的整体语篇组成要素到最小的单独的分句。语篇是有层次安排的，所有层次使用相同的修辞关系。修辞关系总共包括20多个序列，如原因、条件、让步、交集、发展、背景、目标、选择等。

进入修辞关系的语篇单位，要么起核心作用，要么起辅助作用。大部分的关系都是不对称或二元化的，也就是说，语篇在修辞关系中占有主要地位或辅助地位，比如分句 Иван вышел рано, чтобы не опоздать на встречу，具有目的修辞关系；这时第一部分占主要地位并且起核心作用，第二部分则占次要地位，起辅助作用。其他不对称和未必是二元化的关系把两个核心连接起来，比如交集关系：Морж — морское млекопитающее, Он живет на севере，这两种修辞关系展示了从属关系和并列关系间的对立，而"主—从"类型的修辞关系项目与传统状语从属句类型的项目相似。这也不足为奇，修辞结构理论实际上把分句间的语义—句法关系推广到了语篇中的关系。对修辞结构理论来说，怎样表达修辞关系和它是否把独立的句子或句群连接起来是不重要的。重要的是，修辞结构理论采用形式主义方法，对以语篇单位网的形式和修辞关系的形式呈现的语篇形式进行研究。修辞结构理论的作者专门强调了同一话语多重论述的可能性。换句话说，同一话语可以创建不止一个修辞结构图，实际上，将修辞结构理论用于分析实际话语的尝试展示了理论的多样性。但是，这种多样性是有限的。

很多观点认为，修辞结构理论在很大程度上将现实模式化了，并且这是理解语篇建立过程的重要一步。首先，修辞结构理论的作者们本身驱动了运用修辞结构图建构话语简介的程序。按照确定的原则，修辞对儿里的许多从属部分会被删减，删减后的话语依旧是连贯的，完全代表原始话语。其次，在佛可斯（Б. Фокс）关于英语语篇主线的作品中表明，指代手段，如代词、完全静词群的选择取决于修辞结构。

语篇结构问题还可归结为它的连贯性问题。如果某个语篇 D 由 a，b，c……组成，那么就应该有某种东西保证这些部分间的联系，从而保证语篇的统一。与整体结构和局部结构类似，区分整体和局部连贯性很有意义。语篇整体连贯性由语篇的主题或话题统一体来保证。

原则上，与某种静词群及其表述对象相关的述体主题不同，语篇主题要么理解为命题，即某种事态的概念信息，要么是某种信息集合。主题通常被定义为该语篇所谈的东西，最小的语篇单位及其各部分之间关系的语篇局部连贯。美国语言学家基沃恩（Т. Гивон）将语篇局部连贯性，尤其是叙述语篇的连贯性分为四种类型：所指连贯性、空间连贯性、时间连贯性和事件连贯性。事件连贯性，事实上是修辞结构理论研究的对象。而且，这个理论为研究局部连贯性和整体连贯性提供了统一方法。

俄罗斯心理语言学家卡拉乌洛夫在《俄语与语言个性》（1987）一书中将作为人类言语思维活动作品的语篇结构整体上划分出三个层次：词语—语义层、认知层和动机语用层。他认为，由这三个层次组成的语篇可以整体再现说话人——语言个性的内在心理特征及其民族文化特点。语言个性结构理论视角的语篇分析不但整合了结构语言学、心理学、语用学的理论，而且在分析语篇时，联想语言学理论一直贯穿始终。

第四节　语篇的类型

研究语篇时，像研究任何自然现象一样，会提出分类问题，即语篇有哪些类型及有哪些种类的问题。语篇主要区分为口语语篇与书面语语篇。通常这种区分与传达信息的渠道有关，口语语篇传达信息的渠道是声音，而书面语语篇传达信息的渠道是视觉。有时语言使用的口语形式和书面语形式的差别与语篇和话语的差别是一样的，但若因此混淆这两个现象又是没有道理的。

尽管书面语语篇与口语语篇相比备受关注，但很明显，口语语篇是语言存在的最原始、最基本的形式。而书面语语篇则是由口语语篇派生而来的。如今人类大多数语言是非书面的，即口语形式的。19世纪，语言学家们承认了口语的重要地位后，很长一段时间里人们并未意识到书面语和口语转写并不是一回事。20世纪上半叶的语言学家通常认为，人们研究的口语，实际上只是分析了口语的书面形式。直到20世纪70年代人们才开始真正对比语言的二元存在形式：口语语篇和书面语语篇。

信息传播渠道的区分对口语语篇和书面语语篇的区分有很重要的影响。首先，在口语语篇中话语的生成和理解是同步的，但书面语语篇却不是这样。研究发现，书写的速度要比口语言语的速度慢10倍，但阅读速度却比口语言语的速度快得多。结果口语语篇中就出现了碎裂现象：言语是由量子，即所谓的语调单位震动产生的，语调单位被停顿分割开，相对完整的语调结构通常与简单述体或分句相结合。书面语语篇经常会把述体整合为复合句、其他句法结构以及联合体。第二个信息传播渠道方面的区别是说话人和听话人如何在时间和空间上接触，书面语语篇中听话人和说话人没有时空上的接触；口语语篇一般会把说话人和听话人都吸引到情境中来，这种情况通常在第一人称和第二人称代词的用法中反映出来，在说话人和听话人的思维过程和情态指示语的用法中表现出来，也使用手势或其他非词语手段等。书面语语篇，则完全相反，它使说话人和听话人远离语篇中描述的信息，这从被动态的正常用法中体现出来。例如：在描写科学实验时文章作者会这样写：该现象只发生过一次；而口语描述很有可能会说：我只看过一次这种现象。

几千年前，语言的书面形式作为一种克服说话人与听话人之间时间、空间距离的方式而产生，而这种克服方式只有借助技术发明才能完成，如创造信息的实物载体，比如黏土做的泥板、莎草纸、桦树皮，等等。科技的进一步发展使语言和语篇的项目更加丰富，例如，印刷语篇、电话交谈、无线电广播、借助寻呼机和电话自动应答机进行交流、电子邮件……所有这些不同种类的语篇在各种信息载体的基础上体现出来，并拥有自己的特点。20年前，通过电子邮件进行交流作为新生事物引起了人们极大的兴趣，并得到大力推广。电子邮件介于口语语篇和书面语语篇之间。和书面语语篇一样，电子语篇运用图形方式记录信息，但也和口语语篇一样，具有短暂性和非正式性特点。

状态交际是将口语语篇和书面语语篇特点结合起来的更纯粹的例子，在状态交际的条件下交谈双方通过电脑网络交谈：在显示屏的一半空间里对话，参与者输入自己说的内容，而另一半空间则能逐字逐句地显示出对方说话的内容，电子通讯特点的研究是现代语篇分析中积极发展的领域之一。

除了口语语篇和书面语语篇这两种基本语篇外，还应当提到另一种语篇，即思维语篇。人们能在不使用声音、文字的情况下使用语言。这种情况下，语言同样具有交际功能，但说话人和听话人只能是同一人。由于缺少容易看到的表现形式，与口语语篇和书面语语篇相比，人们很少研究它。

各种语篇之间最常见的区别是体裁不同。体裁这种概念最初是在文学研究中用来区别各种文学作品的，例如短篇小说、随笔、中篇小说、长篇小说等。后来，巴赫金和许多学者提出，体裁概念不但普遍应用于文学作品，而且应用于其他言语作品中。

如今，体裁这一概念广泛应用于语篇分析中。体裁的分类尚未穷尽，例如，可以有日常对话、叙事文章、仪器说明书、采访、报道、报告、政治演说、讲道稿、诗歌、小说等。

每种体裁都有某种相当固定的特点。例如小说，首先应该有标准的结构（关于情节和人物的交代、开端、伏笔、情节的发展、高潮、结尾），其次应当有某些语言特点，小说一般包括事件在时间上有序排列的框架，通常要采用同一类型的语法形式，比如均用过去时（如动词），在它们中间要用联系元素（如连接词 потом）。

各种体裁的语言特点问题研究得还不够充分。美国语言学家巴依别尔（Дж. Байбер）的研究表明，要区分出各种体裁固定的形式特点是非常难的。巴依别尔建议研究失去固定语言特点的文化观念的题材，在经验观察和数量测量参数的基础上区分语篇的类型，例如过去时形式的使用、人称代词的使用等。

本文用于分析语言个性的语料，既有口语语篇，又会有书面语语篇，体裁以对话、叙事文章、文学作品为主。

第五节 语篇与话语的关系

20世纪70年代初，划分话语范畴和语篇范畴的尝试已经被大家所认同。语篇被解读为"话语加上情境"，相应地，话语被定义为"语篇减去情境"。某些人把语篇解读为强调言语相互影响的互动方式，与通常只属于一个作者的话语不同，语篇—话语的对立与传统上对话—独白的对立接近。在很多功能方面的研究中，根据对立标准，语篇与话语有各种对立趋势：功能性与结构性、过程与结果、动态与静态和实际与潜在。相应地，可以区分出作为过程的功能性语篇和作为产品的结构性话语。

现阶段普遍认为，"语篇"是言语中的话语。语言百科词典对语篇这样定义："语篇"是超语言学因素，如语用、社会文化、心理因素相加的连贯话语；是从事件方面提取的话语；是目的性社会行为，是作为人际互动和人际意识机制（认知过程）参与成分研究的言语。语篇是"融于生活"中的言语。因此，"语篇"与"话语"不同，它不会应用在古代话语和其他与生活不直接相关的话语中。[152] 斯捷潘诺夫（Ю. С. Степанов）这样定义语篇："语篇是语言中的语言，但它是以独特的社会因素呈现的。语篇不会像语言那样简单地以自己的'语法'和'词汇'形式存在。首先，语篇主要存在于话语中，但这类话语的背后有其特殊的语法、特殊的词汇、特殊的用词规则和句法规则、特殊的语义，最终是一片特殊的世界。在各种语篇世界中发挥作用的是同义词替代规则、自己真实性规则、自己的礼节。这是逻辑哲学术语完全意义上的'可能的（可供选择的）世界'。每一个语篇都是一个'可能的世界'。语篇现象本身证明了'语言是精神的家园'这一论点，在某种程度上，语言也是存在的家园。"[153] 西加尔（Сигал К. Я.）力求用新的方式解释"语篇"和"话语"两个概念的相互关系，他得出这样的结论："话语是知识交流的万能形式，由整体性范畴、连贯性范畴、情态范畴和次范畴组成。"[154] 学者认为："语篇是语言特有的现象，它有一套展开话语时展示自己构成及使用规则的语言手段。"话语与语篇的区分也是马蕾切娃（Малычева Н. В.）的研究对象。她认为，上述对立的两个术语是指不同的现象，语篇建立的基础是根据体裁、语体、作者意向筛选语言手段，与此同时，话语则是这种筛选的结果和选择的相应模式。马蕾切娃认为，与话语相比，语篇是更宽泛的概念，因为语篇同时包括言语活动的过程和结果。根据研究者的看法，话语多次复现是话语区别于语篇的另一个重要区分特征，与此同时，语篇不以复现为前提。马蕾切娃写道："话语是多元交际单位和多主题单位，包括复杂的句法整体和独立的句子，它具有结构完整性，形成在观念上现实片段的交际含义和认知含义。"[155]值得注意的是，"语篇"这一术语的解释极其复杂，在此基础上区分"话语"和"语篇"两个概念的相互规定性是不可能的。但要清楚的是，任何一篇话语都不是语篇的种类、部分、表现方式，任何一段语篇也不是话语的种类、部分、表现方式，两个概念不是类一种关系。语篇不是言语、交际和言语行为的过渡现象或是系统和话语的过渡环节；语篇不是加上超语言学参数的话语，正如话语不是扣除这些参数的语篇一样。话语和语篇地位是平等的，只能"从上面"，从它们平等、概括的更高层面进行研究。在诸多语篇定义中，我们可以看一看卡拉西克（Карасик В. И.）的见解，他对语篇概念的多种解释进行了详细分析：解释语篇现象的科学体系太多了，致使"语篇"概念本身成为大于"语言"的概念。[156]语篇分析处于语言学、社会学、心理学、人类学、文艺学中的符号学、修辞学和哲学交叉的跨学科知识领域中。在任何一个学科领域都可以实现语篇分析，但要让不同学科的研究者达成共识，必须具备以下条件：

（1）话语的静态模型非常简单，与话语的本质不符。

（2）语言的动态模型应该建立在交际上，也就是人们的联合活动上。人们试图表达自己的感受、交换思想和经验或者互相产生影响。

（3）交际发生于交际情景中，而交际情景应当在文化上下文中进行研究。

（4）在交际情景中发挥核心作用的是人，而不是交际手段。

（5）交际情景包括交际前阶段和交际后阶段。

（6）话语作为交际的产品，具有几个维度，主要的是话语产生和话语解释。

（7）一方面，语篇是言语、交际和言语行为间的过渡现象，另一方面，是留在交际后的定型话语。

这样一来，语篇成为话语语言学的多义术语，很多作者几乎把语篇与话语当同义词使用。主要因为：（1）是连贯的话语；（2）是话语的口语交谈形式；（3）是对话；（4）是意思上彼此相关的语句群；（5）是作为已知信息的言语作品——口头的或书面的。还有对该术语进行更深层的解释：语篇是围绕在某个基本观念周围的任意的话语片段。语篇一般描写主人公、客体、情况、时间、行为的上下文。这与其说是句子的序列决定的，不如说是创建语篇和解释语篇的那个一般世界决定的，即按语篇进展建立的世界决定的。现代语言学中的"话语"和"语篇"两个概念与语言科学认知方向的概念相近。但语篇是组织和固定交际内容的词语形式的总和，是外在的交际手段；而话语是交际内容的语言学和超语言学规则的总和，是内在的交际轮廓。

在不同的言语情境中，同一篇话语可以产生不同的语篇。说话人可以把自己掌握的话语变成有自己独特意思的个人报道，比较一下祈祷话语或笑话。根据玛丝洛娃（Маслова В. А.）的观点，"人们获得的文化，来自别人的话语"[157]。因为话语才是"文化的真诚保存者"（同上）。这种情况下，话语的语法形式可以完全保存于新的语篇中或发生一些变化。克丽丝铁娃（Ю. Кристева）则得出这样的激进结论："任何话语，都像引文马赛克一样建立起来，任何话语都是转换和吸收其他话语的产品。"[158]所有这些事实证明，语言现实的任何事实同时属于语言和言语两个领域。所有的观点都可能处于两个领域之间：首先，语篇是话语（话语部分、话语类型和话语状态等），话语是语篇（语篇部分、语篇类型、语篇状态）；其次，语篇是作品，话语是运用，是活动。话语和语篇都是实际现象，它们不能融为一体。话语和语篇有不解之缘。话语和语篇都是存在于交际结构和交际内容中的作品。在强吉姆堡（Чан Ким Бао）的作品《话语和语篇——通过阴阳观念的棱镜》中，把话语看做"阴"，把语篇看做"阳"。阴阳本质的观念包含在以下两方面中：

一方面，语言像是阴阳对立产生的宇宙一样，我们听到的、看到的、写下的和读到的都是现实存在的，都能用感觉器官来感受，任何一个说一定语言的人都能够创立这一切，这就是阳。语言在改变周围一切的同时自己本身也发生改变。另一方面，在所有这些真实行为的背后都隐藏着某种深刻的东西，这是它们的方式，也是真实的，但我们的感官是感受不到的，这是阴。不是任何一个人都可以"看见"它，只有学者、研究人员、理论家才能够看到。不同的"看法"产生不同的趋势。阴阳的运动，相互影响、相互渗透和相互转化——这就是话语和语篇的相互作用。语言是阴阳的统一体。这种情况下，话语相对作为宏观宇宙的语言来说是微观宇宙。这表明，一切宏观宇宙（语言）的特有的东西，也应该反映在微观宇宙（话语）中。阴阳观念承认了人的作用是认识力量，这种认识力量和系统力量形成统一整体，我们称之为人类语言，这时语言学研究中的真话语不是作为自我目的而存在，它以语篇的形式在言语中发挥作用。话语是潜在的（阴），语篇则是这种潜在言语活动中的实现（阳）。阴阳观念以解决与话语问题紧密相关的语篇问题为前提，语篇问题和话语问题是同一实质的两个对立方面。这时要考虑所有作为言语交际手段参与话语组织和功能的语言学因素和超语言学因素。话语和语篇在不同的条件下被言语中各个成分排列的组织体积（空间）和线性（时间）两个特点联合在一起。[159]

语篇是交际的外在形式，是一定语言文化代表们用来组织和固定交际内容的词语形式的总和。话语是内在的交际轮廓，是一定语言文化代表们用来表达交际内容的语言学组织和超语言学组织规则的总和。话语在内容上保证了交际的语言基础，因为话语在它的所有体现中离不开语言。语篇则首先在内容上保证了交际参与者相互影响的言语基础。要想通过语篇实现交际，参与者必须对话语提出诉求。而根据语言学规则和超语言学规则组成的话语同样会让语篇发生变化。

第五章　俄语语篇的"言语个性"特点分析

　　作为"交际的人",其语言个性包括"言语个性"和"交际个性"。"言语个性"是言语生成者在选择交际策略和交际手段时折射出的"语言个性"。在这一章,我们将通过交际媒介——俄语语篇来分析在言语交际过程中实现的"语言个性",即俄语语篇的"言语个性"特点。

第一节　言语个性——性格特质分析

　　性格,是指人对客观现实的稳定态度和行为方式中经常表现出来的稳定倾向。性格是个性中最重要的和显著的心理特征,是"个性"的内容之一。俄罗斯民族性格是俄罗斯民族个性中最重要的和显著的心理特征,是俄罗斯民族成员"在共同的文化背景和特定的社会历史条件下形成的对社会与他人稳定的、共性的态度和习惯化的行为方式"[160],是俄罗斯民族成员之间共同具有的集团个性心理特征。俄罗斯民族的性格是几代人的生活积累与代代相传的结果,因此具有相对稳定性。心理学家认为,具有继承性、相对稳定的民族性格是"原型"(архетип)性格。[161]我们通过长期对俄罗斯民族的关注和研究发现,俄罗斯民族性格可以归结为这样几大方面,如交际性(общительность)、文学性(литературность)、宗教性(религиозность)和集体主义(коллективизм)。这些鲜明的民族性格特点往往通过俄罗斯民族文化代表——俄语言语主体的言语行为——俄语语篇体现出来,通过语篇隐含的交际策略和语篇的表现手段——话语表现出来。

一、交际性

　　交际性,是指俄罗斯人善于与人接触、联络、交往、沟通的个性。俄罗斯人热情、友好、善于交际的性格几乎给每一位亲历俄罗斯的外国人都留下了深刻的印象。俄罗斯人善于交际的特点主要表现为开朗与豪爽，殷勤与好客。

（一）开朗与豪爽

言语交际占据俄罗斯人交际生活的大部分内容。在日常言语交际中，他们热情、开朗、豪爽的个性无时无刻不在感染着他们的交际对象，感动着背井离乡的人，创建着一个个温馨的场面。这种开朗与豪爽常常表现为见面时主动的寒暄问候和积极的互动。Здраствуйте！（您好！）Доброе утро！（早上好！）Добрый день！（您好！）这些话语常常给彼此不太熟悉的人们带来愉快的心情。

事例 1：

——Наталья Фёдоровна？ Здравствуйте！ Рад вас видеть. Как живёте？

——Здравствуйте, Василий Степанович！ Спасиба, жива и здорова. А вы？

——Неплохо, благодарю вас.[162]

译文：

——娜塔莉亚·费多洛夫娜？您好！非常高兴见到您。过得怎么样？

——您好！瓦西里·斯捷潘诺维奇！谢谢，我还活着，身体也好。那您呢？

——还不错，谢谢您。

这是两个熟人见面寒暄的情境。主人公选择"Здравствуйте！ Рад вас видеть（您好！非常高兴见到您）"做寒暄语，说明 Василий Степанович 与 Наталья Фёдоровна 很熟悉。Василий Степанович 的第一句话就让人感到开心，这种兴致勃勃的寒暄在俄罗斯随处可见。在内敛拘谨的东方人眼里，俄罗斯人总是那样热情、开朗。换句话说，这样的开朗也是民族文化赋予他们的礼貌和教养。从 Спасиба, жива и здорова（谢谢，我还活着，身体也好）这句话语中，仿佛让我们听到了娜塔莉亚·费多洛夫娜的幽默和爽朗的笑声。

事例 2：

——Кого я вижу！ Добрый вечер, Иван Иванович！

——О, Василий Степанович！ Здравствуйте, весёлый человек！ Давно мы с вами не виделись. Ну, как вы сюда попали？

——В двух словах и не скажешь. Зайдём — ка лучше в кофе, посидим и потолкуем.[163]

译文:

——真巧啊! 晚上好, 伊万·伊万诺维奇!

——哦, 瓦西里·斯捷潘诺维奇! 您好, 快乐的人! 咱们很久没见了。喏, 您怎么到这儿来了?

——三言两语说不清楚。我们最好去咖啡厅, 坐下来唠唠。

这是两个朋友久未谋面后的偶遇。选择感叹句"Кого я вижу (真巧啊)"作为打招呼的寒暄语, 反映出说话人瓦西里·斯捷潘诺维奇的惊喜之情。显然, 他的开朗与兴奋感染了言语接受者伊万·伊万诺维奇, 于是便有了后者的呼应: Здравствуйте, весёлый человек! (您好, 快乐的人) 这种言语互动仿佛让我们听到了交际者快乐的声音。短暂寒暄之后, 瓦西里·斯捷潘诺维奇立刻提议去咖啡厅坐坐: В двух словах и не скажешь. Зайдём—ка лучше в кофе, посидим и потолкуем. (三言两语说不清楚。我们最好去咖啡厅, 坐下来唠唠) 可见他是多么豪爽的人。

俄罗斯人不仅在熟人面前表现出开朗与豪爽的个性, 对陌生人也同样如此。或许可以说, 正是在与陌生人的接触中, 才表现出一个人或一个民族的本色特点。

事例 3:

火车上的包厢内, 一位中年妇女 (目光非常友善)、一位漂亮姑娘和一位上了年纪的男人, 他们正交谈甚欢。见到一位年轻人走进包厢, 三人笑着对年轻人不约而同地说:"Здравствуйте!"(您好!)

年轻人没有回应, 径直坐到自己的位置上, 不知什么原因不想说话, 自己闭上眼睛, 装作睡觉。这几位继续聊着。

这时, 中年妇女问:"Хотите курицу?"(想吃鸡吗?) 姑娘说:

"Спасибо, у меня есть вкусный хлеб."(谢谢, 我有很好吃的面包。)

那位上岁数的男人拿出一瓶好酒, 三个人就一起吃喝起来。可那位年轻人不想聊天, 一直闭着眼睛坐着。善良的中年妇女忍不住问道:

"Может быть, молодой человек тоже хочет есть?"(年轻人要不要吃啊?)

"Не думаю, он спит."(不会吧, 他在睡觉。) 姑娘回应说。

"Какое серьёзное лицо! Очень красивый молодой человек, правда?"

(长得多严肃啊! 非常帅气的年轻人, 是不是?) 妇女又说。

三个人继续海阔天空地聊着。漂亮姑娘说，她有一个朋友叫卡佳，卡佳的领导叫弗拉迪斯拉夫·波普拉夫斯基，帅气、诚实又善良。他的相貌像阿兰·德龙，就是太严肃，不爱说话。卡佳很爱他的领导，可是他却从不注意她！姑娘说到激动处，直接批评卡佳的这位领导，说他一定不是善良的人。就在此时，坐在那里一直沉默的年轻人，突然脸红了。妇女发现后说：

"Смотрите, у мальчика лицо красное. Здесь очень жарко. Давайте откроем окно!"（你们看，这孩子脸红了！我们打开窗户吧！）

姑娘口中卡佳的领导正是这位年轻人，年轻人一路都在想卡佳爱着自己的事儿，想着想着，就笑了。那位善良的妇女又及时地说：

"Смотрите, красивый мальчик улыбается. Это потому, что мы окно открыли, свежий воздух."（你们看，帅气的男孩笑了，因为我们开了窗户，空气好了。）

在这一交际情景中，善良的中年妇女一直试图让年轻人加入他们中间。"Смотрите, у мальчика лицо красное"和"Смотрите, красивый мальчик улыбается"显然是一种吸引年轻人的策略，正是这种交际策略反映了她热情、豪爽的个性。姑娘和中年男人则用非言语行为，如拿出自己好吃的面包、拿出自己的好酒，体现了善于交际的性格。

（二）殷勤与好客

殷勤，是指对待客人的亲切态度，更多地是指行为特点。然而，殷勤热情不仅仅是俄罗斯人的品质，其他民族也有这样的性格，但表现于外却不尽相同。在俄罗斯，男人对女人的"殷勤"是有目共睹的。只要是受过良好教育的男士在有女人的场合都会表现出他们应有的"殷勤"，比如陌生的乘客之间常常会听到这样一句话："Вам помочь?"（需要帮忙吗）下车时，男乘客一定会先下车帮女乘客接下行李；宴会上，男士一定会先安顿女士落座后才会回到自己的位置上；进门时，男士一定会给女士开门，等等，这是俄罗斯人的传统。比较而言，我们中国的传统好像把一切方便都让给男士。如果有个别男士对女士表现出俄式殷勤，那么在人们的眼里一定是"新好男人"。

好客，则更多地指一个人很愿意让别人到自己的家里或者给他提供住处。俄罗斯人很喜欢请人到家里做客，可以邀请亲密的朋友，也可以邀请刚刚结识的陌生人。作者曾有这样的经历：那一年，还在读研究生的我们几位同学服从学校的安排去伏尔加格勒给某个公司做俄语翻译。

在国际列车上，我们结识了一对列车服务员夫妇。到伏尔加格勒一周后（前后加起来我们认识不到 10 天），这对夫妇便热情邀请我们到家里做客。房间里布置得窗明几净，显然是为了迎接我们的到来而做了充分准备。餐桌上极其丰盛，入席后热情的主人不断地说："Кушайте！Кушайте！"（吃啊！吃啊！）席间还给我们讲各种笑话，大家一起唱我们熟悉的俄罗斯歌曲。那一次是我们第一次在俄罗斯人家里做客，至今记忆犹新。这让我们感到，他们的家根本不像谚语"我的家就是我的城堡"（"Мой дом — моя крепость"）里的"城堡"。

好客的现象，好像每一个民族都有，但好客的方式各不相同。有分寸的西方人不愿让自己的存在成为客人的负担，他可以把自家钥匙留给客人，"冰箱里的东西随便拿"；而东方国家，比如我们中国人对待客人就像对待圣人一样，愿意倾尽自家所有，忙前忙后地招待客人。不同的是，中国人不会盛情招待不太熟悉的人。

我们常常听到用"Хлебосольство"（好客，慷慨）这个词称赞俄罗斯人的"好客"之道，"Хлебосольство"似乎代表了俄罗斯人的生活方式，具体地讲，代表了俄罗斯中部及南部人的生活方式。慷慨的莫斯科人、伏尔加格勒人喜欢宴请客人，当客人们在餐桌上喜欢吃主人为自己准备的食物时，主人会发自内心地高兴。下面再现一个中国人在俄罗斯家里做客的场景：

В гостях у русского друга

——Здравствуйте！Вот мы и добрались.

——Здравствуйте！Проходите，Раздевайтесь. Проходите в комнату，чувствуйте себя как дома.

——Спасибо.

...

——Большое спасибо. Аня，покажи гостям нашу квартиру.

——Так，прихожую и гостиную вы уже видели. Вот моя комната，проходите. Здесь комната родителей，а это бабушки，мамы отца.

——У вас прекрасная квартира，просторная и уютная.

...

——Угощайтесь，пожалуйста！Винегрет，салат，бутерброды с икрой. А вот солёные помидоры и огурчики—это тоже домашнее，наша бабушка солила.

——Всё очень вкусно, спасибо.

——Аня, неси горячее. Вот солянка, жаркое, рыба в томатном соусе. Это молодая картошечка с зеленью, это с нашей дачи. Кушайте!

——Спасибо!

——На здоровье.

(**три часа спустя**)

——Давайте пить чай.

——Спасибо, но нам уже пора, уже поздно.

——Мама обидится, если вы не попробуйте её пирожки.

——Спасиба, чудесные пирожки. Галина Владимировна, вы прекрасно готовите!

——На здоровье, берите ещё.

——Нет-нет, нам пора. Спасибо! Всё было просто здорово. До свидания!

——До свидания, проходите к нам ещё![164]

译文：

在俄罗斯朋友家做客

——你们好！我们终于到了。

——你们好！请进，脱下外衣吧。请进屋，随便一点。

——谢谢。

……

——太感谢了！阿尼娅，带客人看看咱们家。

——门廊和客厅你们已经看到了。这是我的房间，请进来吧。这是我父母的房间，这个房间是奶奶的。

——你们这套房子太好了，宽敞舒适。

……

——请多吃点！凉拌菜、沙拉、鱼子酱面包，这是腌制的西红柿和小黄瓜——这也是自己家做的，我奶奶腌制的。

——所有的菜都特别好吃，谢谢。

——阿尼亚，把热菜端上来吧。这是杂拌汤、热菜、番茄汁鱼。这是新下来的土豆，我们别墅里种的。吃啊！

——谢谢！

——随意哈。

（三小时后）

——我们喝茶吧。

——谢谢，我们该告辞了，很晚了。

——如果你们不尝尝我妈妈做的小馅饼，她会生气的。

——谢谢，小馅饼太好吃啦，加林娜·弗拉基米洛夫娜，您真会做！

——别客气，再吃点。

——不不，我们该走了。谢谢！一切都太棒了！再见！

——再见，欢迎你们再来！

这是中国人在俄罗斯一个家庭里做客的情境。中国客人一进门，主人就说："Здравствуйте! Проходите, Раздевайтесь. Проходите в комнату, чувствуйте себя как дома."（你们好！请进，脱下外衣吧。请进屋，随便一点。）"Раздевайтесь"（脱下外衣吧），这是俄罗斯人特有的待客之道。通常是客人进门先脱下外衣，主人把你的外衣接过去帮忙挂好，然后让客人换上拖鞋，进入客厅舒服地坐下来接受主人的招待，如喝茶、喝咖啡、吃点心等。怕客人拘谨，主人会不断地说："чувствуйте себя как дома."（像在家里一样）回想一下，我们中国家庭对客人有这样的殷勤举动吗？秋天，客人穿着风衣；冬天，客人身穿羽绒服坐在你家沙发上的情景应该是司空见惯的吧。这当然不是说客人不礼貌，而主人似乎也没有这样殷勤照顾客人的习惯吧。

关于俄罗斯人的"好客"，"在俄罗斯朋友家做客"就是一个很好的例证。中国客人进屋后，主人让阿尼娅带客人参观房间，如"Аня, покажи гостям нашу квартиру"这一表达法体现出主人的殷勤；餐桌上应有尽有，主人通过"Угощайтесь, пожалуйста! Винегрет, салад, бутерброды с икрой. А вот солёные помидоры и огурчики—это тоже домашнее, наша бабушка солила"这一表达法展现了自己的慷慨。说话人说出"Мама обидится, если вы не попробуете её пирожки"显然是采用劝说的策略来达到挽留客人的目的。

可是这种殷勤好客并不是俄罗斯每一地区的风格。古都彼得堡却是另一番风土人情。与莫斯科以及南部地区的俄罗斯人相比，彼得堡人比较矜持与冷漠，比较正统。这种区别在俄罗斯的古典作品中，如托尔斯泰（Толстой Л. Н. ）的小说《战争与和平》中都可以读到。当我们听到"хлебсольство"这个词时，首先想到的是莫斯科人。如果说"Петербурское хлебсольство"（彼得堡的慷慨）就听起来怪怪的。彼得堡人虽说不上慷慨，但与莫斯科人相比，他们的教养却无与伦比。如果你在彼得堡街头问路，当地人会自告奋勇地把你领到目的地，若说到去当地人家里做客，那可需要长期的交往。彼得堡人自恃清高，贵族气质与生俱来，这大概与彼得堡的古都历史分不开。俄语中的一句谚语"Москва—сердце, Петербург—голова"（莫斯科是心脏，彼得堡是头）似乎是对彼得堡人贵族气质的注解。

二、文学性（литературность）

美国的评论家斯密特（X. Смит）曾经这样评价俄罗斯人：慷慨与多愁善感的背后是不负责任和不切实际。俄罗斯著名的诗人安德烈·沃兹涅谢恩斯基（Андрей Вознесенский）回应斯密特说："俄罗斯人的性格就是这样。在俄罗斯，人们喜欢文学，喜欢所谓的精神生活。"[165]诗人对自己同胞的评价不禁让作者联想到当今莫斯科地铁里的情景：车厢内，不论乘客多与少，一定是鸦雀无声，安静中猛然抬头，视线左右都在看报或读书。在莫斯科的地铁里听不到类似我国公共场所里的嘈杂声。或许正是这种"爱读书"的传统，正是"喜欢文学"的习惯使人们常常活在"精神世界"之中。诗人还有一行这样的诗句："美国因电脑而强大，俄罗斯因读者而强大。"[166]说的是文学在俄罗斯的影响面之广。

受文学影响极深的俄罗斯人非常重视精神生活。对他们而言，有时，精神比物质更加重要。在他们的生活中或者在他们的语言中，"精神"（душа）这一概念占有相当重要的地位。在其他语言中，"精神"是某种不现实的，是在人死了之后远离人体的东西。而对于俄罗斯人来说，"精神"却是物质的东西，它就像一条线把每个人联系起来，更像是道德标准的化身，它可能会疼痛，会燃烧，会哭泣，会感到沉重或者轻松。很多俄罗斯谚语都反映了精神在人们心中的分量，如：К чему душа лежит, к тому и руки приложатся（心在哪里，双手就会在哪里），Хоть мошна пуста, да душа чиста（人穷心地正），Шуба овечья, да душа человечья（衣服虽然寒酸，人却是好人）[167]。在其他语言中未必能够找到人类精神生活方面的体现。因此我们可以说，爱文学、爱读书的俄罗斯人很有文学修养,性格的形成也潜移默化地受到文学精神的浸润。俄罗斯民族性格的文学性具体表现为神秘感、多愁善感与背离传统等方面。

(一) 神秘感

俄罗斯人的热情、好客、慷慨、善于交际的个性的确会给交际对象带来惬意的心情,但这些个性特点似乎仅局限于待人接物。我们发现,与他们相处时间越长,越是不了解他们。俄罗斯人可能会出乎预料地突然向你敞开心扉,也可能在你认为很了解他们时突然拒你于千里之外。就在你觉得俄罗斯人开始思考事情的时候,他们又突然情绪化起来。这种阴晴不定的个性表现,常常让外国人认为他们非常神秘。其实,与其说他们神秘,还不如说他们自我矛盾。诗人叶甫盖尼·叶甫图什科曾经这样描述过俄罗斯人的矛盾个性,"我是这样,又不是这样,我勤劳又懒惰,坚定又动摇。我……害羞又粗鲁,邪恶又驯良;我身上混合着从东方到西方、从热情到嫉妒等一切事物……"[168]

俄罗斯人与生俱来的矛盾性格,早在19世纪的文学作品中就有描写,如普希金笔下的叶甫盖尼·奥涅金、莱蒙托夫笔下的比秋林、屠格涅夫笔下的巴扎罗夫等构成俄罗斯文学史上典型的"多余人"形象。他们的共同特点是有上流社会的血统,受过最好的教育,甚至受过西方先进文化的启蒙,因而他们追求精神完善。这些人常常是厌倦了贵族的纸醉金迷的生活之后,试图"屈尊"到平民百姓中间寻找自己想要的生活,然而当他们来到平民阶层却又与他们格格不入……于是他们痛苦、彷徨……以普希金的诗体小说《叶甫盖尼·奥涅金》的主人公奥涅金为例:

奥涅金是在典型的俄国贵族圈里长大的,他过的是花花公子的浪荡生活,整天周旋于酒宴、舞会和剧场,恋爱占去了他全部的时间:

Бывало, он ещё в постели:

К нему записочки несут.

Что? Приглашенья? В самом деле,

Три дома на вечер зовут:

Там будет бал, там детский праздник. [169]

译文:

通常,他还没起床,

就给他送来了请帖。

什么？请帖？一点不错，

一个晚上有三家邀请，

这里是舞会，这里是孩子的命名日。

这样的生活，其他的贵族青年也许已经习以为常，但是奥涅金有"爱幻想的天性"，有"辛辣而冷淡的才气"，他对上流社会的花花世界感到厌倦，对周围世界十分冷淡，终日郁郁寡欢，甚至陷入了"忧郁病"的状态。恰好这时他有去乡下继承叔父财产的机会，他想在那里做有意义的事情：

И очень рад, что прежний путь

Переменил на что－нибудь.

译文：

非常高兴，

以前的路发生了什么改变。

于是他开始在自己的庄园里实行自由主义的改革，减轻农奴们的赋税负担。但贵族的教育使他养成了养尊处优的习惯，结果是三分钟热度：

Потом увидел ясно он,

Что и в деревне скука та же,

Хоть нет ни улиц, ни дворцов,

Ни карт, ни балов, ни стихов. [170]

译文：

后来他清楚地看到，

农村的生活也是那样无聊，

既没有街道，又没有官廷，

没有扑克牌，没有舞会，更是没有诗句。

他在农庄的改革，并不是真正想为农奴们做事，为社会作出应有的贡献，而是为了消磨时光，最后半途而废，一事无成。

文学作品中"多余人"的矛盾性格，不仅局限于 19 世纪，至今能够让亲历俄罗斯的很多人都深有体会。

俄罗斯人到底是怎样的人呢？为什么我们会感觉他们很神秘、很难懂呢？丘切夫（Тютчев）曾经这样写道："用智力理解不了俄罗斯，普通的尺子测量不了俄罗斯，她具有特殊的气质：只能去相信俄罗斯。"[171]

如果说我们因为不熟悉俄罗斯国家、俄罗斯人的心理、俄罗斯文化而无法理解俄罗斯人，那么俄罗斯人自己就很了解自己吗？1826 年普希金（A. Пушкин）就曾经指责他的同胞说："俄罗斯人自己都对俄罗斯知之甚少。"[172]

不过，俄罗斯人自己有时并不在意这些。他们引以为傲的是他们有多么令人费解、多么独特，他们引以为傲的是他们有别于世界上任何一个民族。

（二）多愁善感

俄罗斯人感情丰富，不介意公开表达自己的情感，他们可能在听着某一首歌曲时泪流满面，也可能在某个情境中会情不自禁地让泪水朦胧自己的双眼。有一年，作者亲历了这样的场面：5 月 9 日是俄罗斯国家反抗德国法西斯胜利纪念日。那一天上午，全彼得堡涅瓦大街走来一支长长的、威武庄严的军人游行队伍。当地人说，每年那些退伍的老兵都用这种方式庆祝自己的节日。阔步走在队伍前面的是一个特殊的"方块"，这个"方块"中很多队员的胸前都戴满了军功章。据说他们都早已退伍，只是在节日这一天又穿上了珍藏的军装，走上街头来展现他们的风姿，表达军人的情结。这些老兵虽然已经老迈，但他们那饱经风霜的面孔分明让人们看到了 50 多年前硝烟弥漫的战场上英勇杀敌、浴血奋战的热血青年。在围观的人群中，作者发现有两位老奶奶在抹眼泪，感觉很奇怪，便走上前去，试探地问："Что с вами? Почему вы плачете?"（您怎么了？您为什么哭啊？）她说："Муж бы был в этом отряде, если бы он жил."（我丈夫要是还活着，他也会在这个队伍里。）显然，老人家的丈夫当年也是这些老兵中的一员，只是去了前线就再也没有回来。老人家是因触景生情才掩面而泣。

多愁善感，作为一种浪漫气质，表现的不是满足，而是苦难，表达的是对过去的怀念和对现在的不满。再看下面这个叙事语篇体现了姑娘怎样的情感：

事例：

不久前，塔吉雅娜和男友去了一次特列奇亚科夫画廊。回家的路上，她突然问男友：

——Ты помнишь картину Левитана Осенний день. Сокольники?

——Да. Аллея. А по аллее идёт женщина.

——И всё? А куда она идёт?

——Вот этого я не знаю.

——Ты нарочно так говоришь, чтобы меня разозлить.

译文：

"你还记得列维坦的画《秋日·索科尔尼基》吗？"

"记得。林荫小路。在林荫小路上走着一个女子。"男友说。

"就完了？那她去哪儿？"塔吉雅娜追问道。

"那我就不知道了。"男友很自然地说。

"你是故意气我才这么说的。"

Ты представь, Егор, эта женщина спешит на свидание. Она ещё не знает, что её ждёт, будет ли она счастлива. А может быть, и другое. Она только что встретилась с ним. Представляешь? Они поговорили, и она поняла, что им лучше расстаться. И теперь она грустная и печальная идёт по аллее...

译文：

你想象一下，叶国尔，这个女子是急着去约会。她还不知道，等待她的是什么，她会不会幸福。也许是另外一回事。她刚刚和他见完面。你能想象吗？他们谈过了，她明白了，他们最好分手。所以她才一个人忧伤地走在林荫道上……

面对塔季雅娜的浮想联翩，男友无奈地说：

——Татьяна, у тебя очень богатая фантазия.

译文：

塔季雅娜，你的想象力太丰富了。[173]

《秋日·索科尔尼基》是列维坦的处女作，完成于 1879 年。这是他唯一一幅有人物的风景画。在他以后的画上取而代之的只有树林、牧场、雾霭中的春风和俄罗斯的破旧小木房。在这幅画上一位身穿黑衣的青年女子，踩着一堆堆枯黄的落叶，走在索科尔尼基的小路上……

一般来讲，我们参观画展更多地是为了满足视觉的需求，或者仅仅是一种休闲活动。可是塔吉亚娜却浮想联翩，也许正因为她是恋爱中的人，才对画上那位孤身女子的联想油然而生。不管是什么原因，我们看到的是塔吉亚娜的多愁善感，感受到的是悲观情绪。

上面两件事里的多愁善感，似乎都与悲观情绪有关。事实也的确如此。人逢喜事精神爽的时刻，我们无论如何也不会说人家是多愁善感之人。

多愁善感是俄罗斯人性格中的一个方面，多愁善感常常使他们看问题也很消极。苏联有一移民美国的作家叫弗拉基米尔·瓦伊诺维奇，其作品继承了果戈理的讽刺手法，他描述俄罗斯人和美国人读他的作品时的不同反应。"读我的书的时候，美国人经常说我写得很有趣。俄罗斯人说……他们读起来感到沮丧、压抑"[174]，了解俄罗斯人性格中沮丧和压抑的一面，我们就会理解，为什么这个民族会有那么多苦乐参半的幽默故事。

（三）背离传统

背离传统的人们往往才华超群，思考问题时，因为极端理想化而经常低估现实。这样的人多半是文化人或艺术家，他们的所有活动都是自己的内部心理活动，是智力活动，是情感和思想活动。这类人被心理学家认为是"内向型的人"和"精神质"的人，他们喜欢独处或者只和少数亲密朋友在一起，喜欢安静、单纯的环境。"精神质"的人的突出特点是背离传统、有创造性、不善交际。

现代苏联文学作家舒克申（Василий Макарович Шукшин）在其短片小说《怪人》（чудик）中就塑造了这样一个背离传统的性格类型。小说主人公瓦西里（Василий）是一位手艺高超的民间画匠。他在哥哥家做客时很想讨好不喜欢他的嫂子索菲亚。有一天，趁哥哥的家人都不在，他想做一件令嫂子惊喜的事，所以他在家里"把炉子画满了奇景"。不仅如此，这个"怪人"只用一会儿的工夫就用他的画笔使侄子的童车"旧貌变新颜"了。他给童车画满了别致的图案，他前后左右地欣赏着自己的杰作，感到特别满意。还得意地自言自语"Не колясочка, а игрушка"（不是童车了，更像一个玩具）。在他看来，经他这样一画，童车会变成"美好的东西"。但是他的创作激情不但没有得到嫂子的好评，反而让嫂子大发雷霆，以至于在半夜就被嫂子赶出了家门。

如果"怪人"能够换位思考一下，他就不会在别人家里"轻举妄动"；如果他不那么天真地以为他的美好愿望一定会得到好的回报，那么他至少不会被嫂子赶出家门。他之所以把自己置于尴尬境地，完全是因为他的做法违背了传统的思维方式，超越了常人的行为规范。下面是《怪人》中的一个片段：

……

Чудик прибрал постель, умылся и стал думать, что бы такое приятное сделать снохе. Тут на глаза ему попалась детская коляска.

《Эхе, —подумал Чудик. —разрисую — ка я её》. Он дома так разрисовал печь, что все дивились. Нашёл ребячьи краски, кисточку и принялся за дело. Через час всё было кончено, коляску не узнать. По верху колясочки Чудик пустил журавликов—стайку уголком, по низу—цветочки разные, травку — муравку, пару петушков, цыпляток. Осмотрел коляску со всх сторон—загляденье. Не колясочка, а игрушка. Представил, как будет приятно изумлена сноха, усмехнулся.

——А ты говоришь—деревня. Чудачка. —Он хотел мира со снохой. —Ребенок - то как в корзиночке будет.

...[175]

译文：

……

怪人整理好了床铺，洗完脸后想做一件让嫂子高兴的事。突然他一眼看到了一辆童车。"嗯哼，"怪人想，"我打扮一下它。"他在家里把炉子变成了奇景。他找来孩子们的颜料和画笔就干起活来。一小时后全部搞定，童车认不出来了。怪人在童车的上方画满了仙鹤，下方画满了各种花草，还有一对公鸡和一群小鸡雏。他从各个角度端详了一下童车，觉得是个美好的东西。现在童车不是童车，它就是一件很美的玩具。他想象着嫂子回来惊喜的样子，自己笑了。

——你还说农村人。笨女人。——他想和嫂子和解。——小孩坐在童车里就像坐在花篮里一样。

……

瓦西里所做的"好事"完全是他一厢情愿的想法。从他在哥哥家惹出的麻烦可以确定，这是典型的背离传统的性格。他只是活在自己的世界，自说自话，不受世俗禁忌的约束，不考虑他人的看法和感受。类似的性格特点在舒克申、别洛夫（Белов В.）、拉斯普京（Распутин В.）、索罗五鑫（Солоухин В.）以及在其他以乡村生活为背景的文学语篇中都可以找到。

在现实生活中，这种背离传统的性格明显地表现为"新俄罗斯人"背离祖辈勤俭持家的光荣传统。超前消费已成为现代人的生活方式。他们的生活原则是"Завтра всё изменится к лучшему"（明天一切会更好）。现在的俄罗斯人，尤其是"新俄罗斯人"追求的是生活享受，哪怕他们的金钱只能勉强维持生活，也不会放弃任何享乐的机会。用某些经济学家的话说：今天的莫斯科，是世界上物价最贵的城市之一。对俄罗斯人来讲，去哪里花钱已经不是问题，问题只有一个，就是到哪里去赚钱。

现代俄罗斯人的父辈和祖辈与他们完全不同，自古以来俄罗斯人就懂得未雨绸缪。俄罗斯谚语反映了世代俄罗斯人提倡节俭的美德，如 Копейками рубль держится（节约节约，积少成多）、Береги денежку про чёрный день（要节省钱以防不时之需）、Бережливость лучше прибытка（能挣不如能省）[176]等。

三、宗教性

东正教进入俄罗斯国家已有 1000 多年的历史，它是俄罗斯文化的组成部分，长期以来深深地影响着俄罗斯民族性格的形成。就俄罗斯民族性格而言，"善良（доброта）、舍己（жертвенность）、无私（бескорыстие）、友善（благожелательность）、温顺（смирение）、忍耐（терпение）、禁欲（аскетизм）、虔诚（святость）"，所有这些特点都是在东正教影响下形成的。《俄罗斯民族》一书（1994）在谈论俄罗斯人的善良（доброта）、人道（гуманность）、温和（мягкость）时写道："这些特点的表现是仁慈、怜悯，总是急切地要帮助受难的人，与他分享自己的最后一点东西。"[177]东正教文化深深植根于俄罗斯国土，融化于俄罗斯人的血液之中，似乎与生俱来，任何时代都挥之不去。不论发生多么重大的历史事件，性格的宗教性特点都在俄罗斯人中一代又一代地传承。下面两段叙事语篇明显呈现了俄罗斯人宗教性的性格特点。

事例 1：

他在一所小学给小学生们讲完故事后，收到了一大捧花束。这是他人生中头一次收到花束，他发自内心地高兴，对花爱不释手。兴奋之余给妻子打了电话，让她在家准备花瓶。

他兴冲冲地往家走着，路人都对他手里的鲜花好奇，因为春天的莫斯科还不是鲜花盛开的季节。一位妇女问他：

——Где вы купили цветы?

——Где вы взяли цветы?

——Это мне подарили, а я дарю вам.

——Ой, какие цветы!

——Ах，какой красивый букет！

—— А я дарю вам.

……

译文：

您在哪儿买的花？

您在哪儿得到的花儿？

这是人家送给我的，那我送给你们吧。

于是他拿了几只花送给了她们。经过街心花园时，几个孩子在那儿玩耍。一个女孩儿羡慕地说：

哎呀，好漂亮的鲜花儿！

那我送给你们吧。

他拿了几只白色的玫瑰就送给了小女孩儿。小女孩儿拿着花跑到妈妈面前炫耀。随后他又遇见了一支少先队员的队伍。一个小男孩说：

嘿，好漂亮的花束！

我送给你们吧。

他又拿出一支白玫瑰送给小男孩，结果所有的孩子都伸出手来。他无法拒绝，把花都分给了孩子们。

当他回到家时，只剩下一支红石竹。当妻子把孤零零的一支石竹插入花瓶时，两个人禁不住哈哈大笑起来。[178]

这是一位多么无私、善良的男士啊！当然，在这个故事中善良的人还有主人公的妻子。当她看到丈夫带回家的不是他所说的花束，只是一支红石竹时，没有埋怨和失望，而是与丈夫会心地大笑起来。这说明俄罗斯人普遍都有仁爱之心，有"与他人分享自己最后一点东西"的个性。这种简单的分享体现了东正教精神中的"怜悯心和同情心"。

如上所述，宗教性的含义及其丰富，但是核心内容可以归结为善良，由于善良他们才能够"总是急切地要帮助受难的人"，这样的情景随处可以遇到。

事例 2：

安东是滑雪能手。学校里常常举办滑雪比赛，安东总是第一个滑到终点。

今天又是一场比赛，学生们来到公园，起点在这里。比赛开始。起点线上有安德烈、安东和其他同学。

信号一发出，同学们就往前冲。前面是安德烈，安东在后面紧追安德烈。左右两侧是树木和灌木丛。离沟壑很近，它非常深。突然，安东听到咔嚓一声。一看，路上只剩下一副雪橇，安德烈在哪儿？

安东迅速地跑进沟里。沟里的雪地上躺着安德烈。安东走近安德烈。安德烈刚一起来，马上又坐下了。他说：

—— Антон，зачем ты остановился？ Ты потеряешь первое место！

—— Идём！

……

译文：

安东，你干吗要停下来？你丢掉第一名了！

安东笑着扶安德烈站起来。

走吧！

安德烈站起来，但是他的腿很疼，他不能走。两个朋友慢慢地往上攀岩。而上面沟沿正跑着滑雪的人。

今天的第一名是米沙。但是安东非常开心，他没有把同学置危难于不顾。

所有的同学都说："Антон—ностоящий товарищ！"[179] （安东是真正的同学）

安东是善良的学生，他虽然丢掉了第一名，但是得到了同学们的称赞。同学们称赞的不是一个人本身，而是一种善良、无私的品质。

宗教性不是指某一单方面特征，它是多种性格侧面的综合。比如这个故事中的安东，如果说他放弃比赛去帮助危难中的同学是仁慈和怜悯，那么他为了帮助他人而失去的第一名是不是牺牲精神呢？所以每个人都是多面的，但是他们身上主流的东西、综合特点则反映了该民族的整体个性特征。在此就不一一举例说明了。

四、大集体主义

"大集体主义"像"宗教性"特点一样，也有丰富的内涵：听从祖国的召唤、个人服从集体、舍己救人、自我牺牲、团结友爱、互相帮助、兄弟情义等，但是这些作为传统美德的民族个性具有历史局限性。应该说，在当今的俄罗斯，"集体主义"的个性集中体现在中老年人身上。因为中老年人是从"苏维埃社会主义"社会走过来的，"为共产主义奋斗终身"的人生理想深深地影响了他们，他们具有"人人为我，我为人人"的性格。祖国的利益高于一切，关键时刻挺身而出、舍生忘死。在他们的意识中，听从祖国召唤、个人服从集体、互相帮助是每一个公民的社会职责。个人主义、自私自利会被当时的社会道德观所不容。因此 Дерево держится корнями, а человек——друзьями（树靠根撑，人靠朋友撑）[180] 成为俄罗斯人需要亲情、友情、坦诚、善于交际的写照，这些特点相应地成为集体主义个性内涵的组成要素。

集体主义个性突出表现在国内战争时期和卫国战争时期的大众英雄主义事件中，表现在第一个五年计划和战后的劳动热情中，所有这一切都出现在 20 世纪中叶之前的社会生活中。

在大学教材《俄语阅读》中有一篇课文"Русский характер"（俄罗斯人的性格），是描写苏联卫国战争期间库尔斯克战役的场景，说话人的这段言语作品即体现了中尉叶国尔·德廖默夫（Егор Дрёмов）为祖国英勇杀敌的大无畏精神，也描写了装甲车司机邱维廖夫（Чувилёв）与他舍生忘死的兄弟情义。

事例 1：

…Понимаешь, только мы развернулся, гляжу из—зо горушки вылезает …Кричу:"Товарищ лейтенант, тигра!" — Вперёд, —кричит, — Полный газ! … Я и дввай Маскироваться вправо, влево… Тигра стволом—то водит, как слепой, ударил мимо… А товарищ лейтенант как даст ему в бок, — Брызги! Как даст ещё в башню, —Он и хобот задрал… Как даст в третий, — у тигра изо всех щелей повалил дым, — пламя как рванётся из него на сто метров вверх…Экипаж и полез через запасной люк … Ванька Лапшин из племёта повёл, —они и лежат, ногами дрыгают…Нам, понимаешь, путь расчищен. Через пять минут влетаем в деревню. Я прямо обезживотел…Фашисты кто куда…Вижу: бегут к сараю. Товарищ лейтенант даёт мне команду: "А ну— двинь по сараю" . Пушку мы отвернули, на полном газу я на сарай и наехал… Батюшкио! броне балки загрохотали, доски, кирпичи, фашисты, которые сидели под крышей …А я ещё — и проутюжил, — остальные руки вверх— и Гитлер капут…

Так воевал лейтенант Егор Дрёмов, пока не случилось с ним несчастье. Во время Курского побоища, когда немцы уже истекали кровью и дрогнули, его танк — на пшеничном поле — был подбит снарядом, двое из экипажа ту же были убиты, от второго снаряда танк загорелся. Водитель Чувилёв выскочивший через передний люк, взобрался на броню и успел вытащить лейтенанта, — он был без сознания, комбинезон на нём горел. Едва Чувилёв оттащил лейтенанта, танк взорвался с такой стлой, что башню швырнуло метров на пятьдесят. Чувилёв кидал рыхную землю на лицло лейтенанта, на голову, на одежду, чтобы сбить огонь. Потом пополз с ним от воронки к воронке на перевязочный пункт.

"Я почему его тогда поволок? — рассказывал Чувилёв, —слышу, у него сеодце стучит…"[181]

译文：

你看，我们刚一散开，我就看见从小山丘后面出来一个……我喊道："上尉同志，虎！"我左右隐蔽。虎像瞎了．枪继续史，我开了一炮，没有打中。上尉同志狠狠地给它腰部一炮。火星四溅！又狠狠地向炮塔开了一炮，他支起了炮架。狠狠地向第三只虎开炮。虎那边的所有战壕都浓烟滚滚。火苗冲向天空 100 米。全体人员从预备舱爬了出来……万妮卡放了一发子弹，它们全都躺下了，四脚朝天……你看，我们的障碍都已经清除了。5 分钟后我们进了村庄。我看到，有人往棚子跑。中尉同志给我下了命令："好，去撞棚子。"我们调转炮口，开足马力，冲向棚子……梁子砸得装甲车隆隆作响，木板、砖块、呆在棚子里的法西斯分子……我又压平了，其余的人都乖乖地举起了手，希特勒完蛋了……

中尉叶国尔•德廖默夫就这样战斗到他发生不幸。就在德国人流血、慌乱的库尔斯克战役中，他的坦克在麦田里被一个炮弹击中，两个小组成员当场牺牲，第二个炮弹袭来时坦克起火了。司机丘维廖夫从前舱跳出来，爬上装甲车正好把中尉拖了出来，他已经失去知觉，他身上的连衫裤也烧着了。丘维廖夫刚刚把中尉拖走，坦克就爆炸了，把塔楼甩出去 50 多米远。丘维廖夫不断地把松软的土扬到中尉的脸上、头上、衣服上灭火。后来带着他一个弹坑一个弹坑地爬到了战地包扎所。

"当时我为什么拽他？"丘维廖夫讲述着，"我听见他的心脏还在跳。"

通过这段叙事语篇我们看到当年苏联红军奋不顾身、英勇杀敌的悲壮场面，看到了战士们勇于牺牲的大无畏精神，看到了战友之间舍己救人的兄弟情义。

1941－1945 年的那场反抗德国法西斯侵略者的战争使苏联人民陷

入水深火热之中。同时也因为有成千上万的叶国尔·德廖默夫和丘维廖夫这样的红军战士，使胜利回到苏维埃的手中。"深明大义去杀敌，枪林弹雨无所惧"[182]，这是集体主义性格的集中体现。列·伊·勃列日涅夫在《小地》一书中写道："在最困难的1941年，我们就确信，胜利一定会到来……我们的胜利是人类历史上伟大的转折。这个胜利显示了我们社会主义祖国的伟大，显示了共产主义思想的无穷威力，也使人们看到了自我牺牲与英雄主义精神令人叹为观止的楷模……""精神的力量在这场战争中起着决定的作用……"[183]这种精神就是爱国主义精神，是无私奉献、团结友爱的集体主义的精神。这种精神感染了整整一代人，以至于至今在老一辈俄罗斯人身上还能看到集体主义精神的影子。

当然，俄罗斯人的集体主义性格不仅体现在硝烟弥漫的战场上，还体现在战后的和平建设时期，在爱国主义思想的感召下，当时的人们普遍具有自我牺牲精神。以到祖国最需要的地方工作为荣，以去最艰苦的地方工作为荣。下面是一个医学院毕业的大学生舍弃城里相对舒适的工作环境，毅然选择去寒冷的北冰洋工作的情境：

……

—— Девушка, куда вы едете?

—— В Арктику, на остров Диксон.

—— Работать?

——Да, я врач.

——Только что кончили институт?

——Да.

——Но почему вы решили поехать на остров Диксон? Вы знаете, что это такое?

—— Нет, не знаю, весело ответила Лена.

——Холод, снег, полгода нет солнца.

——Но там живут и работают люди——учёные, геологи. А людям всегода нужен врач. [184]

译文：

……

——姑娘，您去哪里？

——去北冰洋迪克孙岛。

——去工作？

——是的，我是医生。

——刚大学毕业？

——对。

——可是你为什么要去迪克孙岛？您知道，那是什么地方吗？

——不，不知道，莲娜愉快地回答。

——寒冷，积雪，半年没有太阳。

——但是，那里却有人——学者和地质学家们在生活和工作。有人的地方就永远需要医生。

"А людям всегда нужен врач"代表了战后苏维埃时期大学生们的思想境界，那时的大学生们奉行的就是"一不怕苦，二不怕死"，哪里需要去哪里的精神。这种精神来自于苏联时期弘扬的爱国主义热情。然而，集体主义个性也随着时间的推移而发生变化，因为戈尔巴乔夫的改革和"新俄罗斯"国家市场经济体制的建立，人们的意识发生了明显的变化。尤其是年轻的俄罗斯人更加崇尚个人主义，追求自我价值实现。过去的集体主义在如今俄罗斯现实生活中不再是国家官方倡导的民族精神，它渐渐地演变为某种社会规范，如合作精神、绅士风度等。

第二节　言语个性——思维方式与价值观特质分析

思维方式和价值观是言语个性的另一个侧面，在这一节中我们通过言语语篇来分析俄罗斯人的思维方式和价值观的独特性，从而使我们通过言语行为较全面了解俄罗斯人的个性特点。

一、青少年式思维方式

思维方式是人们大脑活动的内在程式，表现于外是思考问题和理解问题的思想方法，是解决问题的思路。每个个体由于遗传基因和生存环境的不同都会形成不同的思维方式。当个体待在一个环境太久就很容易形成固定的思维模式。就好像卓别林主演的《摩登时代》里那位可笑的工人那样，由于他的工作每天都是拧螺丝帽，一切圆形的东西在他的眼里都变成了螺丝帽，如见到衣服上的纽扣和圆形的图案，他都用扳手去拧一拧。我们知道，每一个有思维的个体都不是孤立存在的，由于他与自己的民族成员长期共处于相同的语言、社会、文化环境，在思维方式上具有很大的趋同性。思维的跨文化研究表明，亚洲学生更喜欢死记硬背和记忆式的学习，不喜欢独立思考，他们不愿在课堂上发言讨论，[185]而欧洲后裔的美国人则正好相反。可见，"只有当思维在一个自然环境下进行时才能对它进行精确的研究"。[186]

俄罗斯地跨欧亚大陆，背后有集体主义、外族入侵和扩张主义的历史背景，身处浓郁的基督教文化氛围之中，这一切铸就了俄罗斯人独特的思维方式，它既不同于欧美人的"理性"思维，又不同于亚洲人的"整体性"思维。通过对"自然环境"的观察，我们发现，俄罗斯人的思维方式，正如文化学家谢尔盖耶夫（Сергеев А. В.）指出的那样，像青春期的孩子一样简单、幼稚、片面。作为成年人的我们与他们相处，就像父母与孩子之间有"代沟"一样，常常会陷入"文化休克"状态。然而，当我们一旦像理解不谙世事的青少年一样，去理解俄罗斯人那些困扰我们的行为时，我们便很快从"休克状态"清醒过来。下面我们提供几个有代表性的生活情景语篇，来解读一下俄罗斯人的思维方式特点。

（一）"对话"是为了消除尴尬

俄罗斯人的对话文化（культура диалога）传统已有上千年的历史，这在形式上与西欧具有政治色彩的对话文化并不一样。俄罗斯人的"对话"是一种交际习惯。他们有条件要对话，没有条件创造条件也要对话。就是这种简单的"对话"，困扰了无数生活在俄罗斯的外国人。他们自己认为再正常不过的言行举止常常让周围的外国人不知所措。可是当作为外国人的你与他们长期接触、了解他们以后，就会发现，他们的一切行为都源于最简单的想法，就是为"对话"找理由，为交往找借口。

东方人，如日本人、韩国人、新加坡人、马来西亚人，包括我们中国人与俄罗斯人相比，普遍内敛、含蓄。一旦偶遇同一环境里熟悉的陌生人，如果对方不开口说话，我们基本上都是默默地擦肩而过。俄罗斯人则不同，知道你是自己的邻居之后，偶遇之时一定会说"Здравствуйте"（您好），尽管可能面无表情，但是话一定要说；在公共厨房，你经常会遇到不太熟悉的俄罗斯人说："Разрешите, я соли возьму?"（我借点盐好吗）"Простите, можно масла?"（用一下你的油好吗）俄罗斯人向你"借"点盐、葱、姜、蒜、面包等，这是常有的事儿。最初我们觉得很奇怪，俄罗斯人怎么这么喜欢借东西？实际上，他们"借"东西只是想接近你。

除了身边的生活琐事，你在商场、餐厅常常会发现俄罗斯人很喜欢求助。在我们看来，有些事不必麻烦别人，自己完全可以决定。

在咖啡厅

——Вот меню. Выберите, пожалуйста.

——Лучше вы нам что－нибудь посоветуйте на ужин.

——На закуску могу предложить чёрную икру, грибы, ветчину.

——Запишите две икры, чёрную и красную, по одной порции грибов, ветчины и огурцов.

——Минуточку. (Делает запись) . [187]

译文：

——这是菜单。您请点餐。

——最好还是您给我们出出主意，晚饭该吃些什么。

——冷盘我建议黑鱼子，蘑菇，火腿。

——来两份鱼子酱，一份黑的，一份红的，蘑菇、火腿、黄瓜各一份。

——请稍等。（开票）

"Лучше вы нам что－нибудь посоветуйте на ужин"是典型的创造机会与人对话，因为吃什么是完全可以自己决定的。

（二）依靠亲戚朋友理所当然

在熟人家里过夜，在很多国家都是尽量避免的事儿，比如我们出差在外，能够住宾馆也不会住进朋友的家里，不论他（她）多么热情。能够自己解决的问题绝不会给亲戚朋友增添麻烦。虽说"患难见真情"，但在我们的心理词典中，那是指朋友主动"奉献"，而不是主动给朋友"添乱"。

在俄罗斯人的意识中，朋友的意义就是"让我们伤心时无所顾忌地哭泣的人"，[188]朋友是"自己人，好说话"。[189]本着这种思维方式，俄罗斯人认为，旅途中在亲戚朋友家逗留，这是再普通不过的事情了。但是在我们看来，即便是在亲戚朋友家小住，也要考虑对方的具体情况。俄罗斯当代都市剧《塔基娅娜的一天》（Татьянин день）的第一集中有一幕展现了维拉带着来莫斯科上大学的女儿塔尼娅投奔表姐托玛的情景：托玛家里有托玛、托玛的大儿子一家三口、已成年的女儿和小儿子，三居室的住宅已够拥挤，如果再来客人投宿，那种窘境可想而知。而维拉和塔尼娅母女就这么带着大包小包，不惜一路颠簸，做好常住的打算来到托玛的家门前：

    Таня: Вот, мама, нашли.

    Мама: Дочка, погоди.

    Таня: Приехали. Не переживать так. Пошли. <u>Мама, не беспокойтесь, свои племяники. Всё в порядке. Звоним. Звоним.</u> [190]

译文：

塔尼娅："妈妈，你看，咱们到了。"

妈妈："女儿，等一等。"

塔尼娅："到啦。别太担心。走吧。<u>妈妈，别担心，都是自己的外甥。</u>没事的。咱们按门铃。"

母女俩兴致勃勃地到来以及她们之间简单的对话将俄罗斯人的思维方式暴露无遗，她们母女似乎从没想过自己的到来是否会给亲戚带来不便，只有一个简单的想法："都是自己的外甥。没事的。"言外之意是"没关系，谁让是亲戚呢"，思维方式就是这样简单。

（三）不想听就听不见

俄罗斯人有一句谚语"Чего не хочет, того и не слышит"（不想听就听不见）[191]。反映了俄罗斯人的处世态度。根据某些生活情景，这句谚语被验证为极为自我的代表性话语。意思是我做我的事情，你受到影响是你自己的事。也许正是由于这一普遍的想法才给外国人留下了"俄罗斯人太自我，不考虑别人感受"的印象。

而我们中国人，一般来说，都本着"己所不欲，勿施于人"的原则与他人相处。这一点与俄罗斯人的处事原则形成鲜明的对比。在俄罗斯时，常常听到中国留学生这样抱怨：同寝室的俄罗斯女孩带一帮人到房间，吃吃喝喝到很晚才走，根本不顾室友的感受。殊不知，她们之所以对影响他人没有一点歉疚感，是因为还有一种思想在支撑他们：Молчание —знак согласия.（沉默就表示同意）[192]说到底，受到干扰还是你自己的问题，你为什么不当面提出来呢？

思维方式的差异使跨文化交际遇到很多障碍。比如，我们认为是不可理喻的事情，他们认为很正常；我们认为正常的行为，他们认为是卑劣的。圣诞节、元旦、开斋节、生日等都是俄罗斯民族一定要庆祝的日子。住在你隔壁的他们会毫无顾忌地唱歌、跳舞、碰杯到凌晨……完全是一种肆无忌惮的尽兴。在隔壁被骚扰着的你无法做事，更加无法入眠，忍无可忍之下叫来保安制止干扰，他们会反过来指责你：

"Неужели было нельзя договориться по－хорошему？"（难道就不能好好谈吗）那意思是你们太不讲道理！就那么一点小事还用叫保安吗？他们不认为自己的噪声干扰别人是违背公共道德的事，是侵犯了别人的空间。他们认为，找保安来解决问题是很卑劣的行为。在我们看来，这一后果是因为他们太自我或者说想问题太简单造成的。

二、由集体主义向个人主义过渡的价值观

作为社会成员的人们总是会关注事情的对与错，当人们发现别人的观点与自己不同时，不只是感到惊奇，甚至会生气。有时，生活中的吵架、国家之间的战争就是这样爆发的。因此可以说，价值观一方面表现为价值取向，凝结为一定的价值目标；另一方面表现为价值尺度和准则，成为人们判断事物有无价值及价值大小、是光荣还是可耻的评价标准。

跨文化心理学家谢洛姆·施瓦茨（Shalom Schwartz）和莱拉克·沙纪夫（Lilach Sagiv）在 1995 年的一项重要研究中识别出 10 个价值观。这 10 个可能通用的价值观是：权力、成就、快乐主义、鼓舞、自我导向、理解、仁爱、传统、顺从和安全。这些价值观可以看成是人人都想达到的目标。[193] 还有的心理学家对集体主义和个人主义的道德风格方面的差异也有浓厚的兴趣。上述 10 种通用的价值观可以分配给个人主义价值观和集体主义价值观两大范畴。个人主义文化的民族价值观强调自由、自由选择、权力和个人需要；集体主义文化的民族价值观则强调义务、互惠以及群体的职责。[194]

俄罗斯社会，自古至今经历过罗斯时期的村社制度和苏维埃时期的社会主义计划经济体制，这两大历史时期的社会文化沉淀在几代人身上的是"集体主义精神"，如以国家、集体利益为重，强调公民的义务与职责、服从、无私奉献与自我牺牲等一直是俄罗斯民族非常看重的东西。这种长期崇尚集体主义的社会背景对公民价值观的形成具有宏观的指导作用。但是，从 1985 年戈尔巴乔夫的改革到"新俄罗斯"国家的建立，市场经济体制下俄罗斯人的意识形态在潜移默化地发生着变化，如自由选择自己的人生、注重享乐、追求个人成功、重视自我价值的实现得到越来越多的肯定。俄罗斯人一向追求精神满足的特质逐渐被金钱所代替。改革后，俄罗斯几代人的价值观都在不同程度地发生着变化，

在中老年人身上，"集体主义"的风格依稀可见，而年轻人则普遍是"个人主义"的代表。

下面我们通过俄罗斯人的语篇来求证他们在爱情、婚姻、友谊、择业、金钱等方面的价值观的个性特质。

（一）爱情观

每一个文明国家都有自己的两性爱情文化，每一种两性爱情文化都具有民族性。虽然在彼得大帝、伊丽莎白、叶卡捷琳娜二世时期，西欧，如法国、西班牙不道德的"情人观"对俄罗斯贵族产生过影响，但总体来讲"俄罗斯人的两性爱情文化特点是在国内传统和民族心理的基础上发展起来的"。[195] 俄罗斯人的两性爱情文化与法国、西班牙等国家的开放式爱情相比，其特点是私密（интимность）与知心（задушевность），他们的这一特点与我们性格内敛的东方人多少有些相似。在传统的俄罗斯人的意识中，无法容忍将爱情及亲密关系暴露在光天化日之下。所以当长期生活在法国巴黎的俄罗斯作家维克多·涅克拉索夫（Виктор Некрасов）在那里见到公共场所有人接吻和拥抱时非常生气。不过，现代的俄罗斯人在大街上接吻的人数并不亚于法国和西班牙。

传统俄罗斯人的爱情观是"集体主义"的，即两性交往更注重精神满足。爱情中的"知心"（душевность）是指爱侣间共同的情感体验，是彼此的真情实意，与物欲和功利无关。这种精神无法人为地设计，更无法用物质利益来替代。传统的俄罗斯人期待爱情让自己豁然开朗，给自己的生活带来希望，让自己的生命充满活力，赋予自己的生活以全新的意义。爱是双方的相互吸引，是彼此的心有灵犀。如果不是这样，那么就不会有爱的约会。这种精神上的爱情在茨维塔耶娃（М. Цветаева）那首折射着爱、弥漫着爱的诗歌语篇中得到表达：

Мне нравится, что вы больны не мной,

Мне нравится, что я больна не вами,

Что никогда тяжёлый шар земной

Не уплывет под нашими ногами.

Мне нравится, что можно быть смешной—

Распущенной—и не играть словами,

И не краснеть удушливой волной,

Слегка соприкоснувшись рукавами.[196]

译文：

我喜欢，您不因我而伤心，

我喜欢，我不因您而伤心，

沉重的地球从未在我们脚下游离。

我喜欢，您的滑稽，

您的任性，且不故弄玄虚，

用衣袖轻轻地碰触，

不会激动得耳赤面红。

...

Спасибо вам и сердцем и рукой,

За то, что вы меня не зная сами!

Так любите, за мой ночной покой,

За редкость встреч закатными часами,

За наши не—гулянья под луной,

За солнце не у нас над головами,

За то, что вы больны—увы! —не мной,

За то, что я больна—увы! —не вами.

译文：

谢谢您，全身心地！

您还不认识我，

却爱得如此强烈：为我夜间的安静，

为日落时分的偶遇，

为月光下非真正的散步，

为并非是照耀我们的太阳，

为您的伤心，唉！却不是因为我，

为我的伤心，唉！却不是因为您。

两段诗句体现了主人公纯"精神"的爱情。字里行间我们可以感受到，主人公与自己爱恋的对象甚至还未见过面，未曾有花前月下的交流，只是喜欢，喜欢对方的"滑稽"（Мне нравится, что можно быть смешной），喜欢对方的"任性"和"不故弄玄虚"（Распущенной—и не играть словами），仅此而已。

俄罗斯文学作品中反映的真正爱情从来都是"集体主义"的，否定

"理智"的精神追求。失去理智的爱情，主人公不论在哪一个年龄段都会表现出青年式的罗曼蒂克，也就是人们常说的：深刻的爱情会让人不顾一切。俄罗斯传统上对爱情的理解是纯粹的精神上的相互吸引，强调无私奉献、自我牺牲和彼此相互忠诚。

事例：

Алла ждала почтальона. Но почтальон, как и вчера, дал ей только свежую газету и сказал, что писем нет.

Раньше Владимир очень часто писал ей письма, а потом вдруг перерстал писать. На свои письма Алла не получала ответа уже два месяца.

…

Два месяца Владимир лежал в больнице. Два месяца он не писал Алле—девушке, которую очень любил и с которой мечтал встретиться. Он несколько раз начинал писать ей письмо, но снова смотрел на своё изуродованное лицо в зеркало и рвал письмо.

…

А недавно я встретил Владимира в Мурманске. Рядом с ним шла хорошенькая молодая женщина.

——Познакомьтесь, ——сказал он мне. ——Моя жена Алла.

——Вы знаете, ——сказала она, ——у Владимира замечательные друзья, и особенно Фёдор Иванов.[197]

译文：

阿拉在等待邮递员。但是像昨天一样，邮递员只给了她新报纸并告诉她，没有信。

以前弗拉基米尔经常给她写信，可是后来突然就不给她写信了。阿拉已经两个月没有收到回信了。

……

弗拉基米尔在医院住了两个月。两个月他没有给自己盼望重逢的姑娘写信。他几次曾经下笔写信，但再照镜子看到自己变丑的脸时，就又把信撕掉了。

……

不久前，我在摩尔曼斯克遇到了弗拉基米尔。他旁边是一个年轻漂亮的女人。

——认识一下，——他对我说，——我的妻子阿拉。

——您知道，——她说，——弗拉基米尔有很多出色的朋友，尤其是费多尔·伊万诺夫。

两个月的时间里，男友音信皆无。姑娘在家乡一直坚持等待，决不放弃。这不能不说是一种忠诚，不能不说是靠着"精神"的爱情支撑自己坚持下去的勇气。阿拉焦急地等待着……在部队，弗拉基米尔中断给自己心爱的姑娘写信，自始至终是源于对阿拉的真诚，他不想因为自己毁了容的面孔吓到阿拉，更不想让阿拉感到为难，他放弃写信不是对感情的背叛，而是一种无私的奉献，是为了姑娘的幸福牺牲自己的爱情。忠诚、牺牲、奉献贯穿故事的始终。这个故事是 20 世纪苏维埃时期的典型，是传统的"俄式爱情"（любовь по－русски）。

在俄罗斯爱情文化中有"爱情"（любовь）与"性"（секс）两种概念。"爱情"这一宽泛的概念被理解为人与人之间精神层面的"关系"（отношения）；"性"只是生理联系。当然，理想的爱情是"灵与肉"的统一。但是在俄罗斯，爱与性可能是分离的。

现如今，新俄罗斯时期的俄罗斯年轻人中追求自由、及时享乐，追逐"爱情快餐"的情况比较普遍。是不求天长地久的"个人主义"爱情。"精神"对现代人而言是虚无缥缈的，他们的爱情中不必有共同的理想和追求，只要与利益挂钩。只要对方能够满足自己的某种需要，似乎不介意任何世俗的禁忌。在现实生活中"个人主义"的爱情最直接的表现就是"性"的随意性。下面是 20 世纪 90 年代的电影《短促的呼吸》（Короткое дыхание）里一对青年男女的对话：

情境 1

在姑娘举办的家庭舞会上，退伍军人萨沙躲开大家，一人来到凉台上。随后一位看上去很文静的姑娘也跟了出来。

Девушка：Скучаешь?

Саша：Да нет. Вот смотрел, как у вас всё круто стало. А раньше такого не было.

Девушка：Тогда все это было. Ты просто нас зыбыл.

Саша：Да, наверно.

Девушка：Ты не хочешь потанцевать?

Саша：Хочу.

Девушка：Да чего ты меня не приглашаешь?

Саша: Не знаю.

Девушка: Тогда я тебя приглашаю.

Саша: Хорошо.

Девушка: Пойдем..[198]

译文：

姑娘：很无聊？

萨沙：不是。我看了一下，你家变化很大，以前不是这样的。

姑娘：以前也是这样。你都忘了。

萨沙：也许吧。

姑娘：你不想跳舞吗？

萨沙：想。

姑娘：那你为啥不请我？

萨沙：不知道。

姑娘：那我请你。

萨沙：好。

姑娘：走吧。

情境 2

萨沙跟随姑娘躲开大家娱乐的客厅，双双回到房间，姑娘极为主动地带着萨沙跳舞。

Девушка: Я тебя ранила, и очень больно? … Поцелуй меня. Пойдем.

Саша: Куда?

Девушка: Может быть, в спальню?

译文：

姑娘：我伤到你了？很伤心？……吻我……走吧。

萨沙：去哪儿？

姑娘：去卧室好吗？

姑娘的主动与大胆完全背离了"集体主义"爱情标准。姑娘的话语及做法真正应验了现代人中间流行的一句话：不求天长地久，只求此刻拥有。

（二）婚姻观

"集体主义"的婚姻观可以解释为人们对婚姻的严肃性，对家庭的责任感。持"集体主义"婚姻观的人们谈恋爱是为了结婚，是为了与对方生儿育女、长相厮守，共同承担起家庭的责任，为了对方（丈夫或妻子）付出一切。持"集体主义"婚姻观的人们都非常重视婚姻的合法性，这种合法性的标志就是在官方登记处进行注册。苏维埃时期持"集体主义"婚姻观的人比较普遍，青年男女的恋爱普遍以结婚为目的。那时的婚姻登记处（ЗАГС）是新婚夫妻建立家庭的见证人，在那里注册登记后，婚姻理所当然地受到法律的保护。当时的社会制度下注册结婚是婚姻形式的主流。这种社会现象我们常常能够在小说、杂志、甚至在大学的教材中都能读到。现在我们来看一篇 20 世纪 80 年代俄语课文"婚礼"（Свадьба）的一个片段：

......

　　Зазвучал Свадебный марш, и по длинной белой лестнице, устланной ковром, они поднялись на второй этаж в зал и полукругом стали перед длинным столом. За столом— высокий мужчина с красной лентой через плечо— депутат Ленинградского Совета народных депутатов. Все замерли, двигался только фотограф, беспрерывно щёлкая затвором фотоаппарата.

　　—— Дорогие Марина Алексеевна и Олег Фёдорович, —— торжественно сказал мужчина, ——от имени Исполкома городского совета поздравляю вас с знаменательным событием в вашей жизни— вступлением в брак. Уважайте друг друга, будьте преданными и верными. Пусть ваша любовь будет всю жизнь такой же молодой, как сегодня. Сегодня ваш брак регистрируется в соответствии с законом о браке Российской Федеративной Республики в присуствии ваших родных и близких. Поставьте свои подписи под брачным свидетельством.

　　Олег и Марина подошли к столу и расписались в книге.

　　—— Прошу свидетелей со стороны жениха и невесты поставить свои подписи.

　　Вадим и Вера тоже расписались.

　　—— Итак, с сегодняшнего дня вы являетесь мужем и женой. В знак верности обменяйтесь кольцами.[199]

　　......

译文：

......

响起了结婚进行曲，他们（奥列格和玛丽娜）沿着铺了地毯的、长长的白色楼梯登上二楼，来到婚礼大厅，长长的桌子前面围成了半圆形。桌子后面站着一个高个子男人，他的肩上斜跨一条红色飘带——这是列宁格勒人民代表委员会代表。婚礼大厅一片寂静，只有摄影师咔咔地按着相机的快门。

——亲爱的玛丽娜·阿列谢耶夫娜和奥列格·费多洛维奇，男人庄严地说，我代表市委执行委员会祝贺你们解决了终身大事，祝贺你们结婚。愿你们互相尊重，彼此忠诚。愿你们的爱情永远像今天这样年轻。今天，你们的婚姻是当着亲友的面注册的，符合俄罗斯联邦共和国婚姻法。请你们在结婚证的下方签名。

奥列格和玛丽娜走到桌子跟前在结婚证上签了名。

——请新郎新娘双方证婚人在结婚证上签名。

瓦吉姆和维拉也签了名。

——好，从今日起你们就是夫妻，作为忠诚的见证请交换戒指。

……

这篇课文的第一段，描写了婚礼大厅的场景，这一段的重点就是 "За столом— высокий мужчина с красной лентой через плечо— депутат Ленинградского Совета народных депутатов"（桌子后面站着一个高个子男人，他的肩上斜跨一条红色飘带——这是列宁格勒人民代表委员会代表）。列宁格勒人民代表委员会代表参与到普通公民的婚礼中来，说明国家对公民婚姻性质的重视。

第二段是人民代表作为证婚人发表讲话。这一段的重点是让我们看到公民注册结婚的全过程："Сегодня ваш брак регистрируется в соответствии с законом о браке Российской Федеративной Респубики в присуствии ваших родных и близких. Поставьте свои подписи под брачным свидетельством"（今天，你们的婚姻是当着亲友的面注册的，符合俄罗斯联邦共和国婚姻法。请你们在结婚证的下方签名）。那时的苏联公民结婚都是要经历这样的程序，领取官方结婚证的婚姻才合情、合法。

在这个结婚仪式中，我们同样看到了，公民结婚不仅有官方出具证明，新郎新娘在结婚证上签字，还要求双方证婚人签字："Прошу свидетелей со стороны жениха и невесты поставить свои подписи"（请新郎新娘双方证婚人在结婚证上签名）。所有的程序结束后，官方代表宣布婚姻生效："Итак, с сегодняшнего дня вы являетесь мужем и женой"

（好，从今日起你们就是夫妻）。这也意味着，从这一刻开始，夫妻双方的婚姻将受到国家法律的保护。

苏维埃时期"结婚只是因为爱情，因为纯洁的爱情"，而且"性也只能在婚姻里"，[200]未婚同居被当时道德规范所不容，跨国婚姻更是不允许的，这在我国的电视剧《红莓花儿开》中就有体现。

"个人主义"的婚姻观可以解释为自由选择、个人独立、责任感淡漠。改革后的俄罗斯社会变得越来越开放，越来越包容。现代俄罗斯民族对待婚姻非常随便。"性只能在婚姻里"或"结婚只是因为爱情"的观念早已成为过去。20多年来，莫斯科注册结婚的人数正以每年约1500—2000人的趋势递减。如果说1980年女性的初婚年龄平均为19—20岁，男性初婚年龄为21岁，那么今天莫斯科人的初婚年龄相应地提高到23—26岁。[201]

在这种晚婚的背景下，当前在俄罗斯联邦共和国注册的80％的婚姻一年内就会解体。[202]因此，俄罗斯有社会学家呼吁：必须宣传健康家庭，国家应该努力培养、建立、巩固家庭。

社会对婚姻形式的宽容，使现代俄罗斯人更愿意选择民事婚姻（гражданский брак），现在俄罗斯有20％的家庭是民事婚姻，即不经过官方注册，男女双方长期同居在一起，之后被社会认可的婚姻关系。[203]民事婚姻的特点是：夫妻双方彼此都有很大的空间，爱则和，不爱则分，免去了离婚的麻烦。更不会为了家庭的其他成员，比如子女、父母考虑很多。这样的婚姻回避了很多责任和义务。基于各种自私的想法，现代年轻人对注册结婚看得很淡，大家只要高兴就在一起：Тогда он выяснил у хозяйки, кто жил в квартире до него. Оказалось, что это была девушка по имени Мария. Сейчас они вместе уже больше года.[204]（当时，他从房主那里弄清楚了，在他之前谁住在这套房子里。原来就是叫玛利亚的姑娘。现在他们在一起已经一年多了）显然是非婚同居的一对。也有的年轻人先同居，一旦怀孕再去注册：Сначала Таня и Рустам жили в гражданском браке, и родители против этого не возражали. А когда узнали, что ждут ребёнка, решили зарегистрироваться.[205]（开始时塔尼亚和鲁斯塔姆未婚同居，父母没有反对。但是当知道待产时，就决定登记结婚了）

（三）朋友观

真正的朋友，在你获得成功时为你高兴，而不是捧场；在你不幸或悲伤时给你及时的支持和鼓励，在你有缺点可能犯错时，给你正确的批评和帮助（高尔基）[206]。这是"集体主义"的友谊观。"集体主义"的友谊观认为，朋友就是一切，友谊是最珍贵的东西。

在俄罗斯，朋友（друг）这个词不是随便使用的。对于我们中国人而言，朋友是一个温暖的词汇，是一个宽泛的概念。任何不是敌人的人看上去都是朋友。中国人可以很快与一个刚认识不久的人成为朋友。但是中国人的友谊与俄罗斯人的友谊是有区别的。他们的朋友大部分是公司里的同事，生活在同一社区的邻居或是在一起参加娱乐活动时认识的人。中国人的朋友关系比较多元化。在我国现代社会中，"朋友"的范畴简直没有边界。朋友不仅是志同道合者，还是雪中送炭者。初次见面，说话投缘者可称为朋友；坦诚相见，直言相规者可称为朋友；具有共同爱好，相互交流者可称为朋友；在互联网结识，未曾谋面者也可称为朋友；在道义上相互支持者是朋友；共同患难者还称为朋友……于是在我们生活中到处都能听到"朋友"这一称呼，如一面之交的朋友、诤友、文友、球友、网友，君子之交，患难之交的朋友，等等。

俄罗斯人与我们不同，他们待人热情那只是礼节式的寒暄，把一面之交的陌生人请到家里殷勤招待只是代表他们慷慨。俄语中的朋友（друг），不是熟人（знакомый）。朋友是知己、彼此相互信任、肝胆相照，是胜似兄弟姐妹的情义；朋友是雪中送炭、患难与共。朋友的事便是自己的事，朋友将对方视为自己的家人一般。这样的友谊是不容易在短期内建立起来的，并且双方都注意维系。我们中国众多类型的"朋友"在他们的观念里应该是具有某种得体距离的各种关系。俄罗斯人的朋友观从民间谚语中可以得到求证，如 Друг познаётся в несчастье（患难见知己）；Без беды друга не узнаёшь（不经患难不识友），这说明朋友的难得之处；Не узнавай друга в три дня, узнай в три года（路遥知马力，日久见人心）；Старый друг лучше новых двух（一个老朋友胜过两个新朋友），这代表了俄罗斯人交友的谨慎心理；Доброе братство миллее богатства（善良的友谊比钱财可爱）；Не имей сто рублей, а имей сто друзей（宁要一百个朋友，不要一百个卢布）；Друга на деньги не купишь（金钱买不到朋友）；这几个谚语说明了朋友的珍贵。Для друга—все не туго（为了朋友不惜一切），这意味着朋友的事就是自己的事，朋友是彼此永远的依靠。不论是白天还是黑夜，不管路途有多远，只要有困难，朋友就应该出现。在俄罗斯，"朋友可以不必打电话，凌晨 4 点钟来拜访你，你得起床，并且为他沏茶"；可以向朋友借钱，不必确定偿还期限，更不用还利息。这就是俄罗斯人的友谊。

当然，如果"朋友"突然与自己的想法有了偏差，他们会非常难过，朋友的背叛会让人痛苦一生。所以他们要的朋友"Не тот друг, кто на пиру гуляет, а тот, кто в беде помогает".（不是参加盛宴的朋友，而是在困境中互相帮助的朋友）

除此之外，真正的朋友不会羞于公开说出自己的爱情，不羞于公开赞美自己的朋友。朋友之间不仅可以分享幸福，还可以倾吐自己的痛苦。

Давайте восклицать, друг другом восхищаться, 让我们高喊，让我们互相赞扬，

Высокопарных слов не стоит опасаться. 不必担心说话夸张。

Давайте говорить друг другу комплименты, 让我们相互恭维，

Ведь это все любви счастливые моменты. 这是所有的爱，幸福的一瞬。

Давайте горевать и плакать откровенно: 让我们悲伤，让我们哭泣，毫无顾忌：

То вместе, то поврозь, а то попеременно. 时而一起，时而分离，又时而交替。

Не надо придавать значения злословью, 不必赋予坏话意义，

Поскольку грусть всегда соседствует с любовью. 因为忧郁永远与爱为邻。

Давайте понимать друг друга с полуслова, 让我们理解彼此的含蓄，

Чтоб, ошибившись раз, не ошибиться снова. 错了一次，不会再错一次。

Давайте жить во всем друг другу потакая, 让我们活着彼此纵容，

Тем более что жизнь короткая такая…尤其是生命如此短促……

——**Б. Окуджава**[207]

传统的俄式友谊是"集体主义"的。"集体主义"的友谊是兄弟姐妹的情义，"朋友"是非常亲近的人，有时甚至胜过亲人。

但是，苏联解体后，社会向原始资本的过渡影响了人与人之间的关系。明显的趋势是人与人之间交往的愿望变得不是那么强烈了，人们开

始变得独立与自我。1992年相关部门进行的调查问卷表明，41％的人很少和亲人见面，49％的人很少和朋友见面，30％的人很少和亲人朋友电话联络，40％的人很少通信。[208]独立与自我的心态使社会成员的互动空间缩小，社会地位的不平等加强了人们的孤独感和对他人的不信任感。1998年的货币贬值更强化了这种情绪。如果说1994年42％的人认为自己"有很多亲近、可靠的朋友"，那么到1999年这样回答的人只有13％（基本是年轻人）。73％的人觉得，完全可以相信的只有一两个亲近的人。[209]

社会财产的两极分化不仅拉大了富人与穷人之间的社会心理距离，还拉大了"我"与"他人"之间的心理距离。由于社会的动荡所产生的人心冷漠很自然地波及到人与朋友之间的关系。但是，这一过程绝不是直线型发展的，友好交往在现代俄罗斯青年生活价值体系中还占据比较重要的地位。只是"兄弟情义"（братство）已经成为电影里的黑话，相比之下，"兄弟"（братки）在人们的交往中比朋友（друзья）和同志（товарищи）使用得要广泛。

市场经济下，俄式"集体主义"的友谊标准正在向西式"个人主义"友谊转变，即不特别强调患难知己，不刻意介入朋友的私生活。集体主义在现代个人主义的友谊中变成了某种友好合作的关系：

——Люда，ты ещё не проголодалась? Может，сходим куда —нибудь，пообедаем?

——Пойдём，а куда? В нашу столовую?

——В столовую не хочу. Надоело. Недалеко от нашего интститута открылось новое кофе. Там очень вкусно и недорого.

——Идём. [210]

译文：

——柳达，你还没饿吗？我们找地方吃饭去，好吗？

——走吧，去哪儿？去咱们食堂？

——食堂我不想去。去够了。离我们学院不远处新开了一家咖啡厅。那里的东西非常好吃又不贵。

——走吧。

这段对话展示给我们的就是友好合作的态度，像这样的例证，在大学教科书里频频出现。

（四）就业观

"集体主义"的就业观主要集中表现在苏维埃社会主义时期。那时所有企业都是国营的，所有工作人员的工资几乎是一样的，人人都有工作的机会，人人有饭吃、有房住，看病是公费医疗，那时的俄罗斯人没有贫富差距，生活无忧无虑。在集体主义计划经济制度的背景下，人们工作不是为了自己，而是为祖国的建设"添砖加瓦"，"为了实现共产主义而奋斗"。当时所有的大学毕业生都保证会获得一份工作——这就是"国家分配"。这种体制让年轻人很容易得到专业对口的工作，没有后顾之忧。因此大学生们普遍都服从国家分配，听从祖国召唤。所以，不论他们被分配到多么偏僻的地方，都会满腔热情地工作。

实例：

...

Нина Зайчик—худенькая，маленькая. У неё узкие плечи，слабый румянец на щеках，быстрая походка ··· Полгода назад она окончила Московский медицинский институт.

Через три дня члены комиссии по распределению быстропросматривали короткие строчки характеристики: " Прилежна в занятиях ··· особых способностей не обнаружила，но замечено стремление довести начатое дело до конца··· Скромна···" и т. д. Направили Нину в сельскую больницу.

Больница и поликлиники помещались на краю большого села. Кругом леса и озёра. Больница оказалась совсем маленькой···

......[211]

译文：

妮娜·扎伊奇科很瘦小，肩膀很窄，气色不太好，走路很快……半年前她毕业于莫斯科医学院。

三天后毕业分配委员会成员扫视了简短的几行鉴定"学习勤奋……没发现特殊的才干，但突出的是她做事善始善终……谦虚……"后，妮娜被分配到乡镇医院。

医院和诊所在村子边上。周围是森林与湖泊。医院显得很小……

从首都莫斯科来到非常简陋的乡村医院，工作任务极其繁重，妮娜不但没有半句怨言，反而投入了全部的热情。一次，医院来了一个小男孩，生命垂危，急需输血，可是医院没有相配的血型，于是她说："Клава，что вы говорите! Разве можно ждать? У меня вторая группа!"[212]

（克拉瓦，说什么呢，难道病人可以等吗？我就是 B 型的血）当她不顾自己虚弱的体质把血液输送给小患者时，她感到心里甜甜的。这是那个时代人的真情实感。舍己助人是苏维埃时期提倡的人生观之一。在苏维埃时期，平凡工作中不平凡的英雄事迹层出不穷，如女医生、女教师、拖拉机手等。

社会在变，人们的就业观念也在变。苏联解体后，大学已经不负责给自己的毕业生提供工作机会了，每一个人都要自己找工作。改革后的"新俄罗斯"给普通百姓的生活带来了巨大的压力。过去令人尊敬的医生、工程师、教师等职业，其微薄的工资已经不能解决基本的衣食住行。现如今的俄罗斯像我国一样取消了公费医疗，取消了公有住房的福利制度。物价疯狂上涨，经济收入捉襟见肘的窘境迫使人们和崇高的共产主义信仰说再见。大学毕业生们首选的职业再也不是他们祖辈和父辈引以为荣的医生、工程师和教师等职业了。他们不再受国家分配的约束，自己做主、自由选择职业，重视高收入的同时，还要强调个人发展空间。这种"个人主义"的就业观念在我们的大学俄语教材中已有体现：Никто не хочет работать учителем и инженером. Это профессии, конечно, очень нужные, но зарплата маленькая, работа тяжелая.[213]（谁都不想当老师和工程师。当然，这是很有用的职业，但是工资微薄，工作很累）

现在，受过良好教育的俄罗斯人都把目光集中在能够提供高薪的私营公司、合资企业。当然进入这样的公司需要有很好的专业能力，有经验，有关系，通晓外语，会使用计算机，还要有漂亮的外表。尽管要求很高，一个人一旦找到这样一份工作，那么他的收入也相当可观。从另一方面讲，收入不菲，风险也大。比如说，老板会没有理由地把你解聘，这是很平常的事。

进外企、挣高薪，实际上是年轻人的梦想和追求。苏维埃时期成长起来的中老年人观念还是比较保守，比较而言，他们更喜欢稳定的工作，哪怕薪水不够理想。所以，在俄罗斯出现了工程师、教师、医生"免费工作"的现象。

第六章 俄语"言语个性"形成的原因

言为心声，文如其人。俄语"言语个性"是俄语语篇生成者的个性。俄语语篇会折射出语篇生成者的性格、思维方式和价值观等个性特点。俄语语篇生成者属于俄罗斯民族、俄语语言、俄语文化空间，因此俄语语篇折射的俄语语篇生成者的性格、思维方式和价值观具有该民族的文化特点。在第五章我们分析了俄罗斯民族的"言语个性"特点，这一章我们将对其形成的原因进行分析。

第一节 "言语个性"形成过程解读

在我们进行言语交际时，言语语篇是交际双方交换信息的媒介。通过这一媒介我们很容易了解交际伙伴的个性特点，例如，他是开朗的还是内向的，是慷慨的还是吝啬的；他（她）思考问题的方式怎样，解决问题的方法如何；他（她）的价值取向是重视金钱、权利，还是重视享乐与自由等。所有这一切都不是简单地用语篇的外在形式能够解释的。"言语个性"来源于语篇的内容方面，受思维活动的支配，取决于意识的内容。

前面我们已经提到，语篇既包括语言方面，又认知方面。语言方面是指表达连贯语篇的话语语言单位，如语音、词汇、句子、段落等。语篇认知特点与语篇的内容方面相关。内容与形式相统一的语篇是人类思维活动的过程与结果，而思维属于人的意识内容之一，是意识的动态方面。意识的内容不仅包括思维，认知世界的图景也在人的意识之中。认知世界图景是人类用自己的世界观感知周围世界（地理、历史、社会制度、宗教等），并把对世界的认知信息输入大脑，形成意识内容的静态方面。意识的静态方面是人对世界客观现实的信息加工后保存在意识中的认知内容，它支配意识中的动态思维。意识内容的动态思维是对静态知识——认知图景的说明，也就是说，作为言语思维活动与结果的语篇正是说话人意识内容——认知图景的反映。正所谓"文如其人,字如其人",即通过动态过程性语篇和静态结果性语篇——话语可以了解一个人的个性特点。言语个性形成的过程示意图如下:

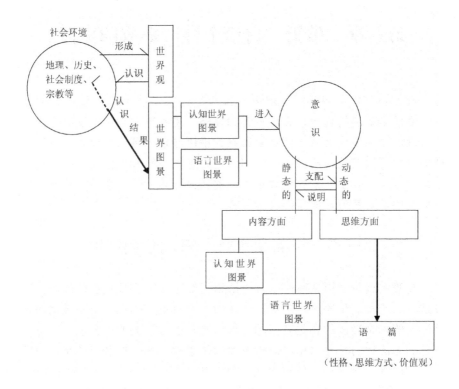

(性格、思维方式、价值观)

第二节　俄语"言语个性"形成的原因

在本章第一节中,我们描述了"言语个性"形成过程的普遍性特点,即语篇体现的"言语个性"是说话人意识内容——认知图景的反映,说话人的认知图景取决于自己的世界观。我们认为,世界观的形成与自己生存的环境紧密相连。作为个体人的世界观往往是因从小受到家庭、学校、社会的影响而形成的,而作为同一个民族、语言、文化集团,其世界观的共性则形成于该民族经历的大环境、大背景,如国家的地形地势、气候风景、国家的历史命运和不同时期的社会制度、宗教文化与世俗文化等。俄语"言语个性",作为俄罗斯民族、俄语、俄罗斯文化集团的个性是受俄罗斯国家的地域因素、气候因素、政治因素、历史因素、宗教因素、农业经济因素、社会因素、心理因素、文化因素等众多条件影响形成的。那么，这些因素中到底哪一种因素在民族个性形成的过程中起着最重要的作用呢？要解答这一问题，不同的理论有不同见解。比如，达尼列夫斯基（Данилевский Н. Я.）认为，国家政治和文化具有特殊的地位；美国历史学家理查德·巴依普斯（Ричард Пайпс）在分析俄罗斯历史时，非常重视极端的自然气候条件。他认为，俄罗斯的寒带气候促成了俄罗斯人忍耐和低调的性格；美国人托音毕（А. Тойнби）从宗教的视角划分所有的文明。他认为，天主教社会和东正教社会的不同决定了不同的文明，天主教与东正教在国家与教会的权利关系方面主张不一致。如果说西方教会与国家是分离的，教会是独立的，社会制度之间保持着某种平衡关系，那么在拜占庭是政教合一，教会与国家紧密地联系在一起，这无疑加强了国力。在俄罗斯接受拜占庭的东正教为国教之后，拜占庭的传统也一并转移到了俄罗斯。可是，如果没有细节作为依据，托音毕会很难论证宗教在国家文明及民族个性形成过程中的决定意义，因为俄罗斯是一个多宗教国家，参与俄罗斯文明发展的不仅仅是东正教。

我们认为，各个国家的文明差异主要体现在民族气质和心理方面，即反映在性格、思维方式和价值观方面。一个民族过去的记忆、行为文化规范、集体价值观都属于这一范畴。诗人培葛烈尔（О. Шпенглер）在给文化类型下定义时，称"民族气质"是主要标准。根据他的见解，语言、宗教、国家、经济、文化，所有这一切都只是"民族气质"的表达方式。这种情况下，他不相信，一个民族可以完全彻底理解和接受另一个民族的文化。文明差异取决于民族思维方式和民族心理。本文认为，民族心理，即民族个性的形成源于其各种综合因素的影响，如种族因素、自然地理因素、宗教因素、民族历史及其地缘政治等。

一、种族因素的影响

纵观俄罗斯发展的历史，我们发现，在苏维埃制度建立之前，开拓疆土是俄罗斯民族国家统一进程中不变的主题。永不停止的迁徙和对外民族的征服以及与他们的融合，使俄罗斯慢慢扩张为一个跨越洲界的大国。

通常，每一个民族都有自己的个性外表。在去俄罗斯之前，我们一直以为，所有的俄罗斯人都像报纸、杂志、小说等文字介绍的那样，都是蓝眼睛或者灰眼睛，都是像西伯利亚人和哥萨克人那样高大而健壮，所以当我们来到莫斯科的第一天常常去比对自己的想象是否正确。

在莫斯科的大街上，我们会遇到自认为是典型的俄罗斯人，但这种情况并不多见，因为俄罗斯并不像其他国家那样有自己代表性的主体民族。第一次散步时，我们在街上看见的人可能像斯堪的纳维亚人、蒙古人、印度人，下一次可能会遇见自认为是真正的拉丁美洲人、意大利人、芬兰人或是瑞典人……但那只是我们的错觉，其实他们都是出生在莫斯科的本地人。只不过是他们的祖辈很早就移民到这里。如果我们想知道所有出生在莫斯科的移民后代——俄罗斯人有哪些共同的东西，当然需要近距离了解他们。

今天的俄罗斯是一个由 160 多个民族组成的国家，在历史发展过程中，俄罗斯人一直在征服其他民族，并与这些民族融合。俄罗斯人的祖先是东斯拉夫人，斯拉夫人最早居住在喀尔巴阡山以北很小的一个地方。到公园 5－6 世纪斯拉夫人开始向西、南、东三个方向迁徙，沿途不断同当地人融合。往东迁徙的斯拉夫人是今天的俄罗斯人、白俄罗斯人和乌克兰人的祖先，称为东斯拉夫人。公元 7－8 世纪东斯拉夫人已经居住在东欧平原上，在那里生活的不只是斯拉夫人。一些波罗的海部落和芬兰部落占据了这里相当一部分森林地带。在东欧平原的南方草原地带生活着伊朗、突厥和蒙古游牧民族。东斯拉夫人同当地人相互学习捕鱼、打猎、采集野果等农业技能，很快与其他民族融合在一起。东斯拉夫人的西北部是斯堪的纳维亚半岛，9 世纪时，那里以"瓦良格人"自居的一支勇敢的武装队伍来到东斯拉夫人的居住地——北诺夫格勒德，帮助他们整顿社会秩序，建立留里克王朝，后来与东斯拉夫人融合在了一起。南部是最富有的邻居——希腊人，这里是罗马帝国的继承者——拜占庭，10 世纪随着东正教引入罗斯，拜占庭的文化传统也移入罗斯国家。13－15 世纪鞑靼—蒙古人 240 年的殖民历史使鞑靼—蒙古人的后裔也成为如今俄罗斯人的一分子。16 世纪伊凡四世对外政策是占领非斯拉夫人的居住地，如征服鞑靼人的喀山汗国，越过乌拉尔山征服亚洲人居住的西伯利亚，南部信奉伊斯兰教诸多民族居住的克里木汗国；18 世纪彼得一世抢夺波罗的海出海口，征服了瑞典人，夺取黑海出海口，征服了土耳其人；北方战争的胜利，又使俄罗斯帝国获得了芬兰湾沿岸，征服了芬兰人，还得到了爱沙尼亚、拉脱维亚和卡累利阿的部分地区；第二次世界大战结束，德意志国家的日耳曼民族也留下了自己的后代。

由此可以看出，俄罗斯人的历史不愧是征服外族的历史，与其他民族融合的历史。这种不断征服与融合的过程直接形成了俄罗斯人宽容、慷慨、相互支持的个性。

二、自然地理条件的影响

俄国哲学家别尔加耶夫（Н. Бердяев）曾经写道："俄罗斯人的心灵景观与俄罗斯大地的景观相一致。"[214]

如何理解别尔加耶夫的这一思想？辽阔、无边无际的国家空间一方面培养了俄罗斯人热爱自由、胸怀宽广、待人慷慨、勇猛善战的个性，另一方面也养成了他们无忧无虑、铺张浪费、缺乏主动性、责任感的特点等。广袤的领土给人们提供了安全感，比如，当外族人在为保卫自己的少数领地担心害怕时，俄罗斯人却总是能够找到藏身之地，他们的土地和自然财富似乎永远都不会枯竭。

俄罗斯地跨欧亚大陆，北极圈及其附近的欧洲部分和亚洲部分的北部地带是寒带和亚寒带气候，对于农业生产非常不利。为生存而战天斗地是那里农民的生活常态。严寒而漫长的冬季和温暖而短促的夏季迫使农民必须在4－6个月内把所有的农活干完。气候的缘故使工业方面同样特别艰难。俄罗斯是一个地大物博、资源丰富的国家，然而这些丰富的资源都分布在人烟稀少和很难施工的地区。在这里任何一种生产都要比其他地区付出更多的物力和人力。比如，俄罗斯盛产石油和天然气，但是那些资源都在冻土带和永久冻土带。由于那里的冬季差不多要持续10个月，开采石油或天然气都是在冬季。恶劣的自然条件和艰难的生存环境使长期克服困难的俄罗斯人拥有顽强的承受物质匮乏的能力，习惯于朴实简单的生活。由于气候非常严寒，人们会少言寡语，没有轻松的欢闹，没有意大利人和法国人那种无忧无虑的喜悦。忧郁的情绪是俄罗斯人的特点。俄罗斯的大自然与俄罗斯人情绪之间的联系在诗人康斯坦丁·巴以蒙特（Константин Бальмонт）的诗篇中得到很好的表达：

Есть в русской природе усталая нежность,

Безмолвная боль затаенной печали,

Безвыходность горя, безгласность, безбрежность,

Холодная высь, уходящие дали.

Приди на рассвете на склон косогора,

Над зябкой рекою дымится прохлада,

Чернеет громада застывшего бора,

И сердцу так больно, и сердце не радо.

Недвижный камыш. Не трепещит осока.

Глубокая тишь. Безглагольность покоя.

Луга убегают далеко—далеко.

Во всем утомленье, глухое, немое.

Войди на закате, как в свежие волны,

В прохладную глушь деревенского сада,

Деревья так сумрачно—странно—безмолвны,

И сердцу так грустно, и сердце не радо.

Как будто душа о желанном просила,

И сделай ей незаслуженно больно.

И сердце простила, но сердце застыла,

И плачет, и плачет, и плачет невольно.[215]

译文：

俄罗斯的大自然有疲惫的柔情，

隐藏的忧伤，

无声的疼痛，

痛苦的绝望，愚笨，且幅员辽阔，

有寒冷的高峰，遥远的距离。

黎明时分来到山坡，

河流的上空凉雾腾腾，

冰封的松林变为漆黑的庞然大物，

我的心如此疼痛，我的心很不高兴。

一动不动的芦苇。一动不动的苔草。

深沉的宁静。无语的安宁。

牧场跑到了很远很远的地方。

一切都已疲惫，不闻，不问。

日落时分来踏新浪，

走进乡村公园寒冷的旷野，

树木如此阴郁、奇怪、沉默无声，

我的心如此难过，我的心很不高兴。

仿佛灵魂曾经请求，

别给它制造不应有的疼痛。

我的心虽已原谅，但我的心已经冻凉，

它哭泣、哭泣，不由自主地哭泣。

外国人常常感到俄罗斯人的面孔极其严肃，他们的音乐、歌声、电影和戏剧甚至充满了忧伤和悲情，这不是偶然的。这是俄罗斯人的特点。外国人常常很难理解俄罗斯人为什么容易情绪波动，如从忧伤到情不自禁地欢闹，从痛苦到豁然开朗。为什么会这样？俄罗斯大陆性气候本身就是波动与不稳定。俄罗斯大部分领土地处温带，普遍来讲，温带气候的特征是冬冷夏暖。但是自西向东五个亚类型使气候变化多端。欧洲部分为温和的大陆性气候，里海附近平原和西伯利亚平原为大陆性气候，中西伯利亚南半部为强大陆性气候，远东地区为季风气候，堪察加半岛和太平洋诸岛屿为海洋性气候。恐怕世界上很难找到有这样复杂多变气候的国家了，大自然不仅能够唤起人们的忧伤和郁闷，还能够在讨厌的冬季过后唤醒迎接春天的喜悦心情。在康斯坦丁·巴以蒙特的另一首诗《北方的美景》中就描写了这样兴高采烈的情景：

Как пленительна весна,

Там, где снег — не сновиденье.

Где полгода— тишина,

Перед счастьем возрождения.

Там душа, волнуясь, ждет:

Что ж, сегодня торжествуем?

Что ж, река разрушит лед

Бурный влажным поцелуем?

Там весна— как смерть врага,

Все вдвойне от солнца пьяны.

Вас приветствую, снега,

Вас, бессмертные туманны![216]

译文：

春天如此迷人，

并非梦境的雪地。

半年的寂静，

在幸福面前苏醒。

灵魂在焦急地期待：

好吧，今天我们就来庆祝？

好吧，河流用湿润的激吻，

去粉碎冬天的冰？

春天的来临——是敌人的死期，

所有的人被太阳深深地陶醉。

积雪，我欢迎您，

万古流芳的雾气，我欢迎您！

我们还要明白：俄罗斯人只有用开朗、快乐、放松，甚至"鲁莽"等其他的东西才能补偿心理的忧伤，才能在艰难的生活中保持心理健康。

俄罗斯人特殊的工作方式也带有大自然的痕迹。漫长的冬季里农民无所事事，短促的夏天又让农民废寝忘食超负荷地工作，因为要尽可能在雨季来临和上冻之前以最快的速度完成所有的农活。而干完所有农活的时间总共只有 130 天左右，还要考虑每逢星期日的停工。仅有的这些工作日还要用去 30 天割晒牧草。因此只剩下 100 天干农活——这要比欧洲少两倍。这样收割庄稼时势必太匆忙，没有时间和精力更细心，所以养成了在短时间内紧张工作的习惯，经常看到"匆匆"完成工作和"赶工"的情况，不会拖延工作时间。但同时俄罗斯人不会节省力气，工作没有规律性，也不会精益求精。

任性的俄罗斯气候经常欺骗农民，时而绵绵细雨，时而炎炎烈日，这种难以揣测的气候可以顷刻间使所有的劳动毁于一旦。农民们对于这种长期阴晴不定的天气已习以为常，养成了在困难中不抱怨的习惯，如他们有这样的说法："Бог дал, бог взял"（上帝给的，上帝又拿走了）、"Авось не помрем"（也许不会死掉）、"Ничего, как－нибудь выкрутимся"[217]（没什么，莫名其妙地扭到腰）等，到现在，俄罗斯人每当碰到难事儿时都会用这些俗语安慰自己。然而，这些 "也许"、"莫名其妙" 和对成功的希望又培养了俄罗斯人鲁莽、游戏人生的习惯，他们喜欢冒险和果断的行动，这方面最典型的例子就是 "俄罗斯转盘赌"。

如果说，广袤无垠的大自然让俄罗斯人拥有豪爽、开朗的性格，那么俄罗斯的严寒天气则锻造了俄罗斯民族的刚毅性格，影响了他们的表达方式，培养了他们性格中的忧郁气质。也就是说，俄罗斯无垠的疆域培养了俄罗斯人独特的性格，如热爱自由、容易冲动、勇敢、追求自我表现等。俄罗斯人在各方面都喜欢 "大"，以大为美，不喜欢细枝末节。当然，所有这些品质既是他们的优势，又是他们的不足。同一个性格特点在不同的情境中被人认可的程度也不同，他们时而表现为民族美德，时而表现为民族的缺陷。

三、东正教的影响

有些学者（H. Бердяев，H. Я. Данилевский，A. Тойнби）认为，宗教是开启任何一个民族命运谜底和心理谜底的主要钥匙。比如，在公元 988 年东正教引入罗斯之前，信奉多神教的东斯拉夫人以氏族为单位生活在一起。那时的罗斯人极为野蛮，整个社会弱肉强食，瓦良格人武士队到诺夫格罗德整顿秩序，建立留里克王朝就是一个典型的证明。信仰多神教的罗斯社会还是一夫多妻制，以玩奸要滑出名，他们不守信用，抢劫，买卖俘虏奴隶，不讲人道，没有文明可言。东正教后罗斯社会环境得到改善。

东正教对罗斯人的道德层面影响很大。东正教的教义要求每个信徒都要爱身边的人，这种爱被理解为顺从、服从；每个人都有帮助身边人的义务，每个人都应该克制情欲，宽恕一切，谴责奴隶制。除此之外，宗教也影响了家庭关系。引入东正教之后，一夫多妻被指责为罪过。信仰东正教的俄罗斯人养成了温顺和谦恭的个性，最重要的是养成了宽恕的能力。在东正教的影响下，从 11 世纪开始罗斯文学特别关注 "小人物" 问题，从而影响了国内社会思想和文化的进一步发展。

因为东正教 "爱身边所有的人"，所以终止了罗斯社会血腥祭祀雷神的惯例，这重新定义了俄罗斯人的生活价值观念，感化了他们的风俗。难怪俄罗斯谚语中说 "Бог на милость не убог"（有神的怜悯不会跛脚)、"Бог полюбит，так не погубит"（上帝给你，所以不会毁你）。[218]

因为接受了基督教，所以在罗斯开辟了一条普及民族教育的道路。在推广文化、发展文学、培养有精神需求的人方面，教会起着传道士的作用。接受基督教后，罗斯社会开始建造教堂，画圣像画和写书，这些活动改善了人们的鉴赏力，激发了民间的创作能力。此外，随着福音书从拜占庭的引进，俄罗斯人接触到了内容最丰富的文献。10 世纪的拜占庭是世界上唯一真正的文明国家，并且那里的文学创作也是最好的，当时的俄罗斯文学作品有神学方面的、科学方面的、历史方面的和叙事方面的。最重要的是，俄罗斯的东正教影响了俄罗斯人民的民族意识，帮助罗斯人积极参与国家生活，在反对侵略者的斗争中团结起来。

10 个世纪以来，基督教的精神深深地影响了俄罗斯的社会生活，俄罗斯东正教不但影响了民族性格，而且影响了农业活动和企业的发展。旧俄罗斯修道院曾经是商业中心和工业中心。俄罗斯修道院的活动能够让货币增值，影响借贷的利率，他们既从事农业经济和贸易活动，又从事民间手工艺活动：如刺绣、画圣像画、制作各种工艺品等。

一句话，东正教的普及影响了俄罗斯生活的所有方方面面，当然最重要的是潜移默化地影响了俄罗斯民族的个性特点，让这些特点一直传承下来。

四、历史命运的影响

历史学家克留切夫斯基（Ключевский В. О.）曾经指出，历史上俄罗斯的道路不是笔直的，其命运像国家的地表一样：有广袤的土地、崎岖的小路、陡峭的悬崖、纵身的沟壑……[219]关于俄罗斯多舛的命运和俄罗斯民族记忆的历史痕迹，诗人波洛克（А. А. Блок）说得特别好："我们——俄罗斯可怕年代的孩子，什么都无法忘记。"[220]

在俄罗斯坎坷的历史中，农奴制时代对俄罗斯民族有着特殊的意义，它是俄罗斯历史上特殊的社会形式。13－16 世纪鞑靼—蒙古人的侵略使罗斯人陷入绝境，他们被鞑靼—蒙古人从肥沃的平原逼到了欧洲部分东北地区的穷乡僻壤，逼到了不毛之地，当时的罗斯没有出海口，除了茂密的森林和沼泽地，没有其他。每一年，农民都要把自己收获的微薄的水果拿到金帐汗国去进贡。令人吃惊的是，尽管生存的道路危难重重，罗斯人还是成功地走出了这个低谷！1480 年鞑靼—蒙古人被彻底赶出罗斯领土，15 世纪末伊凡三世把莫斯科罗斯建成了统一的中央集权制国家——俄罗斯。伊凡三世和瓦西里三世执政期间，莫斯科罗斯成为欧洲的一个大国，其疆界从涅瓦河口到北乌拉尔，从伏尔加河到第聂伯河沿岸的柳别奇。莫斯科国家虽然面向大西洋，但其内部结构和政治文化却保留了许多东方人的特征。16世纪伊凡四世执政时期，加强了中央集权的改革，依赖农民的劳动建立了能够对付敌人的强大国家，拓展自己的疆界，打通了出海口，成为当时世界强国。但伊凡四世的法律把农民变成了奴隶，把人变成了商品。如果说英国和法国在13世纪就已经废除奴隶制，那么在俄罗斯，一直到19世纪下半叶才废除这种体制。

两个世纪的农奴制渗透于每一个俄罗斯人的意识中，这决定了他们的世界观和生活习惯。地主们固守着原始的经营形式，不要求脑力劳动，无忧无虑。19世纪农奴制变成了国家的"定时炸弹"，解放者亚历山大二世废除农奴制后，却逆转了历史的车轮，使社会暴动不可避免。

虽然废除了农奴制，但其体制的残余依然存在。比如，十月革命胜利后，农业集体化的实施就是一种封建秩序的复活，苏联身份证制度的演变体现了农奴制的特征，后来这种体制的残余在工业领域也得到推广。从1932年12月27日开始，苏维埃中央执行委员会实行了身份证制度和户口制度。没有身份证，就像没有户口一样要关两年监禁作为惩罚。苏维埃政权执政时期农民被剥夺身份证长达50年之久，就是说，剥夺了农民迁徙的自由。直到1981年开始才给满16岁的所有人发放身份证。所有这些事件不能不沉淀在俄罗斯人的记忆中，不能不反应在人们的心理上。

国家艰难的历史，外国侵略、异教徒的长期统治、农民被迫的劳动、没有保障的个人安全和财产安全，对大自然的依赖——所有这一切都削弱了个人主观能动性，产生了宿命论。

俄罗斯地大物博，居民没有生存危机，他们养成了不懂珍惜、不会节俭的生活习惯。别尔加耶夫有一句话很有说服力："我们极其富有，我们不过是让自己无垠的空间遭受了打击。"[221]这番话让俄罗斯人相信，成绩不是来自于勤奋的劳动或智慧的经营，而是来自于"运气"。到现在为止，主宰俄罗斯的还是最普通的经营方式，人们无忧无虑、不会节俭，甚至铺张浪费。

在200年以前，俄罗斯哲学家霍米杨科夫（А. С. Хомяков）把所有民族分为两组：征服性的民族和耕作性的民族。按他的观点，征服性民族的特点是残酷的民族，蔑视被征服的民族和所有的其他的民族。斯拉夫人是耕作性民族，"他们没有蔑视其他部落的贵族感，在他们身上能够找到一切人类都有的同情心……"[222]

1918—1920 年间，"战时共产主义"政策通过强制措施将全国的人、财、物迅速集中起来，在极短的时间内将国家变成统一的军营，统一指挥，统一行动。全国上下同心协力保证了内战的胜利。后来国家的集体化和工业化的政策等对俄罗斯人的意识形成影响，平均主义思维方式主要是那时候形成的。

1941—1945 年的伟大卫国战争大无畏精神和英雄主义气概成为战胜德国法西斯的宝贵精神力量。这正是"集体主义"性格的典型特征。

五、地缘政治地位影响

彼得一世曾经说过："俄罗斯不是一个国家，它是世界的一部分。"[223]不仅如此，俄罗斯还是被一些不友好的邻邦包围着的世界的一部分。由于生活在广袤的土地上，生活在没有高山或者河流等自然障碍的大平原上，多少个世纪以来，俄罗斯人常常被敌对的邻国侵扰：东部有中国大清帝国和草原蒙古居民，南部有奥斯曼帝国，敌视俄罗斯特色的非东正教的欧洲国家。因此俄罗斯从 13 世纪开始就建立了鲜明的"地缘情结"，这种情况一直发展到现在。在 7 个世纪里俄罗斯人的生活空间就像从东西两个方向收缩的"老虎钳"。蒙古人刚刚开始袭击罗斯，教皇罗马便开始了领土扩张。因此，几个世纪以来俄罗斯处在被敌人包围的地理位置。俄罗斯人别无选择，要么发动战争，要么变为奴隶，然后从地球上消失。从 12 世纪开始，俄罗斯人眼里的世界状态是极其特别的，战争是必然的，也是残酷的。从 1228 年到 1462 年的 234 年里，俄罗斯经历了 160 次战争！[224]整体上来说，国家三分之二的历史都是征战，只有三分之一的时间过着平静的生活。俄罗斯有一句谚语："谁没出过海，谁就没有向上帝祷告过。"正如俄罗斯人说的那样，谁没在俄罗斯生活过，谁就不会了解生活。

不断被邻国骚扰和频繁的战争养成了俄罗斯人这样一些品质，如与敌人斗争时的顽强，日常生活中的耐心、朴素，为了集体牺牲个人幸福。在极端恶劣的战争条件下，俄罗斯人经常表现出典范性的品德——兄弟气概。退伍的士兵和老兵常常会回忆战争年代的青春岁月，让我们看到他们优秀的民族品质。无尽的战争和经常的危险教会俄罗斯人平静地、毫不畏惧地面对死亡。

俄罗斯人不顾一切，抵御住了东部的沦陷，击退了西部的瑞典人、德国人、波兰人和法国人的猛烈进攻，扩大了自己的疆界，成为"世界政治关注的中心"。

另一方面，由于俄罗斯地处东西方文明之间，所以他们获得了如此独特的文明：俄罗斯既不属于任何一个强大国家的文明，又不与其他文明相似，俄罗斯就是俄罗斯。

俄罗斯的独特在于，它的文明面貌和文化面貌不完全相称。可以这样想象：俄罗斯人的内心世界和外表不完全相称。也就是说，俄罗斯人有完善的精神文化、发展的物质文化，社会组织却很滞后，民族日常生活很贫困。

总之，俄罗斯人的个性特点不会在历史中体现，而是在社会生活形式或其他方面得到体现，在文化生活中得到体现，在民族精神生活中得到体现，在社会生活传统中得到体现，在俄罗斯人的特殊天赋中得到体现。

第七章 高中俄语语篇教学对"言语个性" 关注情况的调查研究

在"研究背景"中我们曾经提到，2003 年国家颁布了普通高中《俄语课程标准》，到目前为止已有 10 余年时间，那么在这 10 年里，"文化素养"目标在高中俄语课堂落实得怎么样了？教师们在俄语教学中对言语个性的关注程度如何？在这一章里我们试图通过对高中俄语课堂语篇教学进行实地观察和课堂实录两种研究方法来调查分析高中俄语教师在实际俄语课堂中对"言语个性"这一文化元素的关注情况，以便为后面的教学模式构建提供第一手资料。

第一节 研究方法与设计

一、高中俄语课堂语篇教学观察量表的编制

课堂观察量表是研究课堂教学的方法之一。借助量表进行课堂观察可以获取研究课堂方方面面的第一手信息资料。由于每一位研究者的研究目的不同，量表呈现的信息项目也有不同，换句话说，量表的构架与内容选项随研究目的不同而发生变化，即任何一个课堂观察量表都不是一劳永逸的。本量表的编制就是在他人研究成果的基础上，根据本文研究需要修改而成的。

（一）量表编制策略

《俄语语篇教学课堂观察量表》的编制采用了"取他人之长，补自己之短"、理论联系实际的编制策略。

在编制本量表之前，对《英语课堂观察的体系指标》（NENU－2008－001）[225] 进行了仔细研究和思考，与此同时请教了该量表的原创

英语专家刘永兵教授。在刘教授的建议下，笔者产生了对《英语课堂观察的体系指标》进行大胆修改的想法。

首先，根据本文研究的目的，查阅了大量有关语篇研究及"言语个性"研究的理论文献作为俄语语篇教学量表编制的理论基础。吸收语篇理论和"言语个性"理论相关的研究成果，借鉴和参考国内外语篇和言语个性相关测验的结构和内容。

其次，为了对高中俄语语篇教学中"言语个性"关注情况进行更为准确的分析，笔者访谈了数名有经验的中学俄语高级教师和俄语学科教学论专家。

再次，根据课堂观察的目的，为了量表的方便实施以及客观地评分，本量表采用了纸笔形式。

还有，考虑到课堂时间的限制，观察的内容没有设置太多，故本量表仅侧重与"言语个性"相关的内容和知识来建构。

（二）俄语语篇教学观察量表的结构和内容的确定

分析"言语个性"文化元素的俄语语篇教学观察量表的结构和内容，主要根据论文研究的目的来确定，根据语篇的语言学特点和《新课标》"文化素养"子目标的要求，我们要看一看实际俄语课堂语篇教学对"文化素养"的"言语个性"元素关注到何种程度。要做到这一点，在编制量表的过程中我们分两步走：一是确定"言语个性"分析的指标；二是确定量表的结构和内容。

1. "言语个性"分析的指标和项目建构

研究分析与"言语个性"相关的文献理论后，初步确立将要编制的量表，即将完成的指标，与此同时请教相关专家的意见，对自己的想法作出调整，结合语篇、"言语个性"的内涵和特征，将言语个性的指标项目归结为五项：性格、思维方式、价值观、信念和信仰。

2. 量表的结构和内容

分析"言语个性"的语篇教学观察量表由两个子量表组成，共包括11个观察项目。具体内容如下：

（1）语篇教学焦点选项赋值子量表

该子量表旨在观察高一、高二语篇教学过程中所要解决的问题，并通过宏观观察教师的教学过程，来发现教师在讲解"对话"或"课文"

的过程中是否有"文化素养"意识，是否注意"言语个性"知识的传授。

语言知识：旨在观察教师在语篇教学时涉及词汇、语音、语义、语法、整体语篇的程度。

修辞知识：旨在观察教师在语篇教学过程中涉及日常生活语体、文学语体、科学语体、公文事物语体、报刊政论语体的程度。

文化知识：旨在观察教师在语篇教学过程中涉及物质文化和精神文化的程度，如是否有文化古迹、历史地理、宗教制度、文学艺术、科学技术、节日习俗等方面的知识输入。

"言语个性"知识：旨在观察教师在语篇教学过程中涉及人文元素的程度，如人的性格、思维方式、价值观、信念和信仰等。

言语知识：旨在观察教师在语篇教学过程中涉及语调、停顿、逻辑重音、语速、节奏的程度。

语用知识：旨在观察教师在语篇教学过程中涉及说话的情境、说话时间、说话人、听话人、含义等。

（2）语篇教学中"言语个性"知识来源于子量表

该子量表旨在研究传授"言语个性"知识信息的渠道，观察教师是否注意从这些渠道发现"言语个性"信息的情况。

教师口头讲述：通常是指教师在正式讲解语篇之前的导课阶段，是否涉及语篇作者、主人公、对话角色的个性特点。

语篇（对话与课文中的词汇、成语、格言、警句）：是指从语篇中某些词汇背景知识、成语背后的人文知识、整体语篇的综合信息归纳出语篇作者或语篇主人公、对话角色的个性特点。

"国情文化"版块：是指教材里的"国情文化"版块，这一版块会在拓展学生视野方面发挥重要作用。

多媒体（视频、图片）：通过多媒体的视频、图片等手段可以直观地感受到"言语个性"特点。

背景墙：讲授俄语的教师可以创设俄语氛围，比如在教室外部走廊、教室内周围的墙壁上可以定期张贴有关俄罗斯人文知识的成语、文章或画面。

表 7－1　语篇教学焦点选项赋值子量表

语篇教学焦点选项赋值	1. 语言知识	①词汇　②语音　③语义　④语法　⑤篇章
	2. 修辞知识	①日常生活语体　②文学语体　③科学语体 ④公文事物语体　⑤报刊政论语体
	3. 文化知识	①历史地理　②宗教制度　③文学艺术 ④科学技术　⑤节日习俗
	4. 言语个性	①性格　②思维方式　③价值观　④信念　⑤信仰
	5. 言语知识	①语调　②停顿　③逻辑重音　④语速　⑤节奏
	6. 语用知识	①情境　②说话时间　③说话人　④听话人　⑤含义

表 7－2　言语个性知识的来源子量表

言语个性知识的来源	1. 教师口头讲述
	2. 语篇（对话与课文中词汇、成语、格言、警句）
	3. 教科书"国情文化"版块
	4. 多媒体（视频、图片）
	5. 背景墙

（三）计分方法

全部条目采用 0、1 积分方法：有，计 1 分；没有，计 0 分。各项所得分数是其子项相加之和，如：①1 分＋②1 分＋③1 分……

表 7－3　语篇教学焦点子量表选项计分

子量表	观察内容	选项号		分值
语篇教学焦点选项赋值	1. 语言知识	①②③④⑤		各 1 分
	2. 修辞知识	①②③④⑤		
	3. 文化知识	①②③④⑤		
	4. 言语个性	①②③④⑤		
	5. 言语知识	①②③④⑤		
	6. 语用知识	①②③④⑤		
合计				30 分

表 7－4 言语个性知识的来源子量表计分

子量表	观察内容	分值
言语个性知识的来源	1. 教师口头讲述	各 1 分
	2. 语篇（对话与课文中词汇、成语）	
	3. 教科书"国情文化"版块	
	4. 多媒体（视频、图片）	
	5. 背景墙	
合计		5 分

（四）量表设计流程

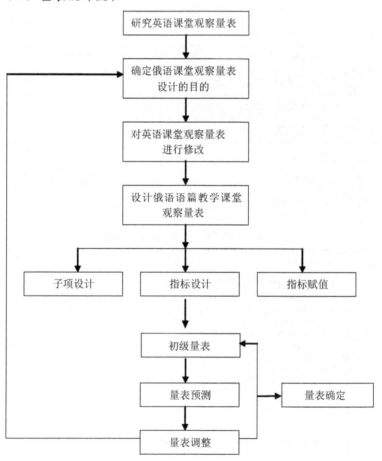

（五）被试的选取

笔者的初衷是想选取东北三省加内蒙古四个省份的高中作为被试，理由是这些地区比邻俄罗斯，有利的俄语资源都集中于此，与全国各地相比，开设俄语的高中学校也相对较多。但由于各方面条件的限制，最终成为本实验被试成员的只有黑龙江、吉林和内蒙古的高中教师。

在本研究准备阶段，笔者用一个学期的时间深入黑龙江、吉林和内蒙古的 5 所开设俄语课程的高中学校搜集原始教学情况信息。具体做法是：在利用《俄语语篇教学课堂观察量表》采集信息的同时对课堂内容进行实地录音。总共选取了 17 位俄语教师作为被试，选择被试教师依据的标准是：不同性别、不同教龄、教学效果、工作能力、被领导和同行认可的程度。

（六）量表的使用

本《俄语语篇教学课堂观察量表》用于观察高一和高二俄语课的"对话"语篇教学和"课文"语篇教学。在观察课堂时采用了两种方式：横向观察和纵向观察。横向观察是指把面铺开，观察每一位老师的"对话"或"课文"教学，时间长度以讲解一篇完整的"对话"或"课文"为准，大约 1—2 个学时；纵向观察是对某一位老师的俄语课堂进行跟踪观察，时间长度以完整的一课内容（词汇、语法、语篇、课后练习）为准，大约 4—5 学时。

在实际课堂中，课堂观察就是研究者将俄语教师在语篇教学过程中关注的项目与《俄语语篇教学课堂观察量表》预设的项目进行比对，然后对实际课堂关注的项目与量表预设的项目吻合度进行打分。使用本《量表》可以收集大量语篇教学课堂数据，在收集一定量的观察数据后，利用 SPSS17.0 统计软件进行统计分析。通过对所得数据的统计分析，可以发现高中俄语课堂语篇教学的理念、关注的知识焦点和言语个性知识来源情况。《俄语语篇教学课堂观察量表》对观察高中俄语教师"文化素养"意识，进而观察是否具有"言语个性"知识意识是实际有效的。因为这一量表的前身是英语课堂观察量表，《英语课堂观察的体系指标》早已在英语教学研究中广泛使用，经受住了实践的检验。

二、俄语语篇教学课堂实录及数据转写

为了使课堂观察所得数据更加客观有效，笔者在采用《俄语语篇教学课堂观察量表》进行实地观察记录的同时，还用录音笔进行了实地录

音。录音工作结束后,笔者在 17 位老师的 23 学时常态课中挑选了 4 位老师的横向课和两位老师的纵向课进行教学实况转写,作为不同学校、不同教师教学特点的代表,然后按维度进行高中俄语语篇教学样例分析,从中发现高中俄语教师的教学理念以及他们关注的俄语语篇教学的焦点所在。录音转写及样例分析的目的是再一次证明本量表所得数据的客观性。

第二节　高中俄语语篇教学对"言语个性"关注情况的分析

在第一节中主要是对高中俄语语篇教学现状分析途径的设计,即课堂观察和对实际课堂录音进行转写。在这一节我们将借助这两种方法对高中俄语语篇教学中"文化素养"意识,即对"言语个性"知识的关注情况进行具体分析,从而发现现行高中俄语课堂的语篇教学理念和存在的问题。

一、课堂观察的数据分析

学生对俄语"言语个性"知识掌握的多少,取决于教师对所教语言国家国情知识及人文知识了解的深度和广度,取决于教师的教学理念和对《普通高中俄语课程标准》(以下简称"标准")"文化素养"教学目标的重视程度和遵循程度。根据高中俄语课程总体目标的要求,《标准》对语言知识、语言技能、情感态度、学习策略和文化素养五个方面分别提出了具体的要求。本研究使用的《俄语语篇教学课堂观察量表》旨在分析高中俄语教师语篇教学中的知识内容方面,故对情感态度和学习策略方面不会涉及。在这一节中我们主要根据课堂观察量表所获得的数据资料分析高中俄语教师在实际俄语课堂中对这些方面的关注程度,分析影响其"文化素养"教学的因素,进而分析影响作为"文化素养"元素的"言语个性"知识教学的因素以及其对俄语教学中文化知识的判断情况。

7—5 观察量表及教师基本情况分析

基本资料	项目	人数	百分比	教师总人数
地域	黑龙江	13	76％	17
	吉林	2	11％	
	内蒙古	2	11％	
学校特色	城市高中	8	47％	17
	农村高中	2	11％	
	职业高中	5	29％	
	外语中学	2	11％	
教师性别	男	3	18％	17
	女	14	82％	
教龄	15 年以上	6	35％	17
	15 年以下	11	65％	

（一）量表的信度与效度分析

为获得高中俄语教师对"言语个性"关注程度的第一手资料，作者于 2011 年 9 月借带学生实习之机，走进了绥芬河市高级中学和绥芬河市职业高中的高一、高二俄语课堂，对语篇教学情况进行了实地观察和录音。同年 11 月份对长春外语学校高一和高二俄语课堂语篇教学进行实地观察和录音。与此同时，委托亲戚朋友对黑河某高中和内蒙古某高中进行了录音。课题以此次课堂观察和录音转写的 23 节课堂内容有效量表数据为研究对象，分析高中俄语教师语篇教学中对"言语个性"文化素养目标关注程度的数据。

在对数据进行统计分析之前，必须对观察量表的信度和效度作全面的检验，以确定观察量表能否满足测量的准确性要求。

1. 信度检验

信度是指测量工具测出的结果具有一致性和稳定性的特性。如果测量工具有一致性和稳定性，那么测量结果就是准确的，也是可以预测的，就可以说测量工具有较好的信度。测量工具的一致性和稳定性程度越高，信度也就越高。本研究的测量工具是《俄语语篇教学课堂观察量表》，信度检验就是要检验量表的可信度。检验测量工具信度的方法有多种多样。笔者采用了 Cronbach's Alpha 系数法对量表信度进行了检验。见表7—6：

表7—6　《俄语语篇教学课堂观察量表》信度分析结果

Cronbach's Alpha	项数
0.713	7

Cronbach's Alpha 系数是人们用来检验不易进行折半系数分析的量表内在信度的方法。Cronbach's Alpha 系数介于 0.00 和 1.00 之间，系数越高，说明量表的内在一致性越强，测量的结果就越可靠。一般认为可接受的信度系数不应低于 0.70。[226]从表中的数据可以看出，总量表的信度系数为 0.713，信度系数高于 0.7，这说明总量表的信度较好，可以满足数据分析的需要。

2. 效度检验

在对《俄语语篇教学课堂观察量表》进行正式统计检验之前，要进行必要的假设检验。本研究使用 SPSS 探索功能提供的 Kolmogorov—Smirnov 检验法对量表进行了效度检验。

Kolmogorov—Smirnov 检验法用于检验数据的正态分布假设。根据 Kolmogorov—Smirnov 检验法的要求，如果观察量表的显著水平低于 0.05，表明它所得数据的分布与正态分布有显著差别。本观察量表显著水平都是 0—0.05（见表7—7）以下，说明观察量表数据分布与正态分布有显著差别，不可用于参数检验。

表7—7　《俄语语篇教学课堂观察量表》正态性检验效度分析表

	Kolmogorov—Smirnov[a]		
	统计量	df	Sig.
语言知识	0.285	23	0.000
修辞知识	0.499	23	0.000
文化知识	0.468	23	0.000
言语个性	0.489	23	0.000
言语知识	0.489	23	0.000
语用知识	0.369	23	0.000
言语个性知识的来源	0.290	23	0.000

a. Lilliefors 显著水平修正

这种情况的出现大概与个案少于50有关。本研究的被试情况极其特殊，因为在我国的外语教育中，俄语是"小语种"，接纳俄语的人不像接纳英语那样普遍。所以在全国开设俄语课程的高中屈指可数。笔者竭尽全力才获得 17 位老师的 23 节课作为被试对象。这种变量显然不能采用参数检验，但可以使用非参数检验方法。另外，对于这种非正态分布的变量，还可以采取数据转换的方法，使之趋于正态分布。数据进行转换处理后可继续使用参数检验。[227] 所以本研究可以采用非参数检验和数据转换处理（幂转换）。

（二）俄语课堂语篇教学现状的分析

本部分拟对 23 个被试课堂中语篇教学现状进行分析。试图从语篇教学焦点和言语个性知识来源两个方面统计教师对"文化知识"及文化元素"言语个性"知识的关注程度。

1. 语篇教学现状的宏观分析

在观察量表中总共设计七个大项目，每一大项目下面又设五个子项目，每一子项目得分为 1 分，每一大项目的总分为 5 分。运用本量表观察了 23 个被试课堂，即对 23 节课进行了观察。在语篇教学中教师关注的焦点与传授文化知识及言语个性知识的渠道得分如表 7—8 所示。

表 7—8　语篇教学焦点与言语个性知识来源得分统计量表

		语言知识	修辞知识	文化知识	言语个性	言语知识	语用知识	言语个性知识的来源
N	有效	23	23	23	23	23	23	23
	缺失	0	0	0	0	0	0	0
均值		3.48	0.17	0.26	0.26	0.26	0.87	0.74

表中"均值"一栏是在对 23 节课进行观察后观察量表各个预设项目的得分数。从表中我们可以看到，"语言知识"项得分 3.48，"修辞知识"项得分 0.17，"文化知识"项得分 0.26，"言语个性"得分 0.26，"言语知识"得分 0.26，"语用知识"得分 0.87，"知识来源"得分为 0.74。通过各项得分我们可以看到高中俄语教师教学的总体情况：所有被试教师都非常重视语言知识的传授，对语言使用个别有所涉及，而对修辞知识几乎没有涉猎，文化知识、言语个性知识、言语知识的关注程度更是少之又少。至于知识来源，由于教师们漠视文化知识及言语个性知识的传授，所以传播文化知识的来源情况也不容乐观。

2. 语篇教学现状的微观分析

在表7—8中反映的是被试23节课语篇教学的整体情况,我们看到的是观察量表中每一大项的得分。为了对高中俄语教学情况有一个更加客观的了解,下面对每一大项进行单项的具体分析。在进行单项分析时,我们通过条形图来呈现各项得分分布情况。在条形图中横坐标上的数字2、3、4、5是指2分、3分、4分、5分;纵坐标上的数字10、20、30、40、50是百分比,是指10%、20%、30%、40%、50%。

(1)语言知识

根据调查所得数据,图7.1给出一个23节语篇教学课堂关注语言知识的具体情况。

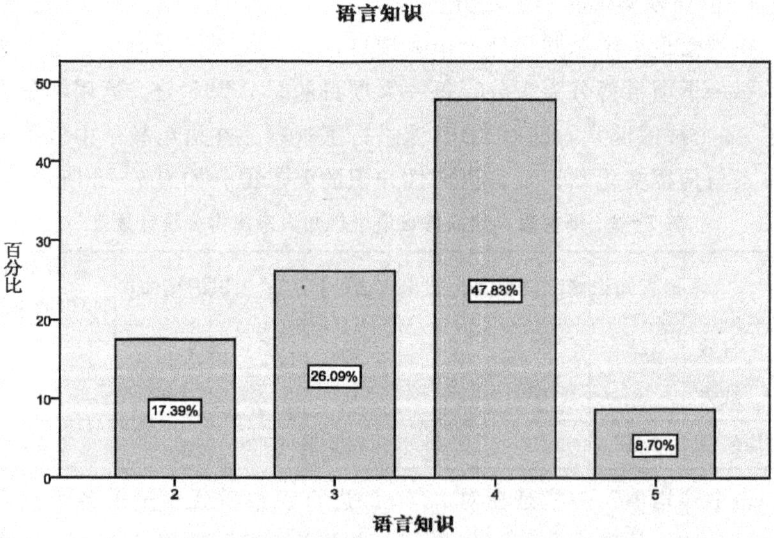

图7.1 语篇教学课堂语言知识得分情况

从图7.1中可以看出,在23节语篇教学课中语言知识的得分和所占的比重。在语篇讲解中,语言知识得5分的占8.70%,得4分的占47.83%,得3分的占26.09%,得2分的占17.39%。由此我们可以认为,得4分的情况约占23节课的一半,也就是说语言知识得分较高,说明语篇教学中,教师很重视语言知识的讲解。

（2）修辞知识

从图 7.2 中可以看出，修辞知识方面只出现 0 分和 1 分的情况，没有出现 2—5 分的情况，并且 0 分所占比例高达 82.61％，说明高中俄语语篇教学中几乎不涉及修辞知识的讲解，不重视这方面的教学。

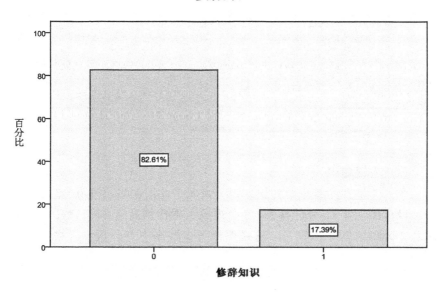

图 7.2　语篇教学课堂修辞知识得分情况

（3）文化知识（言语个性知识）

由于"言语个性"知识是文化知识的元素，"言语个性"知识常常蕴含于文化知识之中，所以在给量表预设项目进行打分时把两项合为一项。"言语个性"知识的得分也是文化知识的得分。在图 7.3 中显示，文化知识得分只出现 0—2 分的情况，没有出现 3—5 分的情况。同时 0 分情况的出现占 23 节课的 78.26％，得 1 分的占 17.39％，得 2 分的只占 4.35％。这说明绝大多数高中语篇教学不重视文化知识和言语个性知识的传授。

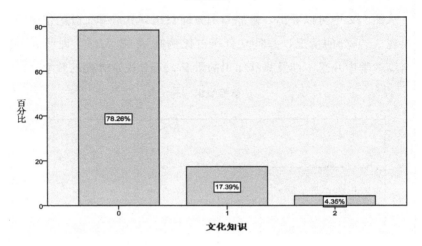

图 7.3 语篇教学课堂文化知识得分情况

（4）言语知识

图 7.4 呈现的是言语知识的得分情况。此图中只出现 0－2 分的得分，没有出现 3－5 分的得分。0 分现象占据比例高达 82.61％，1 分现象和 2 分现象只有 8.70％。这说明绝大多数高中老师根本不去关注言语知识。

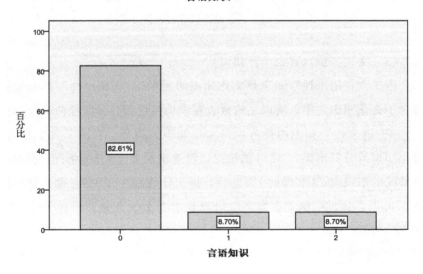

图 7.4 语篇教学课堂言语知识得分情况

（5）语用知识

图 7.5 呈现的是语用知识。从条形图上看，语用知识得分的覆盖率要广泛一些，0－5 分之间仅仅没有出现 4 分的现象。0 分占 65.22％，1 分占 8.70％，2 分占 13.04％，3 分占 8.70％，5 分占 4.35％。虽然如此，0 分比例还是很高，说明高中俄语教师对语用知识还是不够重视。

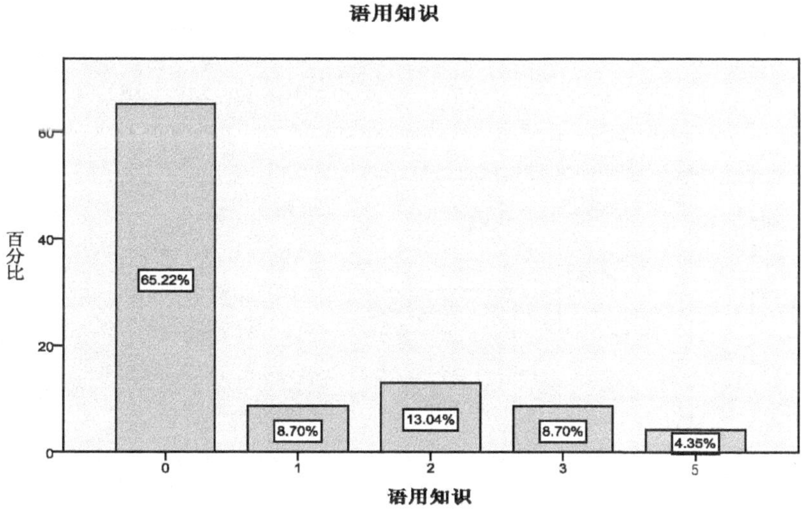

语用知识

图 7.5　语篇教学课堂语用知识得分情况

通过分析"语言教学焦点"中五个子项的得分情况，我们可以看到在 23 节课中几乎每节课都会重视语言知识的讲解，这主要从"语言知识"条形图反映的分布情况可以看出来，1－5 分都有得分，唯独没有 0 分。而且得 4 分的情况极其普遍，占一半左右，说明教师们的俄语语言知识意识很浓。相反，修辞知识中 0 分的出现高达 82.61％，文化知识中 0 分的出现率占 78.26％，言语知识中 0 分的出现率 82.61％，语用知识中 0 分的出现占 65.22％。由此我们可以断定，高中俄语教师的语篇教学理念是语言知识绝对领先，其他知识可以免谈。

（6）言语个性知识来源

"言语个性知识来源"与"语言教学焦点"是量表内容结构的两大组成要素。由于教学焦点中"文化知识"项在课堂上不被教师们重视，所以文化知识("言语个性"知识)的来源也很难被我们发现。如图 7.6。得 0 分的情况占 52.17%,得 1 分的情况占 30.43%,得 2 分的情况占 13.04%,得 4 分的只占 4.35%。说明 23 节课中有一半的课堂不涉及文化知识的传授,因此也就不会出现"言语个性知识来源"。其他的课堂上尽管在这方面有得分,也不代表有"文化意识"。虽有得分分布,但比例很小,说明即便碰到可以传达文化知识的渠道,如词汇、成语、多媒体等也没能发挥它们的作用,或者只是"蜻蜓点水"。

言语个性知识的来源

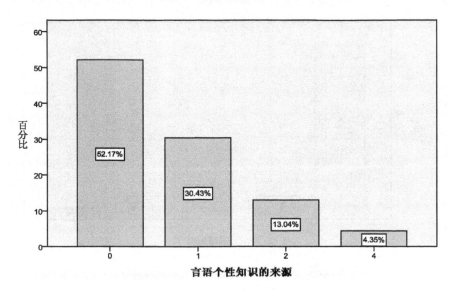

图 7.6 语篇教学课堂言语个性知识来源得分情况

3. 影响因素分析

从上述语篇教学现状的宏观分析和微观分析中,我们看到绝大多数高中俄语教师文化意识淡薄,课堂上不重视文化知识的传授。那么这种状况的存在是什么原因造成的呢?下面我们对与语篇教学有关联的因素进行分析。

(1) 主要因素

普遍来讲,高中俄语教师所教的高一、高二年级的学习目的极其明确——为高考而战!学生需要升学,学校需要升学率,基础教育的大背景给教师们带来莫大的压力。即便教师们有创新观念,有文化意识,也不敢摆脱高考的指挥棒。面临高考,教师们深感时间紧、任务重。紧跟高考的脉搏就是要多做题，要想会做题就要掌握语法知识。在这样的理念指导下，教师们自然而然地把词汇意义、语法形式、结构当做俄语课堂的首要任务。学语言是为了考试，学语言不是为了面向广阔的交际空间，交际意识、文化意识自然而然被束之高阁。这种外语教育现状是教师们偏离《标准》总体要求，重语言、轻言语、漠视文化的主要原因。

（2）次要因素

在课堂观察和录音转写过程中，我们还发现其他一些因素也影响着教师们的语篇教学质量，比如学校特色、教师的教龄、性别等。

①学校特色

在我们调研的五所学校中，每一所学校特色都有所不同，其中农村高中一所，城市高中两所，外语高中和职业高中各一所。由于每一所高中所处地域、办学宗旨、教师资源等条件的不同，在量表预设的七人方面表现都有不同。见表7—9。

表7—9　不同特色学校语篇教学焦点关注情况表

序号	项目	农村高中	城市高中	外语学校	职业高中
A	语言知识	3.5	3.4	3.5	3.57
B	修辞知识	0	0	0.5	0.29
C	文化知识	0.5	0	0.25	0.57
D	言语个性	0	0.3	0.5	0.14
E	言语知识	0.5	0.1	1	0
F	语用知识	1.5	0.12	0.5	0.43
G	言语个性知识来源	0.5	0.1	0.75	1.71

表7—9中字母A指的是语言知识，B指的是修辞知识，以此类推。表里面的数字是各个项目得分的均值，每一项目的总分是5分。表7—9显示，四类高中在"语言知识"方面得分从3.4—3.57不等，彼此差别不是很大，这说明语言知识是任何一类学校都非常重视的问题；在"修辞知识"、"文化知识"、"言语个性"、"言语知识"、"语用知识"和"言语个性知识来源"等方面，外语学校和职业高中都获得了相对较高的分数。这也许与外语学校"加速培养更多更好外语人才"，职业高中"以就业为导向"的办学理念有关。后两类学校与普通城市中学和农村中学相比，高考不是他们的唯一目标，所以老师们的教学理念也相对灵活。

图7.7中横坐标上A指的是语言知识，B指的是修辞知识，以此

类推。纵坐标上的数字是每一项所得分数,四个颜色的竖条图形是代表不同特色学校。见右侧注释。

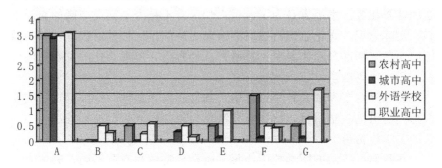

图 7.7 不同特色学校语篇教学焦点关注情况分布

②教师教龄

教师教龄因素主要是看 15 年教龄以上和 15 年教龄以下教师对语篇教学质量的影响。表 7—10 中字母 A 指的是语言知识,B 指的是修辞知识,以此类推。表里面的数字是各个项目得分的均值,每一项目的总分是 5 分。从表中数据看,"语言知识"项依然是所有教师都关注的焦点。在语言知识方面,15 年教龄以下的教师要比 15 年教龄以上的教师得分高;而在其他方面,如修辞、言语知识、语用知识和知识来源方面,15 年教龄以上的教师要比 15 年教龄以下的教师得分高;可是在文化知识方面和言语个性知识方面,15 年教龄以下的教师又比 15 年教龄以上的教师得分高。这种情况似乎与教龄的长短关系不大,而与个人兴趣有关。当然除语言知识、文化知识分数比较外,其余几项,如言语、语用、个性知识来源的挖掘还应归功于经验、专业知识的积累,也就是说与教龄有关。

表 7—10 不同教龄教师语篇教学焦点关注情况

序号	项目	教龄>15 年的教师	教龄<15 年的教师
A	语言知识	3.3	3.7
B	修辞知识	0.23	0.1
C	文化知识	0.08	0.5
D	言语个性	0.23	0.3
E	言语知识	0.38	0.1
F	语用知识	1.08	0.6
G	言语个性知识来源	0.46	0.11

图 7.8 中横坐标字母 A 指的是语言知识，B 指的是修辞知识，以此类推。灰色代表 15 年教龄以上的教师，黑色代表 15 年教龄以下的教师，纵坐标数字代表分值。见右侧注释。

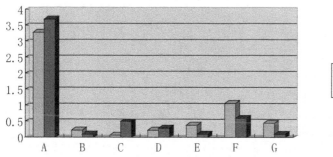

图 7.8 不同教龄教师语篇教学焦点关注情况

③ 教师性别因素

教师性别因素主要指男、女性别的教师对语篇教学质量有什么影响。在调研的 17 位教师中有三位男性教师。与女性教师相比，他们思维比较活跃，知识面较广。相对而言，女性教师课上比较循规蹈矩，仅仅依赖教材，不敢展开。

表 7—11 中字母 A 指的是语言知识，B 指的是修辞知识，以此类推。表里面的数字是各个项目得分的均值，每一项目的总分是 5 分。从表中数据看，男性教师和女性教师都很重视语言知识教学，但是在语言知识方面，女性教师比男性教师得分高。在剩下的几项中，除"文化知识"项外，男性教师都比女性教师得分高，这足以说明性别因素有一定影响。

表 7—11 不同性别教师语篇教学焦点关注情况

序号	项目	男教师	女教师
A	语言知识	3.2	3.56
B	修辞知识	0.4	0.11
C	文化知识	0.2	0.28
D	言语个性	0.6	0.17
E	言语知识	0.4	0.22
F	语用知识	1.6	0.67
G	言语个性知识来源	1	0.67

图 7.9 中横坐标字母 A 指的是语言知识，B 指的是修辞知识，以此类推。纵坐标数字代表分值。灰色代表男性教师，黑色代表女性教师。见右侧注释。

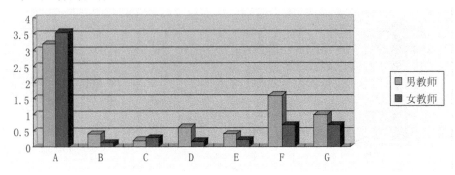

图 7.9　不同性别教师语篇教学焦点关注情况

二、课堂实录样例分析

课堂实录样例分析的任务是以课堂录音转写内容为依据，分析目前高中俄语教师的语篇教学理念，分析现行俄语课堂语篇教学模式中存在的不足，研究不同教师在语篇讲解过程中"文化素养"目标实现的情况，进而发现他们是否涉及"言语个性"知识的传授，研究如果教师们在教学中有"文化"意识，那么他们是通过什么渠道来传授俄罗斯民族文化知识的。

（一）语篇教学理念分析

教学理念是教育管理者及教师对教学活动内在规律认识的集中体现，也是他们对教学活动的看法和持有的基本态度和观念，是人们从事教学活动的信念。教学理念有理论层面和操作层面之分。理论层面的教学理念对教学活动有着极其重要的指导意义。有什么样的教学理念就有什么样的教学行为，有什么样的教学行为就有什么样的教学效果。俄语语篇教学是俄语课程的教学内容之一，俄语语篇教学过程中不仅反映俄语教师对语篇自身特点的认识水平，还反映俄语教师长期以来形成的教学理念。

笔者在跟踪观察和实地录音 23 节常态课之后，突出的感受是绝大多数高中俄语教师的兴奋点都在语言知识的讲解上。尽管《普通高中俄语课程标准（实验）》提出的俄语课程理念是"注重基础，增强人文素养"和"关注应用，发展交际能力"。但我们发现高中俄语课堂语篇教学的指导思想普遍是全力以赴地讲解词汇意义、词法形式、句法结构，最后是整体翻译。下面是黑龙江省某高中一位有经验的老教师讲解的新东方《大学俄语》学生用书 2 的第七课课文《Анна едет на работу》（安娜去上班）的课堂实录：

教学材料：

Анна едет на работу

—Компания, в которой я работаю, — рассказывает Анна, — находится в центре города, а живём на окраине Москвы. От дома до моей работы нет прямого сообщения. Мне приходится пользоваться двумя видами транспрота. Сначала я еду на автобусе, потом на метро, и кроме того, минут десять иду пешком.

Каждое утро я встаю, принимаю душ, одеваюсь и завтракаю. В восемь часов я выхожу из квартиры. Мы живём на шестом этаже, и обычно я спускаюсь вниз на лифте. Но сегодня наш лифт на ремонте, и поэтому мне приходится идти по лестнице вниз пешком. Я выхожу из дома, иду к автобусной остановке. Остановка находится как раз напротив нашего дома. Я перехожу через улицу и жду автобуса. Автобусы в это время ходят часто, и мне не приходится долго ждать.

Подходит автобус. Обычно в эти часы все едут на работу, и в автобусе много народу. Я проезжаю три остановки, выхожу из автобуса и иду к метро. Я вхожу в вестибюль, прохожу мимо контролёра — автомата, затем на эскалаторе спускаюсь вниз. Подходит поезд. Я вхожу в вагон и сажусь, если есть свободное место.

На станции 《Театральная》 я выхожу из поезда, поднимаюсь на эскалаторе и выхожу на улицу. Отсюда до работы пятнадцать минут ходьбы. Это расстояние — две остановки - можно проехать на троллейбусе. Обычно от метро до компании я иду пешком. Особенно если я хочу зайти в какой — нибудь магазин. Но если плохая погода, или сразу подошёл троллейбус, или я чувствую, что могу опоздать, я еду эти две остановки на троллейбусе.

У нас есть машина, и у меня есть водительские права. И я неплохо вожу машину, но предпочитаю ездить на работу и с работы на городском транспорте. В часы пик на улицах города такое движение, что легко попасть в пробку и опоздать на работу.[228]

说明："课堂呈现"中括号内宋体字是作者加上去的译文；括号内的楷体字是作者进行的说明或评论。

课堂呈现：

老师：Хорошо. Дальше, переветите слова（好，继续翻译单词）（此处重复12次）。На этом уроке мы учим текст（这节课我们学习课文）Урок седьмой（第七课），《Анна едет на работу》（"安娜去上班"）。Ребята, откройте ваши учебники на странице сто сорок восьмой（请同学们把书翻到148页），"Анна едет на работу"大家先读课文前两个段落，出声朗读。

学生们：（出声朗读）

老师：好了。找同学翻译一下课文题目"Анна едет на работу"，Алёша，翻译一下课文题目。

学生 Алёша：安娜去上班。

老师：好。安娜去上班。在这里 Анна 是主语，谓语是 едет。这是 ехать 的变位形式，是乘车，是乘车去上班。现在看第一句话：Компания, в которой я работаю 这是一个带 который 的定语从属句，还没有学。老师先给你们介绍一下：в которой 的原型是 который，它的性和数取决于它前面的名词 компания。（语法知识讲解）Компания 是什么意思。（可以稍作展开，如俄语中"公司"名称有几种说法？如何区分？这也是人们认知特点的表现）

老师：Находится 是位于哪里？

学生们：位于中心。

老师：好，Находится в центре города，现在，课文的第一句话，找同学翻译一下。（翻译法教学）好，Лилия。

学生 Лилия：安娜说，公司位于市中心。

老师：安娜是这样说的：我工作的公司位于市中心。第二句 На крайне Москвы（在莫斯科郊区）。Москвы 的原形是 Москва（莫斯科，这个词的背后有丰富的文化知识信息，可以展开一下）。От дома до цетра нет прямого сообщения，表示从家到市中心没有直达交通。Нет

表示否定的事物。У меня нет ручки. 我没有什么？

学生们：我没有钢笔。

老师：Моего папы нет дома. 我的爸爸没在家。Папы 是第几格？（语法讲解）

学生们：第二格。

老师：对了，是第二格。那么在这句话 "нет прямого сообщения" 谁变第二格了？（语法讲解）

学生们：сообщения.

老师：Да, сообщения. Дальше. Мне приходится пользоваться двумя видами транспорта. 这句话中 пользоваться 没有学，它的词义是 "利用、使用"（词汇意义）。它后面接第五格。在这句话中首先要掌握的是 приходиться. Приходиться— прийтиісь 是什么意思（词汇意义）？

学生们：不得不。

老师：对，"不得不"，"只能"。是不及物动词，句中的主体用第三格形式。"下雨了，我不得不回家" 怎么说啊？

学生们：Мне придется домой.

老师：对，Мне придется домой. 主体是第几格？（语法讲解）

学生：三格。

老师：对，三格。同时它的后面还要接动词不定式。Молодец！现在 пользоваться 给的词义是 "使用"、"利用"，我写的 чем 是第几格？（语法讲解）

学生：五格。

老师：现在我们来看2，два 和 две。Два 和什么性名词连用？（语法讲解）

学生：阳性和中性。

老师：阳性和中性。那么 две 呢？跟阴性连用。句法下堂课再学。现在老师来简单介绍一下。2、3、4 基数词，当它们没有变格的情况下，它们后面的名词要求用单数第二格。如果2、3、4受动词、前置词等影响变格了，如果是二格，那么后面的名词就是复数二格，如果是五格，那么后面的名词就是复数5格。所以后面的 "交通工具" видвми 也是几格？（语法讲解）

学生们：五格。

老师：对。五格。是谁要求2是用五格的？（语法讲解）

……

学生们：пользоваться.

老师：对了，пользоваться 要求复数五格。（语法讲解）现在把这句话翻译过来。（翻译法）

学生：我不得不利用两种交通工具。

老师：好。Мне приходится пользоваться двумя видами транспорта. 我不得不利用两种交通工具。（重复这句话里的语法知识）好。Дальше.

老师：Я еду на автобусе（开始我坐公共汽车），Я еду на автобусе, потом на метро.（然后坐什么？）（翻译）

学生们：地铁。

老师：好，地铁（"地铁"一词背后有丰富的文化信息，尤其莫斯科地铁的官殿式特点，通过"地铁"可以看到莫斯科人的生活方式）。

老师：Вера，刚才我说，搭乘交通工具用六格，метро 在这里怎么没变呢？好，метро 是个不变格的名词（语法讲解）。Дальше. И кроме того, мне нужно десять минут пешком. 除此之外，我还要步行？（翻译）

学生们：10 分钟。

老师：минут десять, Андрей, переведите. 约 10 分钟。（翻译）

学生 Андрей：约 10 分钟。

老师：Молодец. 好，第一段会了吗？

学生：会了。

老师：现在把第一段读一遍。Быстро！Быстро！（老师没有段内连贯或全文连贯意识）

（学生们在出声朗读，老师前后走着答疑。）

老师：好。找同学读一下第一段课文。Марина，Марина 读一下。

学生 Марина：（朗读）

老师：好，坐下。看，第一段谁能够背下来。Саша，Саша 来。没背下来？

学生 Саша：还差两句了。

老师：还差两句了。好，坐下。

（学生背诵课文）

老师：怎么样？好，Молодец！Лиза，Пожалуйста, как тебя

зовут？你中文名字叫什么？

学生：А。

老师：А，加油！努力！接着我们看一下课文的第二段。（读第一句）找谁翻译一下。Мария，переведите.

学生 Мария：（翻译）

老师：（读第二句）

学生：（翻译）

老师：大家注意一下：Выхожу. Выходить— выйти 它的词义是什么？出来。从哪儿出来？откуда，另外一个意思，它还得翻译为"来到"。比如说，выходить на улицу.（来到哪儿？从哪儿出来？）Выходить— выйти из аудитории（从教室出来。）выходить на улицу.（来到户外。）（词汇讲解）好，往下看，Мы живем на шестом этаже. Вася，переведите.（再要求翻译句子）

学生：我们住在六层。

老师：对，我们住在六层。好，坐下。但是今天电梯在修理，我不得不沿着楼梯走下去。往上走 вверх，往下走 вниз. Я выхожу из дома на остановку. 我从家里出来去公共汽车站。（读俄语句子）Дальше. Лена，Переведите.（再要求翻译句子）

学生 Лена：（翻译）

老师：我穿过街道等公共汽车，через 是第几格？第四格。

老师：（老师带着学生翻译课文）这是我讲的课文第二段。朗读课文，背下来。Андрей，Быстро！

（学生们朗读课文 2 分钟）

老师：好了。听一下，找人读一读。Андрей，Читай！

学生 Андрей：（读课文）

老师：Андрей 单词读的不熟。好，再读一下。

（学生们读课文）

老师：好，停一下，找同学背一下。Мария 背一下。

学生 Мария：（出声背课文）

老师：下课，Ребята.

9 时 55 分：

（复习前两段的内容，按课文翻译句子。老师说俄语，学生说汉语）

老师：现在学习第三段。

学生们：出声朗读课文。

《安娜去上班》是一篇记叙文，总共有五个段落。本文仅选取前两段的教学实况，因为后三段的教学活动特点与前两个段落的教学特点相同。

一篇记叙文，就这样一边翻译一边讲语法，然后顺理成章地结束了。听完这堂语篇课，我们的整体感受是这是一位教学经验非常丰富的老教师。课堂上对语法知识的细致讲解让我们看到了一位语言基本功极其扎实、工作上极其敬业的教育工作者形象。但与此同时，也让我们感到这位可敬的老教师意识深处那种根深蒂固的教学理念——语言知识至上。唯恐漏掉某个语法知识点会误人子弟，所以不敢"越界"半步。实际上，这样的语篇教学是真正的"丢了西瓜捡芝麻"的做法。

《安娜去上班》这篇课文作为现代都市人生活的写照，在课堂教学时有很多地方可以超越语言知识的约束，拓展学生的视野，给学生潜移默化地输入文化知识，以加强学生对所学语言国家——俄罗斯的了解。与一遍又一遍地讲解语法知识相比，学生会对文化知识更感兴趣，因为"文化"更容易把他们吸引到"篇"的世界，帮助他们感知篇的美妙。比如课文中有几处完全可以"借题发挥"一下。

Компания（公司）。现代俄罗斯像我们国家一样是商品经济社会，也像我们国家一样，大大小小的公司如雨后春笋。公司的名称有很多，那么怎样区分它们才不至于让学生在未来与俄罗斯人接触时产生误会呢？想到后果难料，作为教师的我们还能够对此知识点视而不见吗？至少可以告诉学生：Компания 是进出口公司，如 экспортно－импортная компания；也可以是股份公司，如 责任有限股份公司 акционерная компания с ограниченной ответственностью，责任无限股份公司 акционерная компания с неограниченной ответственностью。但是 общество 和 фирма 通常不指进出口贸易公司。Общество 可以指股份公司，而 фирма 是指商行、商号。

На окрайне Москвы（在莫斯科市郊）。这样典型的词汇本身就散发着浓郁的民族文化气息。至少让学生知道，Москва（莫斯科）是俄罗斯的首都，位于俄罗斯国家欧洲部分的中部，是全国最大的政治、经济、文化、工业和科技中心，有 1050 万人口。或者让学生查一查有关莫斯科的信息，当家庭作业来做。

Я еду на автобусе, потом на метро（我先乘坐公共汽车，然后坐地

铁）。Метро（地铁）这个词值得一讲。地铁是莫斯科人最快捷、最准时的交通工具。另外，据作者了解，教材中这篇课文的右侧就有一幅金碧辉煌的地铁图。教师可以口头讲，也可以借助多媒体呈现壮观、富丽堂皇的莫斯科地铁的画面，或者调动学生查询相关资料，之后到课堂上来介绍他所知道的莫斯科地铁。莫斯科地铁交通十分发达，俄罗斯早在1935年就开通了第一条地铁，比我国早几十年。另外俄罗斯的地铁站，每一站内的风格都别具特色，这是应该了解的。

У нас есть машина, и у меня есть водительские права. И я неплохо вожу машину, но предпочитаю ездить на работу и с работы на городском транспорте. В часы пик на улицах города такое движение, что легко попасть в пробку и опоздать на работу.（我们家有车，我也有驾照。并且我的开车技术还不错，但是我宁愿坐城市公交上下班。市区的街上，交通高峰时很容易塞车，致使上班迟到）

这是课文的最后一段，反映了喧嚣的都市情境，也折射了莫斯科市民日常生活的烦恼。"安娜去上班"这一主题不仅仅是描写安娜去上班的过程，还通过安娜这样一位普通市民每天上班路上的颠簸情景反映出莫斯科人的普遍生活状态、莫斯科的交通情况以及寻求方便生活方式的俄罗斯人的心理。

可是这样一篇信息丰富的文章，在讲语法的过程中被老师给"拆卸"得支离破碎，最后只得对部分"碎片"浅尝辄止，实在可惜。

高中俄语语篇教学中除了上述情况，也会出现不同的讲解路径：先翻译课文，然后从语篇中挑出教师认为的关键词、关键句进行语法知识讲解和反复训练。总体理念还是语言至上。只不过呈现语言知识的方式不同。下面是黑龙江省某重点高中一位优秀教师的语篇教学课堂实录。她讲的是人教版俄语必修1中《В кабинете директора》（在校长办公室）的一课。

教学资料：

В кабинете директора

——А, это ты, Борюквин? Входи, входи, давно тебя жду. Видишь, какой ты у нас важный ученик: сам директор школы оставил свои дела, чтобы с тобой побеседовать!

——Я больше не буду...

——А, значит, знаешь, о чём пойдет разговор?

——Я больше не буду...

——Это мы уже слышали. Вот передо мной целый список твоих дел. Просто герой!

——Я больше не буду...

——Начнем с первого апреля. В этот день тебя не было в школе. Так думали учителя. А на самом деле ты все уроки сидел в кабинете биологии и изображал из себя обезьяну.

——Я больше не буду...

——Четвёртого апреля, в понедельник, на уроке физкультуры ты бросил в боскетбольную корзину портфель ученицы Ани Карнауховой, который упал на голову учителя физкультуры Эдуарда Николаевича!

——Я больше не буду...

——Одинадцатого апреля во время перемены ты показывал ребятам приёмы каратэ и разбил стекло.

——Я больше не буду...

——Через неделю, девятнадцатого числа, учительница русского языка попросил тебя написать на доске сегодняшнее число. И ты написал 《Сегодне фторнек, дивинадцатое опреля》. Людмила Аркадьевна чуть не умерла, когда увидела, что ты в четырёх словах сделал семь ошибок!

——Я больше не буду...

——Ну что мне с тобой делать, Брюквин? А ведь при желании ты можешь хорошо учиться. Вот, например, в прошлом месяце ты получил пятёрку по математике!

——Я больше не буду...[229]

译文：

在校长办公室

——啊，是你吗，布留科文？进来吧，进来吧，早就等你来了。你看，你是我们这里多么重要的学生啊！校长为了和你谈话，把自己的事情都放下了！

——我再也不了……

——啊，就是说，你知道要谈什么了？

——我再也不了……

——这个我们已经听过了。瞧，我这儿的整整一张纸都是记录你的事情。简直是个英雄！

——我再也不了……

——从 4 月 1 日开始吧。这一天你没在学校。老师们是这样认为的。实际上每一堂课你都是在生物办公室过的，在那里装猴子。

——我再也不了……

——在 4 月 4 日，星期一，在体育课上你把阿尼娅·卡尔娜邬霍娃同学的书包扔到篮球框里，然后书包掉下砸到了体育老师爱都阿尔特·尼古拉耶维奇的头！

——我再也不了……

——4 月 11 日，在课间时间你给同学们示范空手道的动作打坏了玻璃。

——我再也不了……

——一周后，在 19 日，俄语老师请你到班上写今天的日期，你写了四个词出了七个错，柳德米拉·阿尔卡基耶夫娜差点没气死！

——我再也不了……

——我可拿你怎么办啊，布留科文？愿意的话，你是能够学习好的。比如，上个月你的数学不是还得了五分吗！

——我再也不了……

课堂呈现：

老师：Начнём урок（我们上课）.

学生们：Здравствуйте, учительница!（老师好！）（语用错误）

老师：Садитесь.（请坐）周日老师给大家留作业是不是翻译课文？有的同学可能遗忘了，那我希望提问到遗忘的同学。这篇文章写得非常有意思，我们先来搞一个简单阅读。检查一下大家读的情况。36 页，看看我们对这篇文章懂了多少，题目叫在校长的什么？

学生们：办公室。

老师：非常好，看第一小段，A。

学生 A：（翻译课文）

......

在《在校长办公室》一文的讲解过程中，我们发现，这位老师从头到尾特别重视翻译。当然，翻译是语篇教学中不可少的环节，问题在于，像这样一篇有趣的对话，只是带着学生翻译一遍，随后就进入"导学案"环节，即讲解词汇、句子结构等语法知识，实在有点可惜。《在校长办公室》是对话体语篇，其特点是交际性、情境性、动态性。与《安娜去上班》相比，有更多的东西可讲，如对话角色人物的特点、进行对话的情境、对话的结构信息、含义信息等。如果讲解语篇不尽量靠近语篇的实质会损失很多信息。再比如语篇的整体连贯性决定它不仅仅是句子意义的堆积，语篇本身还有自己的深层含意，深层次含意反映的是言语生成者的认知特点，一般来说，反映作者的意图和观念。另外这篇对话中有几处是可以随着翻译的进程进行引申解释的，如"多重要的学生啊"、"简直是个英雄"。

"多重要的学生啊"其原文是 Какой ты у нас важный ученик. важный ученик 这个词组在本篇课文中不是普通的直接意义（重要的学生、好学生），虽然可以理解为重要的学生、好学生，但由于语境和预设的特殊性，决定了校长这句话的言外之意为"不是好学生"，所以正面词汇表达了相反的意义。与此同时，校长的言语特点也暴露了他不温不火、很"酸"的性格。

"简直是个英雄"其原文是 Просто герой，同样是语境、预设决定了正面词汇的讽刺意义（你简直是个英雄），当然也反映了说话人——校长的性格特点。

除此之外，如对话发生的地点是校长办公室；对话中的角色是作为一校之长的大人物和一名微不足道的小人物——学生，而且是"劣迹斑斑"的学生。随后再根据彼此的身份和心理特点分析对话，这样就更加完美了。

这位老师的讲解过程只是让我们了解了语篇表层结构的知识，不难看出她的教学理念也是语言、语言、语言。似乎她的意识中没有篇的整体观念，更谈不上"文化意识"。

以上是现行高中俄语"对话"语篇和"课文"语篇两种形式的教学范式，从中不难看到高中俄语教师普遍的教学理念是重语言、轻言语、忽略文化和语用，说到底仅限于表层结构的讲解。

（二）现行俄语课堂语篇教学模式描述

对现行俄语课堂语篇教学模式的描述分两步进行。首先，从每一所学校中挑出具有代表性的教师，仅仅描述他们的俄语语篇教学过程（1—2学时），或称为横向描述，目的是发现高中俄语语篇教学课堂的普遍性特点；然后找一位教学经验及所教年级都极具代表性的教师，对他为期一周的俄语课堂进行录音转写和描述，长度是一个话题（5学时），或称为垂直描述，其中描述的内容不仅包括语篇，还有教材中围绕该语篇排列的所有内容，如词汇、语法、语篇、课后练习等，目的是通过每一课段的教学，发现高中俄语教师关注的知识焦点。

1. 横向俄语课堂语篇教学模式描述

语篇是人类言语思维活动过程和结果的综合，作为言语思维活动结果的语篇话语形式（语言形式），即教科书中的"对话"和"课文"保存了人类认识活动的痕迹，它不是语音、词汇、语法的简单合成。作为言语活动结果的语篇本身，其生成和输出的目标是交际。在言语交际活动中语篇的两端是说话人和听话人，说话人与听话人在一定的情境中用语篇进行信息交流。这样一来，语篇既有语言特点（话语形式），又有认知特点，还有交际特点。如果在语篇教学活动中不考虑其本质特点，而是单纯地讲解语法知识，显然是片面的、不合理的。

高中俄语课程既是语言学课程，又是传播文化信息和人文信息的课程。语篇则是这门课程中传播人类文化信息和"言语个性"信息的重要渠道。要想进一步发展学生的"俄语综合语言运用能力"，培养学生的"跨文化交际意识"，我们的高中俄语课堂还需要改变观念，付出更多的努力。这首先要把握和语篇理解相关的因素，其次要正视我们课堂中现存的问题，然后才能够有效地改进教学现状，才会在尊重语篇本质特点的同时，实现《标准》中提出的普通高中俄语课程的总体目标。

（1）影响语篇理解的因素

高中俄语语篇教学是一个复杂、综合的过程，制约和影响语篇理解的因素多种多样。在高中俄语课堂中，影响语篇理解的主要因素有：

①词汇和成语

词汇量的贫乏是理解语篇的最大障碍，是理解语篇活动不能继续下去的因素之一。同时在阅读理解的过程中我们常常碰到固定的谚语、格言、警句等成语单位，这些单位都是民族文化的载体，传达着生活哲理、人文信息。这些单位的含义无法根据上下文进行猜测和判断。如果教师对一些关键性的成语不熟悉，就会使语篇的整体理解受到很大的影响。

②语篇的类型

小说、诗歌、散文、广告、公文、信函等由于语体不同，语言使用也有差异，对读者的理解会提出不同的要求。因此教师在进行讲解时要特别注意语篇类型特点的解读。

③阅读技巧

理解语篇与理解句子不同：一个句子表达一个完整的意思，而语篇的单位虽然是句子，但其语义内容、深层含意、言外之意不是靠一个个句子的相加和翻译能够解释的。语篇的最大特点是整体性、连贯性、衔接性、情境性，所以教师讲解语篇时首先要有整体观念和语境观念。

④背景知识

读者对语篇背景知识了解的深度和广度，自然而然地会影响其对语篇理解的质量，缺乏应有的背景知识会干扰语篇的理解。因此教师在讲解语篇之前应做足功课，比如语篇的作者情况、写作的时间背景、写作动机等。

⑤语用知识

任何一种形式的语篇生成与产出都是"有备而来"的。语篇生成的终极目标是交际，这一特点早已人尽皆知。所以在分析语篇时，教师应该具备相关的语用知识，比如语言形式的语用功能、信息结构分析、信息意图、会话含义、言语交际的制约因素、会话结构分析、会话功能分析等。

（2）俄语课堂语篇教学存在的问题

为了给高中俄语教师提供真正有效的语篇教学模式，笔者深入到黑龙江、吉林、内蒙古各个开设俄语课程的高中学校进行了调研，发现高中俄语教师在语篇教学中存在着方方面面的问题。主要表现在：

①书写能力强，言语能力弱

在课堂观察和录音转写之后，我们发现高中俄语教师的整体情况是普遍重视板书，无论是词汇、词法形式，还是句子结构的书写和讲解均能做到正确无误，这大概与时间的"提前量"有关，即上课之前作了充分准备。然而，一旦需要即兴言语表达时，就会暴露他们的"先天不足"，尤其是年轻教师，口语表述显得力不从心。下面是一位年轻教师的上课开场白：

老师：Начнём урок. （我们上课）

学生们：Здравствуйте, учительница! （语用错误）（老师好!）

老师：Здравствуйте, ребята! Садитесь. （同学们好! 请坐!）

老师：Сначала мы повтора—а—ем（应该是 повторяем）слова, ко—то—рые мы уже выучили на прошлом уроке. Сначала мы повтора—аем слова, которые мы уже выучили на прошлом уроке（我们首先复习一下上节课学过的单词）. Поняли?（明白吗?）

就是"我们首先复习一下上节课学过的单词"这样一句话，这位小老师说得那样吃力，甚至出现了语音错误，把 повторяем 说成 повтора—а—ем，并且连说两遍都是 повтора—а—ем，这就不仅仅是不熟练的问题，可见教师的基本功还不够扎实，有待完善。尤其是语音、语调迫切需要提高。

如果说年轻教师工作时间短，历练不够，那么我们还发现一位各方面都很好的老教师的口语中某个音节也已经成为"顽疾"，大概自己都没有意识到：

（第一天上课）

老师：начнём урок. （上课）

学生们：Здравствуйте, учительница! （老师好）（语用错误）

老师：Содитесь（Садитесь）. （坐下）

（第二天上课）

老师：Начнём урок. （上课）

学生们：Здравствуйте, учительница! （老师好）（语用错误）

老师：Содитесь（Садитесь）. （坐下）

（第三天上课）

老师：Начнём урок. （上课）

学生们：Здравствуйте, учительница! （老师好）（语用错误）

老师：Содитесь（Садитесь）, ребята! （同学们，请坐）

这位老教师连续三天的上课开场白里都把 Садитесь 里的第一个音节 Са—说成了 Со—。也许是因为开场白先入为主的原因，这个"口误"显得是那样刺耳。

从这两位老师的课堂用语中，我们还无意间发现了中国式俄语，"老师好"纯粹是中国的礼貌用语，用俄语说"Здравствуйте, учитель"

（老师好）则显得不伦不类。在俄语中和老师打招呼只用名字＋父称就可以了。可见，俄语课堂"文化"知识无处不在。贵在老师如何引导。

②热衷语法讲解，漠视文化信息

语言是文化的载体，语篇是传播民族文化信息、民族心理信息的渠道。构成语篇的语言单位，如词汇、成语本身常常伴随有历史的变迁、时代背景、民族文化等象征意义。从这个角度讲，语言是民族文化的镜子，一个民族的文化特点及其社会生活方面表现出的民族心理必定反映到民族语言中来。所以俄罗斯民族的文化特点和民族心理也同样会反映到俄语中来。俄语语篇作为由各种语言单位组成的话语，作为动态思维活动的结果，它必定会反映俄罗斯民族的各种文化特点，如认知模式、民族精神、民族心理等各种本土的信息。

我们学习俄语的目的，不仅是掌握基本的语音、词汇、语法，也不仅是掌握表达方式的语言内在规律，学习俄语还应该从中获得超语言的知识，如语言文化、语用文化、民族心理、民族认知特点等，只有这样才有助于跨文化交际，才能够提高学生综合运用俄语的能力。

然而，长期以来，高中俄语教师始终没能，也没敢摆脱升学的指挥棒，把提高人文素质的俄语学习当成通往高考的桥梁。在这一教学目的驱使下，教师们不去研究语篇自身特点，不去研究语篇教学特点，更顾不上《标准》中"文化素养"目标的明确要求，把整个俄语课程不分青红皂白地都当成了语法教学的对象，将立体的、动态的、信息丰富的语篇当做静态的、单平面的语法教学材料。在课堂上，教师们把语篇理解简单地上成了语法课。将所讲解的语法、词汇一一展现在学生面前，将完整的、内涵丰富的语篇分解为若干个零散的知识点传授给学生。下面是内蒙古某高中一位老教师所讲的一篇"对话"课堂实录。

教学材料：

Немного о себе

——Здравствуйте, ребята, давайте познакомимся. Меня зовут Иван Петрович Петров. А вас?

——Меня зовут Ли Мин.

——Очень приятно. А это моя дочь Лена.

——Очень рада познакомиться с вами.

——А вас как зовут, молодой человек?

——Меня зовут Ян Сяолун.

——Очень приятно. Откуда вы едете?

——Мы едем из Санкт－Петербурга. А вообще мы из Китая. В Санкт－Петербурге мы были на экскурсии. А вы откуда?

——А мы с Леной из Нижнего Новгорода. Слышали о таком городе? А вы где живете?

——Я живу в Харбине, а Сяолун —в Пекине.

——Сколько же вам лет? Вы, наверное, учитесь в школе?

——Да, мы школьники. Мы учимся в 9—ом классе. Мне 15, а Ли Мину 16.

——А Лена учится в 5—ом классе. Ей 12 лет. Она изучает китайский язык. Она может немного говорить по—китайски.

——Правда?! Это очень интересно. Лена, расскажи, пожалуйста, нам о себе по—китайски. Я хочу послушать, как русские говорят на китайском языке.

——Извини, Ли Мин, я ещё плохо говорю по—китайски. Боюсь, вы будете смеяться.

——Лена, говори, не бойся. Это для тебя хорошая практика. В Пекине ты будешь моим переводчиком.

——Иван Петрович, вы едете в Пекин?

——Да.

——Мы тоже едем в Пекин.

——Ну и отлично. [230]

课堂呈现：

老师：下面看 Полилог（多人对话）。题目是 В поезде "Москва — Пекин"，意思是在莫斯科开往北京的火车上。В поезде 在火车上。下面自己看一看（要求读课文）。

同学们：（读课文）

老师：Этот полилог вы поняли? Поняли? （这篇多人对话你们懂了吗？懂了？）

同学们：да.

老师：我读，Я читаю 然后翻译一下。Здравствуйте, ребята,

давайте познакомимся. Меня зовут Иван Петрович Петров. А вас? 我叫伊万诺维奇，А вас? 下面同学们来看句子 давайте познакомимся 这里面注意 давайте 的用法（语法讲解）。Иван Петрович Петров 他姓什么呢？фамилия.（这里应该讲解一下名字＋父称＋姓氏的用法）

同学们：Петров.

老师：Петров. Правильно. 好 Меня зовут Ли Мин. Иван Петрович 说 Очень приятно. А это моя дочь Лена.（要求俄语译成汉语）

同学们：很高兴，这是我的女儿 Лена.（翻译课文）

老师：很高兴，很高兴什么啊？（翻译课文）

同学们：见到你。（翻译课文）

老师：对，很高兴见到你。这是我的女儿 Лена. 大家注意 Очень приятно 一般用在什么情景啊（语用意识，但没有展开）？

同学们：新认识。

老师：认识新朋友之后，内心的一种感受。（语用意识）很高兴认识你。Очень приятно. 下面是他的女儿 Лена. Очень рада познакомиться с вами.

同学们：很高兴认识你。（翻译课文）

老师：很高兴认识你。（翻译课文）另一个见到你很高兴是 "Очень приятно"，用谓语副词。（词汇讲解）А вас как зовут, молодой человек? 年轻人你叫啥名啊？Меня зовут Ян Сяолун, 他叫啥啊？姓杨，名字叫小龙。Иван Петрович 说 Очень приятно, Откуда вы едете（翻译课文）?

老师：很高兴认识你。Откуда вы едете? 翻译为你们是从哪来啊？Мы едем из Санкт—Петербурга 我们是来自圣彼得堡（翻译课文。应该介绍一下圣彼得堡这座城市）。А вообще мы из Китая（我们来自北京）。В Санкт—Петербурге мы были на экскурсии.（翻译课文）

同学们：在圣彼得堡我们参加了。（翻译课文）

老师：这里面注意词 быть，这里的 быть 显然他在圣彼得堡参加完回来，强调的是一次往返。这里的 были 回答 где 的问题。В Санкт—Петербурге 六格，去旅游同样是 на 加第六格 на экскурсии.（语法知识讲解）接着往下 А вы откуда?

老师：那你们从哪里来呢？Иван Петрович 说 А мы с Леной из Нижнего Новгорода（下诺夫哥罗德。应该介绍一下这座城市）我和连娜是从下诺夫哥罗德来的。Слышали о таком городе? Слышали是？
（翻译课文）

　　同学们：听。

　　老师：Слышали是听说。（词汇讲解）

　　老师：对，你们听说过这个城市吗？А вы где живете?　（翻译课文）

　　同学们：而你们住在哪里？

　　老师：而你们住在哪里？往下Я живу в Харбине, а Сяолун — в
Пекине.（翻译课文）

　　同学们：我住在哈尔滨，而小龙住在北京。

　　老师：Сколько же вам лет? Вы, наверное, учитесь в школе?（翻
译课文）

　　同学们：你们多大？

　　老师：你们多大？你们大概上学了吧？Да, мы школьники（是
的，我们都是学生）。　（翻译课文）大家划分这个句式，为什么是
школьники，是单数还是复数，复数前面是мы（语法知识讲解），我是
学生（Я школьник）。注意啊！接下来Мы учимся в 9—ом классе.

　　同学们：我在九年级上学。

　　老师：我在九年级上学。Мы учимся в 9—ом классе. Мне 15, а
Ли Мину 16。（翻译课文）

　　同学们：我15。李明16。（翻译课文）

　　老师：А Лёна учится в 5—ом классе. Ей 12 лет. Она изучает
китайский язык（她学习汉语）。（翻译课文）

　　老师：Она может немного говорить по—китайски.（要求翻译）

　　同学们：她能说些汉语。

　　老师：她能немного，稍许，一点。（词汇解释）应该翻译成她能
说点儿汉语。Ли Мин Правда?! Это очень интересно. 真的！有意思。
Лена, расскажи, пожалуйста, нам о себе по—китайски. 连娜，
расскажи第二人称命令式。рассказать的第二人称命令式，（语法讲解）
讲的意思是：连娜请你给我们，主语是连娜，连娜请你给我们讲，用哪
个语言？

　　同学们：汉语。

　　老师：汉语，连娜请你用汉语介绍下自己。Я хочу послушать, я

想听听，как русские говорят на китайском языке（俄罗斯人说汉语）говорят на китайском языке，我们平常说汉语，俄语都是 говорить по—русски，говорить по—китайски 是这样说吧？

同学们：对。

老师：говорить на 加 六 格。（语 法 知 识）Иван Петрович 说 Извини，Ли Мин，я ещё плохо говорю по—китайски（对不起李明）。я ещё плохо говорю по — китайски（汉语我说得不好）。为什么呢？Боюсь，вы будете смеяться（我怕你们笑话我）。Иван Петрович：Лена，говори，не бойся。（翻译课文）

同学们：连娜，说吧，不要怕。

老师：连娜，说吧，不要怕。Это для тебя хорошая практика（这对你来说是一个好的语言实践）。В Пекине ты будешь моим переводчиком. Переводчик 是什么职业？翻译。到了北京，你还得当我的翻译呢。Иван Петрович，вы едете в Пекин？你们要去北京？（翻译课文）Да. Мы тоже едем в Пекин.

同学们：我们也要去北京。（翻译课文）

老师：Ну и отлично.

同学们：那太好了。（翻译课文）

老师：那太好了。

老师：这个对话里的句式都是非常熟悉的句式。刚才跟大家说的 говорить на китайском языке 注意这个表达方法。我们说俄语 говорить по— русски，用副词 по — русски，如果不用 по — русски，可以用 на русском языке，на 加第六格。那同样说汉语 говорить на китайском языке（在归纳课文知识点）好，对话咱们到这。第5页第三题，是让你结合对话续对话，今天早晨交那卷子完成前面，下面我接着发给你完成后面。等到都收完之后，再给你们批。

在前面的语言材料中我们看到，这是四个人参与的多人对话。作者认为，对话中至少提供了这样一些信息，如：对话发生的地点是"莫斯科—北京"的国际列车上，是同一个包厢里；对话角色由四个人组成：两个俄罗斯人，是父女关系，两个中学生，是同学关系。话题是简单地介绍自己。从话题中我们感受到中俄两国人民的相互接纳程度，也反映了中俄两国友好关系大背景下人民能够频繁互动的社会现实。除此之外，四人交谈时还触碰到几处语言文化知识和语用文化知识，如语言形式的使用，词汇背景知识。

在这位老师的讲解过程中，我们的感受是，更多地对语篇进行翻译，同时也解释语法知识。当然我们不否认这位老师是一位"成手"，因为她也偶尔注意一下语用方面的扩展，如对 Очень приятно（很高兴）的解释。但遗憾的是，在这个语篇讲解的过程中仅此一次关注文化信息，随之马上回归"正轨"，把大量的时间用在翻译和语法知识的讲解上。到语篇的讲解结束也没有引导学生"回味"一下对话里"新奇"的内容。作者认为，讲解过程中，有几处是不应该错过的：

Иван Петрович Петров 是俄罗斯人姓名的全称。应该让学生知道，什么时候用全称？什么时候用名字＋父称 Иван Петрович？什么时候只用名字 Иван？在这篇对话里，说话人用全称介绍自己说明了什么？

Санкт－Петербург（圣彼得堡）有四次更名经历：1914 年以前为 Петербург（彼得堡），1914－1924 年为 Пероград（彼得格勒），1924－1991 年为 Ленинград（列宁格勒），1991 年至今为 Санкт－Петербург（圣彼得堡）。这是举世闻名的俄罗斯第二大城市。在讲解的过程中可以稍作拓展：这是俄罗斯西北部波罗的海沿岸的城市，由于紧靠波罗的海，所以那里冬天不冷，夏天不热；那里还是彼得大帝时期建立的罗曼诺王朝的古都，那时的文化古迹依然保留至今；那里还是几次大革命的摇篮，具有政治意义；由于地处北极圈、纬度高使这座城市拥有"白夜"现象，等等。通过这样的讲解，让学生潜移默化地获得这样一个信息：为什么两个中国学生要去圣彼得堡旅游？同时会促进学生的听课兴趣。

讲 Нижний Новгород（下诺夫哥罗德）（1932－1990 年曾用名是高尔基市）可以先入为主地提醒学生，是否知道马克西姆·高尔基这个名字？是否知道"伏尔加"牌小轿车？这可是伟大的无产阶级现实主义作家马克西姆·高尔基的故乡。对了，"伏尔加"牌小轿车就是高尔基汽车制造商生产的。不过，这座城市距离圣彼得堡很遥远，它是俄罗斯中部伏尔加河沿岸最大的城市和俄罗斯第四大城市。

Она изучает китайский язык. Она может немного говорить по－китайски（她在学汉语。她能说简单的汉语），这句话似乎让我们看到了汉语在世界普及的盛况，这是我们民族的骄傲。

Лена, говори, не бойся（莲娜，说吧，别怕），这里涉及第二人称命令式的语用功能。为什么这里用 говори，не бойся，而不用 говорите，не бойтесь？解释这样的问题，可以帮助学生恰当地使用语言形式，顺利进行跨文化交际。

Это для тебя хорошая практика. В Пекине ты будешь моим переводчиком（这对你是很好的实践。在北京你得给我当翻译）。这里为什么用单数第二人称 для тебя 和 ты，而不用 для вас 和 вы？如果不解释清楚，学生在未来的使用中可能会混合使用，会影响交际活动的顺利进行。

Иван Петрович，вы едете в Пекин（伊万·彼得洛维奇，您去北京吗）这里为什么用名字＋父称 Иван Петрович？如果只用 Иван 会发生什么情况？把 вы едете в Пекин 改成 ты едешь в Пекин 行不行？如果可以替换，交际效果会发生怎样的变化？

除了在讲解过程中不失时机地摄取文化信息外，将对话进行"流水账"式的翻译后，应该分析一下对话的含意，作者的意图。这样的对话讲解才算得上"有血有肉"、善始善终。

当然在我们观察和录音的课堂中不是所有老师都没有"文化意识"。吉林一所外语中学的语篇课就让人受益匪浅。他在进入语篇之前，首先让学生们了解作家的写作生涯、个人履历以及作家的个性特点：

课堂呈现：

（这堂课即将学习的语篇题目是"Совесть"〈良知〉）

老师：Иногда трудно сказать，какие люди нам нравятся（有时很难说，我们喜欢怎样的人）。Ну сегодня представляется об этом（今天呈现的就是这方面的内容）。Передо чтением давай познакомимся с автором этого рассказа тема《Совесть》（在开始阅读课文之前，我们先熟悉一下故事《良知》的作者）Сейчас откройте учебник на странице десятой（现在打开教材第十页）。Давайте познакомимся с автором этого рассказа. Поняла（我们熟悉一下故事的作者，明白了）？

学生：嗯。（学生朗读一篇介绍作者的短文）

老师：Ну，молодец（好样的！）Кто может перевести с русского языка на китайский язык？А кто понял，о чём говорится（谁能把俄语翻译成汉语？谁明白了，这篇短文说的是什么）？Женя，ты поняла？（热尼娅，你明白吗）？Можно перевести это（可以把这个翻译过来吗）？

Ну, пожалуйста, на китайский язык переведите （那好吧, 翻译成汉语）。

学生 Женя：（翻译）

老师：Нет, Ленинградский艺术学院······在圣彼得堡的俄罗斯博物馆展出······Что такое повесть? 中篇。повесть是中篇。他的中篇和短篇都描写什么呢? 都描写既顽皮又聪明的男孩和女孩的故事······Что такое иллюстрировали? 插图。······польский, 波兰语。他的作品被翻译成日语和波兰语。Переводить—перевести с какого языка на какой язык （把某种语言翻译成某种语言）。Ну, хорошо. Вам нравится этот писатель? （好, 您喜欢这个作家吗）? Вам нравится этот писатель? Вера, тебе нравится эото писатель （你们喜欢这个作家吗? 维拉, 你喜欢这个作家吗）?

学生 Вера：Мне нравился писатель （我喜欢这个作家）。

老师：Ну почему （那为什么喜欢啊）?

学生：Потому что очень мало для детей （因为给孩子们写书的作家太少了）。

老师：Да очень мало писал для детей. Молодец. И почему сейчас, таких писателей нам надо, очень мало в России, в китае, и во всём мире. Поняли? Хорошо. И сейчас начинаете читать текст, тема 《Совесть》. А кто хочет читать? （是啊, 给孩子们写书的作家太少了。好样的。为什么现在这类我们需要的作家太少了? 无论是在俄罗斯、中国, 还是全世界都太少了。明白了吗? 好, 现在你们开始读课文, 题目是《良知》。那谁想读?）

老师借助原文资料, 用口头方式导入语篇背景知识, 带着对作家的了解, 学生们自然而然地对自己的学习任务《Совесть》这篇课文产生了兴趣。

③只见语篇段落, 不见语篇整体

前面已经谈过, 语篇的语义内容和深层含意, 如作者的观念和意图不是构成语篇形式的语言单位直接相加而得出的结论, 语篇的深层含意只能从语篇的连贯和衔接特点中表现出来。如果语篇讲解只是注意词、句、段的咀嚼, 而不去合卷深思整体语篇的"言外之意", 就无法了解作者的意图, 无法了解俄语语篇生产者的思维方式、价值观等个性特点。

课堂观察数据和课堂实录显示,目前绝大多数高中俄语教师在语篇分析的过程中"只见树木,不见森林",似乎语篇这一整体就是词、句、段的相加之和。由于语篇的整体性特点,语篇的主题思想、内容含义和作者意图常常是在语篇段落讲解结束之后才能进行分析。下面我们来看看,几位老师的语篇课结束语中是否有整体语篇意识:

课堂情境 1:

这堂课的内容是接着讲"对话"形式的语篇《В кабинете директора》(在校长办公室)

......

老师:看最后一小段。都精神儿的。

老师:说,我再也不了。那我该怎么对你呢?该把你怎么办呢?实际上你要愿意(情愿)的话你是能学好的。比如你上个月数学得了5分。这是最后一小段。

我们看第一句话。Ну,что мне с тобой делать。Ну 是语气词,不细究了,с тобой,тобой 来自 ты 的第五格大家都弄明白了。老师问大家为什么用动词 делать,它如果这样表达 что я с тобой делаю 或者 буду делать 行不行呢?

学生们:不行。

老师:我说一种 Я буду делать 可不可以呢?改成 я делаю 或 буду делать 行不行呢?老师告诉大家,这里用的是 делать,刚才老师翻译的是"我该拿你怎么办呢?"我一应该一拿你一怎么一办一呢?

学生们:省略 надо.

老师:大家理解省略 надо,这样的句式大家初中都遇到过。这个句子的谓语是动词不定式,表示的是"能否,应该"的语气,你们理解省略 надо,其实谓语是动词不定式,表示的是"能否,应该"的语气。老师再举个例子:Как пройти к памятнику Пушкину. пройти 大家知道吧。к памятнику,памятник 是什么?

学生们:纪念碑。

老师:纪念碑,Пушкину 记得很久之前的教材有这样一句话:普希金的纪念碑。你们看这句话该怎样翻译?

老师:怎样才能到普希金纪念碑啊?由谁来体现?

学生们:пройти.

老师：动词不定式，跟我们今天所学句式表达的语法是一样的。我们回顾下刚才那句话。当表示"能否，应该"的语气时，谓语动词不定式主体是第几格呢？

学生们：三格。

老师：三格，所以 мне. 总结下规律，这样的语法往往体现在什么样的句子中。肯定句中吗？

学生们：不对，疑问句。

老师：疑问句。第一种情况是疑问句，还有一种情况，例如 Я не знаю，что делать，怎么翻译？

学生们：我不知道该怎么办。

老师：非常好，我不知道该怎么办。这是说明从句。所以经常有两种情况：第一种是疑问句，第二种是说明从句。咱们现在有很多学生会听课了，很多同学还在那昏昏欲睡呢。知识点我们解决了。

下面有一个前置词 при，при 不是你们常说的 про，它是要求六格的前置词，在什么样的情况下。желание 我们知道是"愿望"，所以是 при желании 在情愿的情况下，如果你愿意，都可以这样翻译。下面一些词组我们应该记住："在某个月"和 месяц 连用，应该是 в 加六格。所以出现了 в прошлом месяце."得了几分"получить，пятёрка 是 5 分，哪一科得几分 по 加三格。好，我们这节课的知识点老师就给大家讲完了。希望你们看黑板，学会回顾当天的知识点。想老师怎么讲的，怎么回事，自己琢磨琢磨。好了，还有几分钟。

这是一所城市重点高中的语篇课。最后一段完毕，我们真希望还能听到教师带同学们一起回味整篇对话的含意，借助上下文和言语情境品一品作者写作这篇故事的意图，分析分析对话参与者的人物特点等。可是教师显然把这堂语篇课当成了语法课，看不出整体语篇意识。教师让学生回顾"知识点"只是语法知识，不包括其他。

课堂情境 2：

……

老师：Мы прочитали，мы перевели этот диалог. （我们已经读完

了，也翻译完了对话。）Сейчас даёт вам 2 минуты, у вас ешё какие вопросы?（现在给你们两分钟，你们还有什么问题吗？）Какой вопрос будет?（还有什么问题？）

学生们：Нет.（没有。）

老师：Ну хорошо, дальше, следующее упражнение（那好。下一个练习。）Ответьте на вопросы.（回答第一个问题。）Первый вопрос.（第一个问题。）Как вы думаете, что скажет мама Нине о выборе ее профессии?（你们认为，关于职业的问题妈妈会对妮娜说什么呢？）Пожалуйста, подумайте, как отвечать?（请考虑一下，怎么回答。）Инна, пожалуйста.（妮娜请回答。）

学生 Инна：（回答问题）

老师：Что скажет папа Нине о выборе ее профессии?（关于职业的选择，爸爸会对妮娜说什么呢？）Думайте, как ответите на зтот вопрос?（想一想，怎么回答这个问题？）

老师：Папа скажет Нине, что выбор профессии это дело серёзное и трудное. Понятно?（爸爸对妮娜说，职业的选择是严肃而困难的事情。明白吗？）Это нелёгкое дело.（这是件不轻松的事情。）Это серёзное и трудное дело. Нужно хорошо подумать прежде выбрать профессии. В给自己挑选职业之前应该好好地想一想。Следующий вопрос.（下一个问题。读一读问题。）Вопрос читай!

学生：（读课后问题）

老师：Важно ли человеку при выборе профессии учитывать свой характер? Важно, да?（人在选择职业时考虑自己的性格因素重要吗？重要，对吗？）

学生：Да（对。）

老师：Человеку важно учитывать свой характер при выборе профессии. Дальше. Следующий вопрос, Валя.（人在选择职业时考虑自己的性格很重要。继续。下一个问题。瓦利亚。）

学生 Валя：Может ли человек изменить свой характер?（人能够改变自己的性格吗？）Как это сделать（怎么能够做到这一点？）Я думаю, может быть.（我认为，能够改变性格。）

老师：Всё? да, конечно. Изменить человек это очень трудно. Это

очень трудно. Да? （完了？当然。改变人是很难的。非常难。对吗？）
Но при желании может. Понятно? （如果有愿望的话一切都有可能，对
话里也说了。）При желании каждый может изменить свой характер.
（愿意的话，每个人都能够改变自己的性格。）Для этого надо быть
смелым человеком. （要做到这一点，要做一个勇敢的人。）Смелый ещё
твёрдый （坚毅的、勇敢的、坚定的），смелый твёрдый ещё可以用什么？
решительный. Запомните. Хорошо, дальше. （果断的。记住。好，继
续。）Следующий вопрос. Инна. （下一个问题。妮娜。）

学生 Инна: Что вы скажете другу о выборе профессии врача,
журналиста, историка, летчика, космонавта, парикмахера, повара?

老师: это вопрс, что вы скажете другу о выборе профессии врача,
журналиста, историка, летчика, космонавта, парикмахера, повара?
关于这些职业你要说些什么？подумай.

老师: Я так думаю, чтобы стать врачом, журналистом,
историком, летчиком тд, нужно много знать, любить детей, не
бояться трудностей, быть силиный добрый решительный
смелый. хорошо? （我这样认为，要成为医生、新闻记者、历史学家、
飞行员等，需要知道很多东西，爱孩子，不怕困难，要强大、善良、果
断、勇敢，好吗？）если у вас нет сомнении нет ничего мнения的话，ещё 13
упражнение. （还有练习 13。）Какое это упражнение. Прочитайте. Кто?
Катя. （这是什么练习呢？读一下。谁来读？卡佳。）

学生 Катя: Валентину Владимировну Терешкову — первую
женщину — космонавта спросили: Какими чертами характера должен
обладать космонавт? Она ответила: Прежде всего, надо любить
свою страну, любить свою профессию и служить ей. А что бы вы
ответили на этот вопрос? Напишите ответ.

老师: Он космонавт, она тоже космонавт, космонавта （不是阴
性，它是什么形式啊？）

学生们: 第四格。

老师: 对，第四格。Дальше. Какими чертами характера должен
обладать космонавт? （飞行员应该具备什么性格呢？）我们看这个问题。

学生: （沉默）

老师：Валентина Владимировна Терешкова, запомните, это первая женщина—космонавт. （瓦列金娜·弗拉基米尔诺夫娜·捷列诗科娃，记住，这是第一位女飞行员。）那我们先把左面对话框里的内容读一下，Попробуйте.

学生：Прежде всего, надо любить свою страну, любить свою профессию и служить ей. （首先，应该爱自己的国家，爱自己的职业并为之服务。）

老师：Понятно. （右边）Ваш ответ, какой у вас ответ? （你什么看法啊？）Инна. （妮娜。）

学生 Инна：Я тоже думаю прежде всего, надо любить свою страну, любить свою профессию и служить ей. Ещё надо быть силиный, смелый и тд. （我也认为，首先应该爱自己的国家，爱自己的职业并为之服务。还应该是强大的人，勇敢的人等。）

老师：Ну, молодец. （好样的。）Ещё надо говорить на иностранных языках, на русском языке. （还应该用外语说话，用俄语说话。）Запомните домашнее задание. （记住家庭作业。）Хорошо читать этот диалог. （好好读读这个对话。）Напишите в тетради. （写到练习本里。）Запомни это. （记住这一点。）

老师：До свидания! （再见！）

学生们：До свидания! （再见！）

这是外语中学一位高中俄语教师的语篇课，也是讲"对话"。与第一位老师不同的是，她非常重视学生言语技能的训练，重视提高学生的思考能力和拓展学生的视野。但是，与上一位老师有一个共性特点，即语言知识的讲解和翻译同时进行。当"对话"讲解工作结束，我们还在期待整体语篇信息时，她却带学生进入了课后练习。当我们把希望寄托于课后问题回答完毕之后时，她却去布置家庭作业了。从头到尾没有看到整体语篇意识。

当然，并不是所有老师都没有语篇整体意识。在我们观察和转写所有课堂情境中，只有一位老师对语篇的讲解比较深入，非常重视上下文的衔接和内在的逻辑特点，他讲的内容是叙事语篇《Совесть》（良知）。现在我们就来看一下课堂实录，一起品味一下这位老师的讲课思路。

教学材料：

Совесть

Когда — то была у Алёши двойка по пению, больше двоек не было. Тройки были. Одна четвёрка кагда — то была. А пятёрок совсем не было. Жил Алёша без пятёрок. Показывал он всем четвёрку и говорил: 《Вот, давно было》.

И вдруг—пятёрка по пению! Он получил эту пятёрку случайно. Что — то удачно спел, и ему поставили пятёрку. Это было очень приятное событие, но он никому не мог показать эту пятёрку, потому что её поставили в журнал. А дневник свой он дома забыл. А ему хотелось её всем показывать, потому что явление это в его жизни редкое.

На уроке математики у него возник план: украсть журнал! Он украдёт журнал, а утром принесёт его обратно. За это время он может показать журнал всем знакомым. Он выбрал момент и украл журнал на перемене. Когда учитель вернулся, он так удивился, что журнала нет на месте. Он не спросил учеников про журнал: мысль о том, что кто— то из учеников украл его, даже не пришла ему в голову. Видно было, что он очень расстроен.

По дороге домой в автобусе Алёша вынул журнал из портфеля, нашёл там свою пятёрку и долго глядел на неё. А когда он уже шёл по улице, он вспомнил вдруг, что забыл журнал в автобусе, и чуть не упал от страха.

Он всю ночь не мог спать. Во — первых, его мучила совесть. Весь класс остался без журнала. Пропали отметки всех друзей. А во — вторых, пятёрка. Одна за всю жизнь и та пропала.

Утром учитель сказал:

——Ребята, пропал журнал. Я помню, что прихдил в класс с журналом. Но в то же время я в этом сомневаюсь.

Алёша молчал. Некоторые ребята сказали:

——Мы помним, что журнал был на столе. Мы видели.

——Куда он пропал? —спросил учитель.

Тут Алёша не выдержал, он не мог больше сидеть и молчать. Он встал и сказал:

——Журнал, наверное, в бюро потерянных вещей...

——Где—где? —Удивился учитель.

А в классе засмеялись.

Алёша почему—то испугался, что ему сильно влетит, если он скажет правду, и он сказал:

——Я просто хотел посоветовать...

Учитель посмотрел на него и грустно сказал:

——Не надо глупости говорить.

В это время открылась дверь, в класс вошла какая—то женщина, в руке она держала журнал.

——Я кондуктор, — сказала она. — У меня сегодня свободный день—и вот я нашла вашу школу и класс, возьмите ваш журнал.

——Почему наш классный журнал оказался у кондуктора? Может быть, это не наш журнал? — спросил учитель. Он взял журнал у кондуктора.

——Да! Да! Да! — закричал он. — Это наш журнал! Я же помню, что нес него по коридору...

——Ну конечно! Вы забыли его в автобусе, —сказала кондуктор.

——Что—то со мной происходит. Как я мог забыть журал в автобусе? Хотя и помню, как нёс его по коритору... Может, мне пора уходить из школы? Я чувствую, мне всё труднее становится работать...

Тогда Алёша встал и сказал:

——Я украл журнал.

——Да...да...я понимаю тебя...ты мне хочешь помочь, но...раз такие вещи со мной случаются, нужно подумать о песни...

Алёша говорит сквозь слёзы:

——Я вам правду говорю.

Учитель встал со своего места, крикнул：《Не надо!》и ушёл.

А что делать Алёше? Он хотел обьяснить всё ребятам, но ему

никто не поверил. Он чувствовал себя ужасно. Он не мог ни есть, ни пить, ни спать. Он поехал к учителю домой и всё ему обьяснил.

Учитель сказал:

——Это значит, что ты ещё не совсем потерянный человек и у тебя есть совесть. [231]

课堂实录：

......

学生：《Совесть》（良知）

老师：Да, а что такое 《Совесть》? （是。什么是良知？）

学生：（学生朗读完第一段）

老师：Ну ладно. Переведите. （好了。翻译一下。）

学生：Пение?

老师：Что такое Пение? （什么是 Пение？） А кто может перевести? （谁能翻译一下？） Маша, вы пожалуйста. （玛莎，你翻译一下。）

学生 Маша：（翻译中）

老师：阿廖沙唱歌得了两分，不知什么时候。Дальше. （继续）其他科没得过两分，得过三分。嗯，他得过 4 分。从没得过 5 分。Жил Алёша без пятёрок. 阿廖沙过着一种没有 5 分的生活。Дальше. Показывал он всем четвёрку и говорил, 他把 5 分给所有人都看了，Вот давно было. 这是很久以前的事了。

学生：他把 5 分给所有人都看啦。

老师：他把 5 分给所有人都看啦。Вот давно было.

学生：这是很久以前的事了。

老师：这是很久以前的事了。Да, если кто получает двойку, то есть, двоечник. А тот, кто получает тройку, называется троечником. Если кто получает четвёрку, то есть средний ученик. А тот, кто получает пятёрку, называется отличником. Ну сейчас у меня вопрос. Алёша всегда получает двойку?

学生：Да.

老师：Это значит, Алёша двоечник. Ну дальше читаете, пожалуйста. Тебя зовут? Паша.

学生 Паша：（朗读第二段）

老师：Хорошо. Переведите, Зина.

学生 Зина：（翻译中）

老师：嗯。不知道什么地方很成功，唱歌得了 5 分……（为了与下一段的内容连贯起来老师在回顾这一段的内容），Ну подумайте, а что он придумал? И что он будет делать? （好吧，想一想，他〈阿廖沙〉想出了什么主意？下一步他会做什么？）（启发学生了解下一段的内容）Дальше читаете, пожалуйста. Женя.

学生 Женя：（朗读第三段）

老师：Эга, кто может перевести? Зина. （谁能翻译？姬娜。）

学生 Зина：（翻译中）

老师：возник. Возникать— возникнуть. 产生.

学生：产生。（继续翻译）

老师：выбрал момент, 寻找好时机。

学生：（翻译中）

老师：成绩册没了。

学生 Зина：（翻译中）

老师：Даже не пришла ему в голову. … Это предложение, не пришла кому в голову. Что такое, Нина? По — китайски. Даже 甚至于，甚至于连什么想法都没有产生……没有想到，他自己的学生偷了他的成绩册。Видно было, что, он очень расстроен. было, это прошедшее время. 清楚地看到，老师很伤感。（为了与下一段内容连贯起来，回顾段落内容）Алёше как? Алёше? Алёше приятен или расстроен. （阿廖沙怎么样？阿廖沙是高兴还是心情不好？）

学生：Наоборот. Алёше приятен. （正相反，阿廖沙当时很高兴。）

老师：Алёше наоборот, да? Алёше приятен （阿廖沙正相反，对吗？阿廖沙很高兴。）. И что будет с ним? Что будет с Алёшей? Дальше читать. Дальше, Маша. （他会怎么样呢？阿廖沙会怎么样呢？继续读。玛莎，继续。）（启发接续下一段）

学生 Маша：（读第四段）

老师：Кто может перевести? Вера, пожалуйста. （谁能翻译？维拉，请翻译一下。）

学生 Вера：（翻译中）

老师：…вынул. Вынуть. 取出。像得到什么宝贝一样。и чуть не упал от страха. Что такое? от страха. 很害怕。Да. чуть не упал 啥意思？差一点晕了。Дальше переведи 一夜不能入睡。第一，是什么？谴责。第一，受良心的谴责 Дальше，全班的成绩都没了。所有朋友的成绩也都没了。第二，还有那个 5 分，一生中都很重要的那个 5 分。Да，тоже пропала，也都没了。Ну，вопрос.（老师用俄语回顾前面的课文内容）…Что будет? Чтайте, пожалуйста. Витя.（会发生什么事呢？维嘉，请继续读。）（启发接续下一段）

学生 Витя：（朗读课文第 6 段）

老师：Переведите, пожалуйста（请翻译）……我记得……带着成绩册来过班级…сомневаться. Что такое сомневаться?（什么是сомневаться？）Не верить себе. 怀疑。В чём. Как по－китайски?（用汉语怎么说？）Не знает учитель, он сам делал или другой делал?（老师不知道，他自己做的还是别人做的？）

学生：他对成绩册表示怀疑。

老师：Нет.（不对。）他对这件事表示怀疑。他带着成绩册来了，就没了。他是自己没带呢，还是忘记在什么地方了呢？怀疑自己的记忆力…не вадержал 坚持不住了。Алёша почему－то испугался. 阿廖沙不知道为什么害怕了。害怕什么？

学生：害怕惩罚，如果他说了真话。（继续翻译）

老师：Посмотрел на него 看看他……不要说蠢话，不要说傻话。Поняли, да?（明白吗？）Почему Алёша посоветовал учителю?（为什么阿廖沙要给老师提建议？）Потому что он забыл журнал в автобусе.（因为他把成绩册落在公共汽车上了。）Журнал, может быть в бюро потерянных вещей. （成绩册可能在失物招领处。）Давайте читать дальше. Саша.（继续读，萨沙）。

学生 Саша：（读课文）

老师：Переведите, пожалуйста.

学生：（翻译中）

老师：……走进一个女士……我记得，我在走廊走着的时候还带着它。（用俄语回顾前面的内容）Лариса, пожалуйста.（拉里萨，请翻译。）

学生 Лариса：（翻译中）

老师：Ну дальше. Учитель думает ли, что он сам потерял журнал？（好，继续。老师是否以为，他自己丢了成绩册？）

学生：（读课文）……（翻译课文）

老师：Уходить из школы……我感觉我的工作越来越难了……如果我经常发生这种事，我得考虑退休的事情了。Ну дальше. Кто хочет читать? Надя.（继续。谁想读？娜佳。）

学生 Надя：（读课文）

老师：Потерянный. Ну переветите, пожалуйста.（Потерянный. 请翻译一下。）……含着泪说……站起来……吃不好、喝不好、睡不好……你还不是一个不可救药的人。你还是一个有良知的人。

在讲解的过程中，老师一直注意前后段的连贯，遵循承上启下的逻辑演绎完了一个男孩淘气的故事。一堂课结束，感觉《良知》是一个一气呵成的整体，而不是支离破碎的句子和段落。听起来很舒服。遗憾的是，不是每个高中俄语老师都有这样的言语能力和语篇教学理念。

④热衷表层分析，漠视"个性"信息

在高中俄语课堂语篇教学过程中，绝大多数老师只是注意语篇表层的词法形式、语法意义、句子结构的分析，不肯挖掘整体语篇深层次结构信息，如独白语篇的开头、正题、结尾、主题思想，对话语篇的关系信息、话语结构本身的信息、话语结构和语境的信息等。实际上，正是这些深层结构才能够折射出人的思维方式、认知模式、性格等言语个性特点。而语篇的表层分析只能解决表面的问题，只能告诉人们俄语语法形式特点怎样，语言结构特点怎样，语言单位搭配的内在系统特点。这种语篇教学理念导致的最终结果，只能是把这些形式、结构当做表达手段储存起来，但无法实现在交际中对人的了解。下面是某职业高中俄语教师的一堂对话语篇课，我们一起来感受一下。

教学材料：

——Нина, где работает твой брат?（妮娜，你哥哥在哪儿工作？）

——В больнице.（在医院。）

——Он женат?（他结婚了吗？）

——Давно женат, у него же ребёнок.（早就结婚了，都有小孩了。）

——А где работает его жена?（他爱人在哪儿工作？）

——В школе.（在学校。）[232]

课堂呈现：

……

老师：底下同学准备下一个对话，看第四个对话。Нина，где работает твой брат? 看这个对话。

老师：打上分，用彩色粉笔。（有同学在黑板上写单词）

老师：А，这次听写满意吗？站起来总结一下。

学生：挺好，工整。

老师：下一个对话看一看，替换的内容多于对话的内容，难点就是生词，把书翻到生词表，читайте за мной.

学生们：（跟老师读单词）

老师：老师读一遍，你们读三遍。

学生：（跟老师读单词）

老师：我们把 кто 的格复习一下，кто 的一到六格。第一格是 кто。（语法讲解）

老师：第二格？（语法讲解）

学生们：кого.

老师：第三格？（语法讲解）

学生们：кому.

老师：第四格？（语法讲解）

学生们：кого.

老师：кто 是不是属于动物那类的？第五格呢？（语法讲解）

学生们：кем.

老师：第六格呢？（语法讲解）

学生们：ком.

老师：下面拿出笔在书上把 кто 的一到六格写一下。В，你在小黑板上把 кто 的一到六格写一下。注意三格、六格的区别。（语言知识）

老师：六格叫什么格？（语法讲解）

学生们：前置格。

老师：前置格，大家说他写得好不好，给他点掌声。我们读一遍。

学生们：кто，кого，кому，кого，кем，ком.

老师：记住，三格、六格是有区别的。кому，ком，我们看要谁为

妻 на 加几格啊？（语法讲解）

　　学生们：六格。

　　老师：на 加六格，娶俄罗斯的姑娘为妻，на？（语法讲解）

　　老师：на русской девушке.（语法讲解）

　　老师：（接着读单词）

　　学生们：（接着读单词）

　　老师：замужем 是一个副词，不变化的词类。指的是女子嫁人了，表示一种状态。

　　老师：（接着读单词）

　　学生们：（接着读单词）

　　老师：下面咱们把书翻到对话，咱们来听一下对话。

　　（听录音两遍）

　　老师：好，всё。来前面读。2人一组读对话，先准备一下。

　　老师：来吧，咱们读对话。分两组。看哪组读得好。

　　学生们：（分组读对话）

　　老师：读错的地方注意改正。

　　学生们：继续读对话。

　　老师：我想强调一下，这个对话非常简单，这里面的调型、语音、语感、重音要注意。开始吧。（语言知识）

　　学生们：继续读对话。

　　老师：读得非常好，翻译一下，谁上前面翻译一下，C。

　　学生 C：（翻译课文）

　　老师：非常准确。下面放音乐。

　　学生们：（放音乐）

　　老师：放音乐。（放俄语音乐）

　　老师：До свидания.

　　学生们：До свидания.

　　一篇对话就这样讲完了。讲语法、读单词、读对话、翻译对话、播放俄罗斯歌曲，课堂气氛非常活跃。这位老师的特点是关注语音、语调的准确性。可以说，在笔者观察过的课堂教学中，这是唯一一位使用多媒体手段的教师。这位教师的言语能力很强，看上去，把一个六句话的小对话讲到这种程度已无可挑剔。

　　但就课型性质而言，这样的教学方法和教学理念似乎又缺失很多东西。对话语篇的特点是交际性、情境性、动态性、轮回性。这个小对话由六句话组成，内容简单明了。但并不代表语法知识少，教师就无话可说。

围绕这篇对话至少可以交代一下对话中角色之间的关系：从只称呼 Нина（妮娜）（名字，俄罗斯人姓名全称是名字＋父称＋姓）这一现象来看，这是两个熟人之间的交流。虽然对话里没有交代她们的年龄，但根据谈话内容可以判断，Нина 应该是一个年轻人，因为她的哥哥或弟弟（俄语的 брат 不加定语，就可以灵活理解）刚刚结婚有小孩。讲解这个小对话，完全可以展开思路，让学生扩大视野，比如俄罗斯人的结婚年龄怎样？俄罗斯人是否像我们国家一样被要求计划生育？现代俄罗斯人的爱情观、婚姻观如何？俄罗斯的医院是否还是公费医疗？通过"小题大做"，在学生面前打开一扇了解俄罗斯人的窗口。

2. 垂直俄语课堂描述

在调研期间，由于时间和其他条件的限制，笔者仅垂直观察了两位老师的俄语课堂，时间为一周，共5学时。下面这位教师所在学校是城市重点高中，教龄在15年以上，硕士学历，并且是教研室主任。笔者认为，选择这位教师作为垂直听课的代表性对象，应该是很有说服力的。如果说横向的语篇教学课堂描述大概会有某种疏漏，那么我们再看看从词汇、语法、语篇到练习的完整教学过程。课文是《В кабинете директора》（在校长办公室）。

课堂呈现：

（第一节课）

老师：Начнём урок.

学生们：Здравствуйте, учительница!（语用错误）

老师：Садитесь, 周日老师给大家留作业是不是翻译课文？翻译课文吧？有的同学可能遗忘了，那我希望提问到遗忘的同学。这篇文章写得非常有意思，我们先来搞一个简单阅读。检查下大家读的情况。36页，看看我们对这篇文章懂了多少，题目叫在校长的什么？

学生们：办公室。

老师：非常好，看第一小段，A。

学生A：（翻译课文）

老师：我们知道这句话校长的语气有点不大对了，有种嘲讽的语气。瞧瞧，我们这出来一个多能耐的人啊。连校长本人都把手中的事情放下了。就为了干什么啊？побеседовать，我们这课学的一个动词 побеседовать"交谈"。所以翻译得注意语气。说"瞧瞧啊，看我们这出来一个多能耐的人啊。连校长本人都把手中的事情放下了"，干吗啊？为了和你本人谈谈话。（翻译课文）坐，往下看。В。

学生 B：我更不能。

老师：大家告诉她这句话怎么翻译。

学生们：我再也不这样做了。

老师：我再也不了。（翻译课文）

学生董春丽：（翻译课文）

老师：坐吧，С 接着往下翻译。передо мной 怎么翻译？

学生 С：（沉默）

老师：С 回家翻没翻译？回家怎么不看啊？我特意说两遍让你们翻译文章。передо мной 在我前面。在我前面这一页纸记录的都是你的事迹。你简直成英雄了。D 往下翻译。

学生 D：（翻译课文）

老师：Не было 在没在？

学生 D：（翻译课文）

老师：E 来翻译。

学生 E：（沉默）

老师：好了，你们在下面翻译，否则咱们翻译不下去，你们不能都攀现成的，让老师把答案给你，你们往下读吧，老师已经带大家翻译到这儿了，а на самом деле 往下自己翻译，速度快一点，就给 10 分钟翻译。

学生们：（自己在下面翻译约 8 分钟）

老师：这留的作业自己一笔都没动啊，书都是干净的。

老师：试着往下翻译一段，好了，不能给你们太多时间了，试着往下翻译，F。声音大点，大家注意听。

学生 F：（翻译课文）

老师：обезьяна 叫猴子，在这里就不是猴子了，изображать из себя 叫扮演。扮演猴子。

学生 F：（翻译课文）

老师：大家注意听，注意听。

学生 F：（翻译课文）

老师：好，非常好。坐。看起来她课下翻译了。（叫下一名同学翻译）

学生：（翻译课文）

老师：在俄语课上，老师请求学生黑板上写出今天的俄语日期。他写的单词很明显是错的。（翻译课文）Людмира 咋的了？

学生们：差点没气死。

老师：对，差点没气死。当他看见四个单词竟然犯了七处错误（翻译课文）。往下看，找同学往下翻译，赵月。

学生 G：（翻译课文）

老师：说 Блюквин 你看我该怎么办啊？怎么对你啊？我该拿你怎么办啊？（翻译课文）这时候老师的语气就变缓和了。要知道 при желании 这是一个很好的词组（语言知识讲解）"在愿意的情况下"要知道如果你情愿的话，你是可以学习好的。（翻译课文）往下你来翻译。

学生 G：大概……

老师：哪有大概？например 那不是一个很基础的词吗？"比如说"。（词汇解释）

学生 G：（翻译课文）

老师：说上个月你数学就得了 5 分,（翻译课文）赵月坐。садитесь.

老师：我从头到尾再给大家捋一遍。《在校长办公室》，Блюквин 是你吗？进来，进来！等你好久了，瞧瞧，我们这出来一个多能耐的人啊。连校长本人都把手中的事情放下了。就是为了和你谈一谈。"我再也不了。"这个我们都听多少遍了，你看我前面这一页纸记录的都是你的事迹。你简直成英雄了。"我再也不了。"我们从四月一号开始说吧！这一天你没在学校。老师是这样想的，你所有上的课却在生物办公室呆着，并且还把自己扮演成一只猴子。"我再也不了。"四月四号这天周一在体育课上，你把学生 Аня 的书包扔进篮筐了。这个包砸在了体育老师的头上。"我再也不了。"四月十一号在休息的时候，你又给大家展示你的空手道，把玻璃打碎了。"我再也不了。"一周之后，十九号这一天俄语老师让你在黑板上写今天的日期，你却写得错词连篇的。Людмира 差点没气死，当她看到你四个单词竟然犯了七处错误。"我再也不了。"该拿你怎么办呢！要知道如果你情愿的话，你是可以学习好的，上个月你数学就得了 5 分。"我再也不了"。（翻译课文）

老师：就是这样一篇小文章。从头到尾再给你们几分钟，然后把你们的导学案拿出来。咱们课文的导学案老师再帮大家捋一下。把导学案订在一起。快点把我的要求完成。

学生：（找导学案）

老师：我们直接来看导学案，老师把这节课重要的动词都给大家列举出来了，是这一课的重要基本动词，这里包括初中学的很多动词。对于初中的词汇我们有很多缺失的地方。所以老师给大家列出来了，第一个ждать，告诉老师：ждать是什么意思？（词汇复习）

学生们：等。

老师：ждать的变位？

学生们：жду，ждёшь，ждут．（词法复习）

老师：жду，ждёшь，ждут第二个是слышать变化一下。（词法复习）

学生们：слышу，слышишь，слышат．（词法复习）

老师：слышу，слышишь，слышат．сидеть．（词法复习）

师生：сижу，сидишь，сидят．（词法复习）

老师：坐在哪是吧？我们这一课有一个动词叫бросить，这个词重音在前面，它的变化一起来看看，变成？（词法复习）

师生：брошу，бросишь，бросят．（词法复习）

老师：брошу，бросишь，бросят．这个动词什么意思？告诉老师。（词法复习）

学生们：抛，扔。

老师：抛，扔，掷，показать．（词汇复习）

师生：покажу，покажешь，покажут．（词法复习）

老师：покажу，покажешь，покажешь．（词法复习）这个动词什么意思？告诉老师。

学生们：把什么给谁看。

老师：把什么给谁看。把什么给谁看。Попросить（词汇复习）也是我们刚才出现的动词，Попросить什么意思？先说汉语意思。Попросить刚翻译完课文中的。

学生们：请求。

老师：请求。Попросить变成Попрошу，Попросишь，Попросят．（词法复习）请求，问。Умереть，умереть什么意思？什么意思，没让

你变化。（词汇复习）

学生们：死亡。

老师：死亡，你得先听清楚老师的要求。它的变化变成什么？

师生：умру，умрёшь，умрут. 死亡。（词法复习）它还有个地方比较特殊，它的过去时叫 умер，原来遇到过一个"差点没死"чуть не умерла，有的地方你们得注意观察。Учиться 什么意思啊？（词汇复习）

学生们：学习。

老师：学习。Быть？（词汇复习）

学生们：成为。

老师：成为。我们再来看这一侧的。Оставить？（词汇复习）

学生们：留下。

老师：留下。начать. （词汇复习）

学生们：开始。

老师：你们看"开始"这个动词，现在我们有些时候看见动词变化，不会恢复原型。恢复原型，不会动词变化。在我们这里用了 начнём，有的学生问老师 начнём 啥意思？很明显词的变化不熟。Я 的变化是什么？（词法知识）

师生：начну.

老师：完了是 начнёшь，начнут，"开始"。（词法知识）изобразить 什么意思了？изобразить. （词汇复习）

学生们：扮演，规划。

老师：扮演，规划。它变成？

师生：изображу，изобразишь，изобразят. （词法知识）упасть 什么意思？

学生们：?

老师：упасть，падать 落下，掉下是不是啊？упасть 这怎么变化？（词汇复习）

师生：упаду，упадёшь，упадут. упал 是它的过去时。（词法知识）然后是 разбить，我们了解这个动词就行，大家说这个动词什么意思啊？"打碎"，知道汉语意思就可以了。（词汇复习）написать 知道吧？（词汇复习）

学生们：写。

老师：увидеть. （词汇复习）

学生们：看见。

老师：看见，получить.（词汇复习）

学生们：得到。

老师：得到，受到。мочь是能，（词汇复习）这是我们这一课基础的一些动词。把汉语记住，把词性变化记住，给大家一分钟。

学生们：（自习）

老师：看下面一组词，下面还是咱们学的单词，看第一个是сам，сама，само，сами，看到了吗？

学生们：看到了。

老师：这个词课文中是本人的意思，刚翻译完的东西得往脑中记。第二个是оставить，оставлять这个动词知道吧？啥意思呢？（词汇复习）

学生们：留下。

老师：得记住，咱们上一个地方出现这个单词了。чтобы是什么意思呢？

学生们：为了。

老师：побеседавать，беседавать.（词汇复习）

学生们：交谈。

老师：交谈，谈话。больше не?（语言知识）

学生们：再也不。

老师：на самом деле，准确地说，"实际上，却"。（语言知识）пойти（词汇复习）什么意思？

学生们：去。

老师：去，它在这里是另一层意思了。начать，начнать?（词汇复习）

学生们：开始。

老师：开始。думать，подумать?（词汇复习）

学生们：想，认为。

老师：想，认为都可以。Изобразить，Изображать?（词汇复习）

学生们：表演，扮演。

老师：扮演。下一个动词怎么读？告诉老师。

学生们：бросить，бросать.（词汇复习）

老师：бросить，бросать什么意思？（词汇复习）

师生：扔。

老师：упасть，падать？（词汇复习）

老师：刚说完的，在这呢。

学生们：落下。

老师：показать，показывать？

学生们：仿佛。

老师：просить，попросить？（词汇复习）

学生们：请求。

老师：умирать，умереть？（词汇复习）

学生们：死亡。

老师：сделать，делать？（词汇复习）

学生们：做。

老师：при 什么意思？

学生们：关于。

老师：关于？对吗？那就 про 这叫 при，咱们课文中有个词组，还记得在哪儿出现的吗？语言知识。

老师：при，如果，在什么情况下。好了，来看这些词的翻译。

学生们：（自习）

老师：明天我找同学翻译课文，我说俄语你们说汉语。记住任务了吗？

同学们：记住了。

老师：下课了。

这一节课的主要任务是翻译课文和导学案，即词汇语法形式训练。

（第二节课）

老师：Начнём урок.（上课）

学生们：Здравствуйте, учительница!（老师好！）（语用错误）

老师：Садитесь.（坐下。）

老师：找同学读课文，边读课文边想课文讲的是什么，A。

学生 A：В кабинете директора、A, это ты, Брюквин? Входи входи, давно тебя жду. Видишь, какой ты у вас важный ученик:

老师：у вас 还是 у нас？

学生：у нас важный ученик: сам директор школы оставил

свои дела.

老师：重音咬准，命令式跑了。

学生：свои дела.

老师：我说你重音咬准，否则命令式跑了。我在说啥词？А.

学生 А：оставил.

老师：对，оставил.

学生：Оставил свои дела, чтобы с тобой побеседовать! Я больше не буду... А, значит, знаешь, о чем пойдет разговор? Я больше не буду... Это мы уже слышали. Вот передо мной целый список твоих дел. Просто герой!

老师：好，坐。В。读得有进步。

学生 В：Я больше не буду... Начнём с первого апреля. В этот день тебя не было в школе. Так думали учителя. А на самом деле ты все уроки сидел в кабинете биологии и изображал из себя обезьяну.

老师：你把你刚才读的内容再读一遍。我看能不能读好。一遍不行来两遍。

学生：Я больше не буду... Начнём с первого апреля. В этот день тебя не было в школе. Так думали учителя. А на самом деле ты все уроки сидел в кабинете биологии

老师：кабинете биологии 在一起，能把它们分开吗？

学生：в кабинете биологии и изображал из себя обезьяну. Я больше не буду... Четвёртого апреля, в понедельник, на уроке физкультуры ты бросил в баскетбольную корзину портфель ученицы Ани Карнауховой, который упал на голову учителя физкультуры Эдуарда Николаевича!

老师：重新读，重头再读。Четвёртого апреля.

学生：Четвёртого апреля, в понедельник, на уроке Физкультуры ты бросил в баскетбольную корзину портфель ученицы Ани Карнауховой, который упал на голову учителя физкультуры Эдуарда Николаевича!

老师：名字重读一遍！

学生：Эдуарда Николаевича.

老师：再读！

学生：Эдуарда Николаевича.

老师：你用老师让你一遍一遍读，你丢自己人吧？坐。往下看，找同学往下读，C。

学生：Я больше не буду. . Одиннадцатого.

老师：同桌，D。

学生 D：（沉默）

老师：怎么一言不发呢？Одиннадцатого апреля. E.

学生 E：Одиннадцатого апреля во время перемены ты показывал ребятам приёмы каратэ и разбил стекло. Я больше не буду. . . Через неделю, девятнадцатого числа, учительница русского языка попросила тебя написать на доске сегодняшнее число.

老师：сегодняшнее, сегодняшнее.

学生：сегодняшнее число.

老师：可以不读。

学生：Людмила Аркадьевна чуть не умерла, когда увидела, что ты. в четырех словах сделал семь ошибок!

老师：семь ошибок. 好，坐。F，дальше.

学生 F：Я больше не буду. . . Ну что мы.

老师：мы, мы, где мы?

学生：мне с тобой делать, Брюквин: а ведь при желании ты можешь хорошо учиться. Вот, например, в прошлом месяце ты получил пятерку по математике! Я больше не буду. . .

老师：好，坐。大家一起来读一下。В кабинете директора. Раз два.

学生们：（读课文）В кабинете директора.

——А, это ты, Брюквин? Входи входи, давно тебя жду. Видишь, какой ты у нас важный ученик: сам директор школы оставил свои дела, чтобы с тобой побеседовать!

Я больше не буду. . .

——А, значит, знаешь, о чем пойдет разговор?

——Я больше не буду. . .

——Это мы уже слышали. Вот передо мной целый список твоих дел. Просто герой!

——Я больше не буду. . .

——Начнём с первого апреля. В этот день тебя не было в школе. Так думали учителя. А на самом деле ты все уроки сидел в кабинете биологии и изображал из себя обезьяну.

——Я больше не буду...

——Четвёртого апреля, в понедельник, на уроке Физкультуры ты бросил в баскетбольную корзину портфель ученицы Ани Карнауховой, который упал на голову учителя физкультуры Эдуарда Николаевича! ..

— Я больше не буду..

— Одиннадцатого апреля во время перемены ты показывал ребятам приёмы каратэ и разбил стекло.

——Я больше не буду...

— Через неделю, девятнадцатого числа, учительница русского языка попросила тебя написать на доске сегодняшнее число. И ты написал 《 Сигодне фторнек, дивитнадцатое опрёля 》. Людмила Аркадьевна чуть не умерла, когда увидела, что ты

в четырех словах сделал семь ошибок!

——Я больше не буду... ——Ну что мне с тобой делать, Брюквин: а ведь при желании ты можешь хорошо, учиться. Вот, например, в прошлом месяце ты получил пятерку по математике !

——Я больше не буду...

老师：好。找同学给老师翻译一下。看这篇文章写的是什么。G.

学生 G：（翻译课文）

老师：瞧瞧，我们出来一个多重要的人物啊。

学生：（翻译课文）

老师：把谁的事情放下了？

学生：自己的。（翻译课文）

老师：你简直成英雄了。好，班长。Староста.

学生：（翻译课文）

老师：说话精神大方的。

学生：（翻译课文）

老师：从四月一日开始说。

学生：（翻译课文）

老师：你抛书包投篮，正好砸在体育老师头上。

学生：（翻译课文）

老师：好，坐。H，дальше.

学生 H：（翻译课文）

老师：这个 попросить 准确来说是请求、让的意思。

学生：（翻译课文）

老师：当看见四个单词错了七处，差点没气死。因为有个时间从句在里面。

学生：（翻译课文）

老师：好，坐。这篇课文的内容我们已经都很熟悉了，接下来我们来学习课文，学主要掌握词、词组、句式的用法，看导学案。对于这一课重点的词老师都列出来了，好的句式在习题中体现出来了。

　　这节课的主要任务是通过找学生朗读复习课文，熟悉课文的内容，是语篇的语义内容或者说是直译的内容，并不涉及篇的含意，如语篇的信息分析、主题思想分析、作者的主要写作意图等。虽然要求学生"边读课文边想课文讲的是什么"，但是学生读完后，教师并没有再提起课文到底讲了什么。

（第三节课）

老师：Начнём урок.（上课。）

学生们：Здравствуйте, учительница!（老师好！）（语用错误）

老师：Садитесь, ребята!（同学们坐吧！）

老师：如果困的话，就站起来精神精神，别一会儿让我叫你。

老师：我们的课文已经学习完一半了，找同学读一下课文，别人读课文的时候你也回顾一下我们这课都学了些什么，不要争执了，坐吧，先上课。А，Читайте!

学生 А：А кто ты, тот, А, А, это ты.

老师：А，我想告诉你，你的声音会被录进去的，所以一定要好好读，这有一个录音笔。

学生 А：啊！哈哈！

老师：会永久载入史册。

学生 А：（读课文）

老师：好，停！停！你读的啊，我的耳朵有点受摧残，希望你能够加强，下次读好一点。B.

学生 B：（读课文）

老师：передо.

学生 B：（继续读课文）

老师：Не было.

学生 B：（继续）

老师：嗯，Дальше.

学生 B：（继续）

老师：голову. голову.

学生 B：（继续）

老师：把这个名字再重新读一遍！

学生 B：（继续读）

老师：好，坐，坐，Садитесь. Very OK.

学生：（读课文）

老师：好，她俩读得都很好，大家给她俩鼓鼓掌。

同学们：（掌声）

老师：Дальше. ещё раз. ещё раз. С.

老师：В кабинете. 从头读。

学生 C：（读课文）

老师：题目别忘了读。

学生 C：（读课文）

老师：坐，坐，C，读的时候精精神神的，不要让人觉得在嗓子眼哼哼似的。好，精精神神的。D，Дальше. Я больше не буду.

学生 D：（读课文）

老师：голову.

学生 D：（读课文）

老师：Эту, эту.

学生 D：（读课文）

老师：坐，同桌来读。

学生：（继续读课文）

老师：приёмы 不是 притём.

学生：（继续读课文）

老师：什么？你字母要看清啊，这叫 разбил.

学生：（继续读课文）

老师：停，停，你先坐，你这是字母看不清啊。сегодняшнее 怎么读成 щ 了呢，看清楚再读。你这个读得稀里糊涂的呀。Е，дальше.

学生 Е：（继续读课文）

老师：嗯，怎么读这个人名？

学生：Катеринна.（继续读课文）

老师：你不是在蹦单词，你是在读句子。Е，读句子是要有语气语调的。

学生 Е：（继续读课文）

老师：你这是在蹦单词呢，哪能这么读，в прошлом месяце，你语气得连贯啊，不是 в、прошлом 、месяце.

学生：（继续读课文）

老师：加强你的读，好，坐。好了，课文我们已经读两遍了，边读课文边回顾上节课的学习内容。我们这课学到目前为止，它有这样一些知识点，我们一起来把它回忆一下。首先我们学习了限定代词叫什么？"自己本人"？

学生们：сам.

老师：对，сам. 大家应该马上想到我们做过的那道题。сам 的性数格的变化。那 сам 的第五格是什么？告诉我。

学生们：самим.

老师：самим. самим. 它的二格呢？应该是？

学生们：самого.

老师：重音，应该是 самого，самого，看黑板认真听课。三格是？

学生们：самому.

老师：самому. 四格同一或二，五格是？

学生们：самим.

老师：самим. 六格是？

学生们：самом.

老师：那它的阴性的形式叫 сама，сама 的变格。

师生共同说：сама. самой. самой. саму. самой. самой.

老师：非常好，它的复一格叫？

学生们：сами.

老师：сами. 它的变格应该是二格 са?

师生共同说：самих. самим.

老师：同一或二 самими. самих，那我们这一课还学了一个很重要的动词"把什么留下"。

学生们：оставить.

老师：оставить，оставлять.

学生们：оставить，оставлять.

老师：再来一遍。

学生们：оставить，оставлять.

老师：一定要搞清楚 оставить，оставлять. оставить свое дело.

学生们：放下自己的事

老师：放下自己的事 оставить сына дома.

学生们：把儿子放下。

老师：把儿子放在家里。那在这里还有一个词组"实际上真的怎么样"? 告诉老师。

学生们：на самом деле.

老师："实际上真的怎么样"怎么说?

学生们：на самом деле.

老师：大点声说!

学生们：на самом деле.

老师："实际上真的怎么样"。

学生们：в самом деле.

老师：对，你们一定要审好题，听清我说的话。我说的是"实际上真的怎么样"，和事实相符叫 в самом деле. 实际上却相反。

学生们：на самом деле.

老师：对，на самом деле.

老师：我们这一课有个动词"扮演"，告诉老师怎么说?

学生们：изображать.

老师：изображать кого что. понятно 扮演什么第几格?

学生们：第二格，四格。

老师：кого что.

学生们：四格。

老师：四格，要动脑琢磨。那它可以借助一个词组也当扮演讲，

изображать изо себя 对不对啊？

学生们：对。

老师：изображать из себя 这个词组也是"扮演"的意思。把这个词组说一遍，扮演怎么说？

学生们：изображать из себя.

老师：对。изображать из себя 扮演什么？依然是第几格？

学生们：4 格。

老师：обезьяну 扮演的是什么？

学生们：猴子。

老师：它的原型很明显应该是 обезьяна.

老师：我们这课还有两项语法，第一是目的从句，用谁来连接？

学生们：чтобы.

老师：第一是目的从句，第二个是定语从句，用谁连接？

学生们：который.

老师：который. 大家想想这两个从句有哪些知识点或考点，大家回忆回忆。чтобы 目的从句爱考什么了？你们来说一下。

学生们：谓语。

老师：谁的谓语。

学生们：从句中谓语。

老师：从句中谓语。从句中谓语怎么变啊？

学生们：动词不定式，过去时。

老师：动词不定式，过去时。这么说吧，假如你是老师在这讲，就说从句中动词不定式，过去时，那学生马上提出疑问了："咋回事啊？"

学生们：主体从句中用动词不定式，过去时。

老师：什么从句中？

学生们：主体从句中。

老师：主体从句中。我是这么讲的吗？

学生们：是（不是）。

老师：大家得会学话啊！怎么回事了？

学生们：主从句。

老师：对，主从句，也就是说主句、从句主体一致，从句谓语用动词不定式。主句、从句主体不一致，从句中谓语用过去时。在下面自己看能不能完整地把老师的话重复下。

老师：老师这样说主句、从句主体一致？

学生们：主句、从句主体一致，从句谓语用动词不定式。

老师：再往下学，第二种情况。

学生们：主句、从句不一致。

老师：什么不一致，说准确！

学生们：主句、从句主体不一致，从句中谓语用过去时。

老师：好，一定把话学准。我们知道 который 的定语从句，老师说整个从句来修饰主句中的什么，大家说什么？

学生们：某个词。

老师：某个词的。

老师：这个词找到很重要，为什么很重要？原因是什么？大家说！

学生们：由它来确定。

老师：对，大家说由它来确定 который 的什么？

学生们：性，格的变化。

老师：什么变化？

学生们：性数格的变化。

老师：你们再仔细想想确定谁的变化？

学生们：性，数。

老师：它确定 который 的性和数的变化。который 格怎么确定啊？

学生们：取决于在从句中的位置。

老师：取决于在从句中的位置。

老师：好了。我们这节课接着往下学。Я больше не буду. 我再也不了。在四月十一号那一天休息的时候，你给同学表演空手道，把玻璃打碎了。在这里我们看到 одиннадцатого апреля 在四月十一号，我们知道在俄语中年月日表示法中，日表示那一天用第几格？

学生们：二格。

老师：二格，在那一天表达的是二格。然后这里有个词组 во время. 它是词组式前置词在什么时候。接二格。переменой 的原型是 перемена. показать 是？

学生们：展示。

老师：показать, сказать, 它们的变化是一样的，大家来变一下位 показать.

学生们：покажу, покажешь, покажут.

老师：покажу，покажешь，покажут，能不能快速说出它的命令式？

学生们：покажи.

老师：покажи，покажите. 现在咱们班有一部分同学命令式熟悉多了。给格 ребятам 三格，разбил стекло 玻璃打碎了，Я больше не буду.

老师：через неделю 对于前置词也是大家较弱的一个地方。через 是接四格的前置词。在这里是 "经过若干时间"、"经过一段时间"。所以 через неделю 咱们翻译成？

学生们：隔了一周。

老师：девянадцатого числа 在哪一天啊？

学生们：19 号。

老师：在 19 号，учительница русского языка，这叫俄语老师，попросила 请求，好，попросить 它对应体是 просить，动词怎么变化？

师生：попрошу，попросишь，попросят.

老师：请求谁第几格？

学生们：四格。

老师：所以 тебя 来自 ты，请求干什么？

学生们：写今天的日期。

老师：写今天的日期。请求谁做什么接动词不定式。这个动词的用法我们看到了，往下看。

老师：Людмира А. чуть не умера，когда увидела，что ты в четырёх словах сдела семь ошибок. 这个句子较长，看有几个句子？

学生们：三个句子。

老师：三个句子。她差点没气死，当她看见四个单词有七处错误。

老师：接下来，老师问大家，三个句子都是用什么来连接的呢？

学生们：что，когда .

老师：一个是 что，另一个是 когда. 用 когда，что 连接的主句还是从句？

学生们：从句。

老师：从句，когда 连接的 "当什么时候"，什么从句？

学生们：时间。

老师：好，时间从句。我们给它从大的地方确定一下。что 连接的叫什么从句？

学生们：说明从句。

老师：说明从句。我们又了解了两个说明从句类型，注意听课！时间从句谓语用的什么？告诉老师。

老师：听清楚，时间从句谓语用的是什么？

学生们：过去时。

老师：увидела. 主句中谓语是什么？

学生们：умера.

老师：好，умера 它们俩为什么都用完成体过去时呢？умера 来自谁？

学生们：умереть.

老师：умереть. 老师说的话你们得听，分析思考。这个过程就是叫你们分析思考问题。

老师：它们为什么都用完成体过去时呢？我用 видела，我用 умерала 行不行呢？我用 увидит，我用 умерает 又行不行呢？这需要大家思考为什么用完成体过去时。

学生们：已经发生。知道结果。

老师：这句话我是这样翻译的，当看见之后差点没气死。先看见后发生行为。这里是典型的先后行为。

老师：看见之后差点没气死。先后行为。我们知道俄语中动词表示先后行为的时候，通常都用完成体或过去时或将来时。因为它只有两种情况：过去时和将来时。所以俄语中表先后行为时都用完成体。这里选完成体过去时 умерла，увидела. 好，这是第一处，接下来我们看 что 这个从句。这个说明从句是谁来支配呢？

学生们：сделать.

老师：сделать，我说谁来支配引出的？

学生们：看见。

老师：看见，是不是啊，也就是说，前面看见在这又支配了 что 的说明从句。犯错误大家都会说了 делать ошибки 或 делать ошибку，这大家都会说了。这里 в четырёх словах. четырёх 来自谁的变格？

学生们：четыре.

老师：четыре，4，它的变格二格 четырёх，三格 четырём，四同一或二五格 четырьмя，六格仍然是 четырёх. 这是它的变格。在什么里是

в加六格，所以 в четырёх．четырёх 是六格。словах 来自 слово，是单词复数六格。前面 четырёх 是六格，后面 словах 是复数六格。规律告诉大家，在俄语语法中，数词变格后面的名词或形容词或代词往往用复数同格。这是 словах 的来历。下面给大家一分钟回顾一下，知识点都在黑板上。

老师：看最后一小段，都精神的。

老师：说我再也不了，那我该怎么对你呢？该把你怎么办呢？实际上你要愿意（情愿）的话你是能学好的。比如你上个月数学得了 5 分。这是最后一小段。

老师：我们看第一句话。Ну，что мне с тобой делать．Ну 是语气词，不细究了，с тобой，тобой 来自 ты 的第五格大家都弄明白了。老师问大家为什么用动词 делать，它如果这样表达 что я с тобой делаю 或者 буду делать 行不行呢？

学生们：不行。

老师：我说一种 Я буду делать 可不可以呢？改成 я делаю 或 буду делать 行不行呢？老师告诉大家，这里用的是 делать，刚才老师翻译的是"我该拿你怎么办呢?"我—应该—拿你—怎么—办—呢？

学生们：省略 надо。

老师：大家理解省略 надо，这样的句式大家初中都遇到过。这个句子的谓语是动词不定式，表示的是"能否，应该"的语气，你们理解省略 надо，其实谓语是动词不定式，表示的是"能否，应该"的语气。老师再举个例子：Как пройти к памятнику Пушкину．пройти 大家知道吧。к памятнику，памятник 是什么？

学生们：纪念碑。

老师：纪念碑，Пушкину 记得很久之前的教材有这样一句话：普希金的纪念碑。你们看这句话该怎样翻译？

老师：怎样才能到普希金纪念碑啊？能由谁来体现的？

学生们：пройти．

老师：动词不定式，跟我们今天所学句式表达的语法是一样的。我们回顾下刚才那句话。当表示"能否，应该"的语气时，谓语动词不定式主体是第几格呢？

学生们：三格。

老师：三格，所以 мне。总结下规律，这样的语法往往体现在什么样的句子中？肯定句中吗？

学生们：不对，疑问句。

老师：疑问句。第一种情况是疑问句，还有一种情况，例如 Я не знаю, что делать. 怎么翻译？

学生们：我不知道该怎么办。

老师：非常好。我不知道该怎么办。这是说明从句。所以经常有两种情况：第一种是疑问句，第二种是说明从句。咱们现在有很多学生会听课了，很多同学还在那昏昏欲睡呢。知识点我们解决了。

老师：下面有一个前置词 при, при 不是你们常说的 про, 它是要求六格的前置词，在什么样的情况下。желание 我们知道是"愿望"，所以是 при желании, 在情愿的情况下，如果你愿意，都可以这样翻译。下面一些词组我们应该记住："在某个月"和 месяц 连用，应该是 в 加六格。所以出现了 в прошлом месяце. "得了几分"получить，пятёрка 是 5 分，哪一科得几分 по 加三格。好，我们这节课的知识点老师就给大家讲完了。希望你们看黑板，学会回顾当天的知识点。想老师怎么讲的，怎么回事，自己琢磨琢磨。好了还有几分钟。

老师：从头看 кабинет 是办公室，所以翻译成在办公室里 В кабинете. 其中有个单词 давно 是好久的意思，这是我们初中学的一个词。我等了你好久怎么翻译？я тебя давно жиду. 我等了你好久。

这节课主要复习课文，讲解句法知识，如前置结构和主从复合句的语言知识点。

（第四节课）

老师：Начнём урок. （上课）

学生们：Здравствуйте, учительница! （老师好！）（语用错误）

老师：我们这一课呢，我们来整理一下，可以说基本上已经进行一多半了，我们还剩哪些东西没有处理？有两篇小短文还没有处理，然后命令式的用法老师会运用本课时间给大家进行讲解，还有词汇的用法很容易就给它学完了。争取晚自习之前咱们学完第二课，咱们明天还有晚课。接下来呢，我们看一些好的文章，在 34 页上，34 页 19 题 Мой любимый учитель, Мой любимый учитель, 我喜爱的老师。我想找同学读，因为文章不长，看文章写的是什么。A.

学生 A：（读）

老师：好，坐。很不错了，拿过来一篇生疏的文章，咱们就应该培养自己，拿过来文章就读。Дальше，ещё раз! В.

学生 B：（读）

老师：Мой любимый，题目。

学生 B：（读）

老师：哎，Лу синь，它变格了，所以是 Лу сине。

学生 B：（读）

老师：好，坐。Садитесь. 同桌，ещё раз！

学生：（读）

老师：好，好，这篇文章大家读得很不错。还有一篇文章。看这篇文章能不能流利地读出来。边读边想什么意思。15 题。题目是让你选的，有 Мая школа，Наш класс 和 Мая перевая учительница. 我们读完之后再给它确定题目。С.

学生 C：（读）

老师：C 同学从头读好吗？Начало. Начало!

学生 C：（读）

老师：детство. тс 读成 ц 的音，所以读成 детство.

学生 C：（读）

老师：好，C 你能读好，你所缺的是什么，你知道吗？是时间和功夫。好，Садитесь. 你能读好，但是要多读。Дальше，D.

老师：Она называла.

学生王 D：（读）

老师：读，别哼哼，嘴张开读。

学生 D：（读）

老师：下一个同学，Начало. 哪有 учительница 啊！那你咋不把那两个同学的给读了呢！

学生：（读）

老师：多读，坐。Дальше，когда она.

学生：（读）

老师：急死我了，E，E. Она называла.

学生 E：（读）

老师：Недовольно?

学生 E：Недовольно.

老师：Недовольно！Недовольно！坐 Садись. 这个读呢，一定要加强，学外语你必须要读的。那咱们一起来读一下这篇文章。第二篇文章好像有点生疏。咱们一起来读一下，不会读的让别的同学带一带。Я вспомню своё детство，раз два！

同学们：（一起读）

老师：Недовольно. 啊，Недовольно. 把这篇文章 Мой любимый учитель 再读一遍。Мой любимый учитель，раз два！

同学们：（一起读）

老师：两篇文章读完了，你就应该明白它是什么意思。找同学直接来翻译，直接来翻译。咱以后就这样锻炼自己。先看一个简单的 Мой любимый учитель。F.

学生 F：我最喜欢的老师。我们的老师是中文老师，所有的同学都喜欢他。而我，这是啥？

老师：Особенно，告诉他，Особенно 什么意思。

学生们：特别。

老师：对，特别喜欢。

学生 F：这是一个有趣的年轻人，在他的课上我们几乎都喜欢听他的课。

老师：замечать заметить 告诉他什么意思。

老师：发现。

老师：说呀，F.

学生 F：发现。

老师：发现还是没发现？

学生 F：发现。

学生们：没发现。

学生 F：没发现吗？

学生们：没发现。

老师：说吧，往下说。

学生 F：发现时间过得快。

老师：发现时间过得快了？

学生 F：没发现时间过得快。

老师：坐，Садитесь.（叫下一位同学）

学生：我们老师非常喜欢中国文学，我们从他那儿知道、认识、了解了鲁迅、老舍，还有茅盾。空余时间他休息。

老师：他休息？Отдаёт 是咱们这课学习的动词啊。那你前一课的更扔没了。Отдаёт，告诉他 Отдаёт 什么意思啊。

学生们：交回。

老师：отдавать. отдать.

学生们：交回，归还。

老师：那这里怎么翻译啊？空闲时间都给了我们。

学生：我们经常去对方那做客。

老师：我们经常去对方那做客。

学生：现在我的梦想是成为一位老师。

老师：成为一个什么样的老师？

学生：像我喜欢的那位老师一样的。

老师：好，坐，Садитесь. 有的地方老师再给大家纠正纠正。说啊，我喜爱的老师。我们的中文老师全校都喜欢他，我特别喜欢，这是个有趣的年轻人。他的课简直太棒了。我们总是兴致勃勃地听他讲课，都没有留意时间是怎么过去的。换句话说，他的课简直太棒了，замечательный 的意思是好的。他的课简直太棒了！我们总是兴致勃勃地听他讲课，没有留意时间是怎样过去的。我们的老师喜欢中国文学。从他那我们了解到了鲁迅、老舍和茅盾。他把自己的空闲时间都给了我们，отдать 是贡献的意思。我们经常到对方那做客。现在我的理想和梦想就是成为一名我喜爱的老师那样的老师。我们看下面一课，找同学来翻译。（叫下一名同学）

学生：（翻译）

老师：大家帮一帮她。

同学们：40 多年了。

老师：虽然都已经过去 40 多年了。

同学：（翻译）

老师：好，找同学往下翻译。

同学：（翻译）

老师：G，快点站起来，能不能快点站起来。咋的，说句话行不行。你不管咋地说话啊。G，G.

学生 G：（沉默）

老师：啊呀，我可不希望你们站起来一言不发。不管对错，你说一下。站起来吭哧瘪肚的，都坐！坐！（叫下一名同学）他咋的？怎么叫我们？

学生们：温柔地叫我们。

老师：对，温柔地叫我们，往下翻译。

老师：大家帮一帮她，下面怎么翻译，который 的定语从句，怎么叫我们？

学生：像父母一样。

老师：像父母一样叫我们。

学生：（翻译）

老师：说话啊，是你翻译啊，不能总靠别人啊！

老师：这是这课学的词啊，你坐。往下翻译，H. 当怎么的？

学生 H：嗯……

老师：当他称赞我们的时候，或者咋的？

学生 H：嗯……

老师：你坐吧，I，你来翻译，或者怎么的？

学生 I：（翻译）

老师：嗯，女生？фамилия.

学生们：姓名。

学生 I：（翻译）

老师：好，非常好！坐。我们看这篇文章的翻译，我重新给大家翻译一下，有的地方不准确我强调一下。我回忆起自己的童年，回忆起自己最初的学生时代，我觉得这件事发生在不久前。虽然过去了 40 多年，仿佛我看见了我们的老师，漂亮，充满活力。当她第一次走进教室的时候，我们立刻喜欢上了她。她用爱称来称呼我们（爱称指温柔的名字）。这些名字是我们的父母在家才叫我们的。当父母想称赞我们或想表达自己爱的时候。这句话再重新翻译一遍。老师用爱称来称呼我们的。这些名字是我们的父母在家才叫我们的。当父母想称赞我们或想表达自己爱的时候。而当老师称呼我们姓的时候，我们就知道了，老师对我们有不满意的地方。我们这课的重点就是读了两个小文章。朗读也读了，剩下的时间老师还是让大家朗读，边朗读边想想文章什么意思，下节课，老师再给大家讲。

同学们：（朗读课文）

老师：好，停。

这节课带领同学们读了两个补充课文，内容与"在校长办公室"的生活背景相关——学校生活。

（第五节课）

老师：没有气势，找同学上前面领读课文。知道哪篇课文吧？

学生：那两篇。

老师：对，那两篇小文章。两篇小文章。А，这也是我们这一课重点要学的两篇小文章，上前面来领读。

学生А：Я вспомню своё детство.

学生们：Я вспомню своё детство.

学生А：（领读课文）

学生们：（跟读课文）

老师：радостный 这个 т 不发音。

学生А：（领读）

学生们：（跟读）

学生А：（领读）Я вспомню своё детство. （第二遍）

学生们：（跟读）

老师：领读领得挺好，你们在下面都读乱团了。同学们读下这个，тогда хотели，раз два。

学生们：（跟读）

学生А：（领读）

学生们：（跟读）

老师：好，В. 我们看第二篇文章，Мой любимый учитель.

学生В：（领读）

学生们：（跟读）

老师：这个 т 和 д 就是 Отдаёт. 不是 Отдаёт，是 Отдаёт.

学生В：（领读）

学生们：（跟读）

老师：停，你们意识到你们有个地方读错了吗？стать таким 不是 каким，她读错了，你们也跟着都读错了，一定要看清楚再读。好，重读，стать.

学生 B：（领读）

学生们：（跟读）

老师：好，C，ешё раз！后边。

学生 C：（领读课文）

学生们：（跟读）

老师：重读，Мой любимый учитель.

学生 C：（领读）

学生们：（跟读）

老师：好了，咱们读到后两遍的时候气势才起来，也就是说读到后两遍你们才醒过来。早晨还在混沌状态呢？这个课文的读呢，实际上也是功夫活。我们以后要坚持下去，养成朗读的习惯，同时老师会经常叫你们到前面来领读。领读要起到一个榜样的作用，所以要加强自身的朗读能力。刚才读了几遍文章老师还有一个目的，让我们一起回忆一下文章写的是什么内容，就像老师要求大家一样，边朗读边回忆。接下来我们就来详细地学习这两篇文章。先来看简单一点的，就是 Мой любимый учитель.

老师：我们来看这篇文章，首先我们来看一些基本的词汇（语言知识），跟老师在黑板上一起回忆。第一个"喜欢"怎么说？

学生们：любить.

老师：любить. 我们这一课学了一个动词"喜欢上"，告诉老师怎么说？

学生们：полюбить.

老师：跟老师一起读，这时候不需要你记。

老师：跟老师一起来说，边说就边记忆了。你先不需要记笔记，要注意学习方法。我们知道 любить 是未完成体，полюбить 是完成体。但它俩不是一对。Любить 是喜欢。Я люблю русский язык. понятно？Я полюбил русский язык.

老师：什么叫 полюбить？喜欢上，强调结果。而 любить，强调行为，喜欢，或者强调过程。我们看下一个动词，"倾听"怎么说？

学生们：слушать.

老师：слушать，它也是未完成体动词。Мы слушаем учителя. Мы слушаем учителя. 我们听老师讲课。是不是啊？Мы слушаем его урок. 我们听他的课。那"倾听"怎么说？

学生们：слышать.

老师：非常好。Слышать 也是未完成体动词。Слышаю，правильно? Слышаю，правильно? Слышаю，правильно? 说成 слышаю 对不对？слы 什么？

学生们：слышу.

老师：слышу. слышу. слышишь，слышат.

老师："发现"这个动词怎么说？

学生们：замечать.

老师：замечать. 完成体这样写，大家看黑板，看我重音标在哪。

老师：完成体 заметить. Заметить 的变化，看清重音变位。Они 的变位是 заметят. Я 的变位呢？

学生们：замечу.

老师：замечу. заметят. 第二人称命令式？

学生们：заме.

老师：这就是老师强调重音的重要性，重音的重要性。一起读下它的变位，замечу.

学生们：замечу.

老师：заметишь? 都把嘴张开。

学生们：заметишь.

老师：заметят.

学生们：заметят.

老师：我们初中学过一个基本的动词"经过、路过"怎么说？

学生们：через.

老师：动词，注意听，审好题。动词"经过、路过"。"проходить"完成体？

学生们：（乱说）

学生们：我发现你们该会的不会，最基本的东西说不出来。看黑板，读一下。

学生们：прохожу，проходишь.

老师：经过，路过，пройти 的变位 пройду，пройдёшь，пройдут.

学生们：пройду，пройдёшь，пройдут.

老师：怎么变？пройду，пройду. 有一个词叫"得知，了解"。

学生们：узнать.

老师：узнать，它的未完成体？

学生们：узнавать.

老师：узнавать，我们来看 узнавать 的变位，看黑板，我给大家做个演示。Узнавать 你应该明白什么意思。变吧。

学生们：узнаю，узнаёшь，узнают.

老师：узнаю，узнаёшь，узнают.

老师：命令式以一авать 结尾的命令式直接去掉一ть，加上一й，一йте. Узнать 正常变。读一下。

学生们：узнавай，узнавайте.

老师：我们这一课还学了一个动词"奉献，归还"，怎么说？

学生们：отдавать —отдать.

老师：отдавать — отдать. 我们看它的变化，直接说出它的命令式。

学生们：отдавай，отдавайте.

老师：отдать？

学生们：отдай，отдайте.

老师：它们还不尽相同。отдать 怎么变位？

师生：отдам，отдашь，отдаст，отдатим，отдатие，отдадут.

老师：好。说说它的变位。

学生们：отдам，отдашь，отдаст，отдатим，отдатите，отдадут.

老师：接下来我们看一下这课的好的词组句式。看第一个，我们的中文老师全校都喜欢。全校所有的人，所有的人叫 все，所有的事叫 всё. Это интересный молодой чиловек. 这是个有趣的年轻人。Урок его 他的课，这个 его 是不是 он 的二格啊？有同学说 его 是不是 он 的二格啊？

学生们：是（不是）。

老师：我们知道有个物主代词叫 его её их，его 他的，её 她的，их 他们的。我们总是兴致勃勃的，"兴致勃勃的"这个词组，告诉老师怎么说？

同学们：с интересом.

老师：с интересом，слушаем его и не замечаем，как время проходит. 没有留意到时间是怎么飞逝的。时间的流逝怎么说？告诉老师。

学生们：время проходит.

老师：время проходит. 正在流逝，время проходило，时间已经过去了。Наш китайский учитель очень любит китайскую литературу. От него мы узнали. 从他那我们知道什么，我们看到，得知表示来源的。从谁那得知用 от. него 来自谁啊？

学生们：он.

老师：он 人称代词和前置词连用前加 н，变格之后所以是 него. 知道什么，о 加六格 о Лу Сине. 他把自己的时间都给了我们，отдать，отдавать 这个动词什么意思告诉老师？

学生们：贡献。

老师：贡献什么是几格？

学生们：四格。

老师：四格，所以 отдаёт свободное время. 是第几格？

学生们：四格。

老师：四格，给谁，给格是第几格？

学生们：三格。

老师：三格。Мы часто ходим друг к другу в гости. 干吗啊？

学生们：做客。

老师：做客。这个 ходим 来自 ходить，书中是"去、到"的意思。到谁那 к кому. "互相，彼此"怎么说？

学生们：друг к другу.

老师：друг друга 去谁那里用前置词？

学生们：к.

老师：在 друг друга 这个词组加前置词夹在中间，就是 друг к другу 的来历。去做客叫做 в гости. гость 客人这里用了复四同复一表示身份。词组，"到对方做客"怎么说？

学生们：ходить друг к другу в гости.

老师：ходить друг к другу в гости. 两分钟整理老师讲的知识点，尤其是动词变位。自己复习文章两分钟。

学生们：（复习文章）

老师：看第一篇文章，第一个动词"回忆，想起"怎么说？

学生们：вспоминать.

老师：вспоминать 对应体 вспомнить. 这个动词是回忆的意思。我们看"感觉",哪个动词是感觉?"казаться"然后 прошло 是过去,过去的 40 多年。

老师:然后"看见"вижут,原型是 видеть,对应体 увидеть,вошла 来自 войти. полюбить, полюбить, называла 什么意思?告诉老师。

学生们:称作。

老师:称作,它的完成体 похвалить. похвалить 什么意思?告诉老师。

学生们:称赞。

老师:称赞,它的对应体是什么?

学生们:хвалить.

老师:хвалить. показать 是什么意思?在这里是"表达"。对应体是?

学生们:показывать.

老师:показывать. понимать 什么意思?

学生们:明白。

老师:对应体是什么?

老师:对应体是 понять. понять 这是初中学的非常基础的词汇。这些东西你们要是不背,一点办法也没有。我们来看这篇小文章,刚才我们把基本词汇都理出来了。"回忆,想起",вспомнить,回忆童年怎么说?

学生们:вспомнить детство.

老师:вспомнить детство."回忆自己的童年"怎么说?同学们。

学生们:вспомнить своё детство.

老师:вспомнить своё детство. 回忆学生时代?

师生:вспомнить школьные годы.

老师:год,复一格叫 годы,年代。вспомнить школьные годы,那这个 первые 什么意思呢?

学生们:第一。

老师:不能说第一学生时代,那就不对了,回忆自己最初的学生时代。时代往往用复数,所以用 годы. год 无法表示时代的意思。Мне кажется что 是非常常见的句式,"我觉得怎么样"Мне кажеться что 先把这句式记住。Это было не давно,这件事发生在不久以前。Хотя прошло более сорока лет，虽然过去了 40 多年，40 年叫 сорок лет，более 是"多余、超过"，记住这词要求二格。Сорок 的二格是？

学生们：сорока.

老师：сорока. 所以 более сорока лет 是这样来的。过去 40 多年的谓语是 пройти，我们注意到主语是 40 多年，是数词加名词组成的词组，它做主语，动词常用过去时中性。所以是 прошло 的来历。Я вижу нашу учительницу. 我仿佛看见了我们的老师，这个"仿佛"用哪个词翻译出来的呢？能不能体会到，这个"仿佛"是什么意思呢？"仿佛"是例如吗？不用老师再给大家解释汉语吧。为什么说我仿佛看见了我们的老师？是哪个词能体现这样的作用呢？注意词的表达效果。我们很明显看到是 вижу，大家都知道看见自己老师的行为咋的了？

学生们：发生过了。

老师：早都发生过了，为什么用 вижу？就仿佛我现在看见我的老师。仿佛老师就在眼前。言外之意老师给他的印象咋的？大家说。

同学：深刻。

老师：特别深，所以我仿佛看见了我们的老师，还是那样年轻，那样充满活力。就仿佛当时情景再现。这是现在时体现的一个效果。

学生们：нашу учительницу.

老师：是什么样的，自然用形容词了。为什么用四格啊？красную，жизнь радостную？

学生们：вижу.

老师：对，вижу，前面 вижу 支配它，在做完形填空的时候这有接格。Когда она впервые 当第一次，впервые 首次 Мы сразу же 我们马上，сразу 是马上，же 是语气词，с первого момента 是第一瞬间、时而、立刻的意思。从什么时候起是 с 加二格，所以是 с первого момента，从第一瞬间，полюбили её，она называла 称谁是第几格？告诉老师。

学生们：四格。

老师：四格，所以 нас 来自 мы. 用什么来称呼？五格，所以 именами，именами 来自谁的变格？告诉老师。

学生们：имя！

老师：имя，имя 的复数一个是 имена，所以是 именами 五格。Которыми дома называли нас наш родители. 我们的父母在家里就用这

个名字来称呼我们。Которыми 是几格？告诉老师。

学生们：五格！

老师：五格。Когда хотели нас похвалить，当他们想夸我们的时候，想干什么，接哪个动词不定式？夸，похвалить。第一个想夸我们，第二个想表达自己的爱。Когда она называла нас по фамилии. 当她称我们姓的时候，称名，称姓除了工具格五格，还可以怎么表达？

学生们：по 加三格。

老师：对。по 加三格，这里出现了，所以 по фамилии 就是 называть 两个主要的用法，称谁用四格，用什么称五格，或者 по фамилии. Мы понимали, она чем—то недовольна 我们明白了，她对什么不满。недовольна 是 недовольный 的短尾。不满意，对什么不满意用几格？

学生们：五格！

老师：第五格 чем—то 来自谁？

学生们：что—то!

老师：что—то，所以变格变成 чем—то. 好了，我们这一课的两篇课文老师就给大家讲完了。有很多东西需要你们自己去落实去记。还有几分钟，速度快点，把它完成了。

到第五节课整个一课就讲完了。这一堂课主要是讲解课后补充课文里出现的语法知识。跟随这位老师听完了整个一课的教学内容，目睹了她整个教学过程及其每一个教学环节，也感受了她的教学理念。用时一周，每天一学时，每学时 40 分钟。在这一周里，老师讲了一篇主体课文《В кабинете директора》（在校长办公室）和两篇课后补充课文《Моя первая учительница》（我的第一位老师）与《Мой любимый учитель》（我喜欢的一位老师）。三篇课文都与校园生活有关，它们从不同的角度描写了老师的形象和学生的感受。

在听课的过程中，我们感受到这位老师工作态度认真负责，专业基本功扎实。其语篇课的教学方式是演绎法。在翻译每一篇故事的过程中，几乎没有漏掉任何语言知识点。从课文朗读的纠正语音、课文翻译到导学案（课文中词汇意义、词法形式、句法结构和句型句式）的每一步都稳扎稳打。如果从迎合各种考试的目标看，这样的做法实在无可挑剔。

然而，任何一所学校的课程都是按国家教学大纲来安排的，教学大纲对每一门课程教学目标都有总体要求。普通高中《俄语课程标准》（2003）提出，俄语课程的总体目标是提高学生的"综合语言运用能力"；课程设计的理念是"关注基础，增强人文素养"与"关注应用，发展交际能力"。如果用这样的"标准"和"理念"再来衡量我们的高中俄语课堂，其教学目标和教学理念显然偏离了《标准》的大方向。上述课堂观察数据和课堂实录完全证明了这一点。

第三节　高中俄语语篇教学对"言语个性"
　　　关注情况的研究结论

根据语篇的性质特点和《普通高中俄语课程标准（2003）》提出的"文化素养"目标要求，本论文提出了语篇教学的"言语个性观"，即在教学过程中重视文化知识、"言语个性"知识的传授。以此为依据，作者借助《俄语语篇教学课堂观察量表》对五所高中的俄语课堂进行了实地观察记录和录音。通过对观察数据和课堂录音转写数据的研究分析，最后得出关于高中俄语语篇教学关注"言语个性"文化元素状况的研究结论：

总体看，高中俄语课堂教学理念有所改观，新课标实施已有起色。因为，在基层调研时我们看到，部分教师也有跨文化交际意识，如模拟对话，上课过程中根据需要播放俄罗斯歌曲，启发学生分析对话角色特点，有时遇到有文化特点的词汇也会略加解释，但这些距离新课标"文化素养目标"的要求还相差很远。通过实地考察，我们认为，高中俄语教师还应该做到以下几点：

一、提高跨文化交际意识，促进文化素养的形成

十年前，《普通高中俄语课程标准》就明确指出，俄语课程的总体目标是进一步发展"俄语综合语言运用能力"，"综合语言运用能力"的保障是"文化素养目标"。文化素养包括文化知识、文化理解和跨文化交际。然而，课堂观察和课堂录音数据表明，高中俄语教师普遍具有语言知识意识，即非常重视词法形式和句法结构的讲解，很少涉及文化知识；大多数教师不注意语篇内容结构及其交际结构呈现的言语个性特

点，把语篇当做解释语法现象的材料是高中俄语教学的普遍现象。正因如此，它影响了学生综合语言运用能力的提高。要想改变现状，就要改变一切为了高考的教学理念。只有改变应试教育的思路，遵循新课标的文化素养目标的要求，才有可能实现高中俄语教学的总体目标，实现综合运用于俄语的跨文化交际能力，促进学生文化素养的形成。

二、采用多种教学手段，创设浓郁的文化氛围

教学手段是教学活动的基本条件。教学手段是指在教学过程中教师和学生为了实现一定的教学目标，完成一定的教学任务，在共同活动过程中采用的特定的方法和措施。一般来说，课型不同、教学内容不同，采用的教学手段也不同，同一个课型也可能采用不同的教学手段，比如，语篇课教学过程中涉及语言知识时，采用清晰明快的语言手段；涉及文化信息时可采用直观手段，如图片、多媒体；涉及言语训练时可以采用训练手段；涉及人文信息时可以采取陶冶手段，如设置情境、观看电影等。在课堂观察时我们发现，绝大多数教师只是习惯性地采用单一的语言手段进行教学。这种单一的教学手段必然会影响诸多信息的传播。比如语言描述一部电影和用多媒体播放一部电影的效果是无法比拟的。如果教师们能够换一种思维方式，多几种教学手段，随时创设文化氛围，那么对实现"文化素养目标"而言，将会事半功倍。

上述是高中俄语课堂语篇教学对"言语个性"这一文化元素关注现状的研究结论。它为下一章"俄语语篇教学应该解决的问题"提供了现实依据。

第八章　传统的语篇教学能够解决的问题

俄语课是我国部分高中学校依据国家俄语课程标准开设的一门必修科目。作为外语的俄语教学过程应该在合理的教学理念指导下实现。教师合理的教学理念、系统的语言知识、娴熟的言语技能、丰富的文化背景知识等都是良好地完成教学任务，实现总休目标的必要条件。那么俄语语篇教学应该解决哪些问题？作为俄语课程总体目标一部分的"文化素养"目标应该如何实现？本章拟依据对俄语语篇教学的理解和实现"文化素养"目标的必要性，对俄语语篇教学所要解决的问题进行探讨。

第一节　对语篇教学的理解

作为教学对象的俄语语篇，指的是言语思维活动的结果，即语篇的静态方面，是由语言单位组建的话语，是形式与意义的统一体。语篇由一个以上的语段或句子组成，语篇的最小成分是句子，语篇各成分之间，在形式上是衔接的，在语义上是连贯的。语篇具体到课堂就是教材里呈现的"对话"和"课文"。

俄语语篇教学是俄语课程每一主题模块教学过程的一个课段，在这一课段中，语篇教学不是孤立进行的，它和其他课段的知识是衔接的。语篇教学是一个融语法知识、文化知识、语用知识、逻辑思维、技能训练于一体的过程。语篇教学是实现学生俄语"综合语言运用能力"重要的教学环节。

一般来说，语篇教学的特点是从理解整篇内容入手，运用所学知识和思维能力发现语篇建构的脉络，找到语篇（对话或课文）的主题，对所学语篇获得一个总体印象。

一、传统的语篇教学模式

"对话"和"课文"是教材呈现的两种语篇形式。在具体教学实践中，语篇教学的理念是重视整体性，追求交际性，培养学生综合运用语言知识、文化知识和语用知识的能力。但是由于"对话"和"课文"的体裁不同，一般来说采取的教学模式也各不相同，但最终的教学目的却殊途同归，都是培养学生的语言能力，发展他们的言语交际能力。

（一）"对话"语篇的教学模式

轮回性、交际性、生动性是对话语篇的特点。"对话"语篇的教学重视言语实践是该语篇形式的客观要求。一位有经验的教师呈现的课堂活动会是动态的、活泼的，让学生兴趣盎然的。通常的教学模式是首先向学生交代该对话发生的时间、场合和角色分工，然后围绕对话双方或多方交流的主题展开教学活动，如导读、领读、语言知识讲解、重现对话、组编情景对话等。导读，是指教师一人朗读，在语音、语调和角色对话特色方面作出示范；领读，是教师带领学生一起朗读，把学生引入对话情景；语言知识讲解，是找出对话过程中的语言难点；重现对话，是在理解语言知识的基础上读一译对话；组编情景对话，是在扫除语言障碍后，结合主题创设模拟生活情景，运用"对话"语篇中出现的关键句型表达自己想要说的话，而不是作者要说的话，目的是活学活用该"对话"语篇中所涉及的知识，调动学生记忆中从前储备的其他相关知识，使学生真正做到学以致用。

（二）"课文"语篇的教学模式

"课文"是语篇的独白形式，是主题背景下形式与意义统一的言语片段。它在形式上是联结的，含义上是连贯的。独白性"课文"因为出现的场合不同，风格也不同。它可能是科普文章、政治文章、文艺作品、应用文，也可能是故事、新闻报道、散文等。内容涉及国内外大事，也涉及日常生活。因此，课文教学是一种综合意义的教学，它不仅考查教师的语言能力，还检验教师的知识面、思维能力、理解能力和语言驾驭能力。

通常的课文教学理念是重视从理解整篇内容入手，先"化整为零"，然后再"纳零为整"。"化整为零"是在摸清课文主题思想和内容发展脉络的情况下，对课文进行分段解读。"纳零为整"是指在透彻理解课文的基础上，对课文每一段的讲解进行归纳，即把已经理解的段落"碎片"串成一个整体语篇，还原课文的本来面目，深入了解作者的言语意图。

课文的教学模式由导入、导读、问答、理解、精读、复述、巩固七个步骤组成。导入，是指课文教学的"预热"阶段，这时教师可以用启发式、直陈式或用多媒体手段等方法介绍该课文的作者个人情况、写作背景情况，这样会激发学生尽快了解课文内容，然后进入导读阶段；导读，可以采用播放课文录音，教师朗读的方式，使学生从整体上对课文的结构、含义有初步的了解；问答，是在导读之后，老师直接提出问题让学生回答，目的是锻炼学生的感知能力；理解，是教师引领学生对课文进行形式、意义、意思的解读，主要采取解析关键词、关键句、段落的解决办法，再通过提问使学生理解段落成分句的含意以及整个段落的含意；精读，是使学生掌握课文内含的其他信息，了解各段落的含意、作者的写作意图，对文章进行深层理解；复述，可以让学生转述课文的中心思想，也可以把课文改编为对话形式，创设情境进行分角色表演，深化学生的语言应用能力；讨论，可以用师生讨论、生生讨论的方式来提高学生的语言应用能力，发表学生自己对作者所发表内容的观点、看法，实现知识向能力迁移；巩固，是对篇章进行评价性的理解。

二、传统语篇教学能够解决的问题

由于语篇本身是人的言语作品，其自身不仅承载着人的思维、活动、特点，也传达着与人有关的其他信息，因此，语篇教学是一个多种因素相互结合、相互影响的复杂过程。不过，在一般的课堂教学中，教师们常常会关注语言知识讲解、课文内容的解读、文化知识的熏陶、言语技能训练等。这种语篇教学通常能够解决如下一些问题：

（一）培养学生的归纳概括能力

在语篇教学过程中，教师从语篇的结构形式入手，分析句际、段际的衔接，以及全文的意义和逻辑关系。在学生掌握语言形式的同时，也抓住语篇意义的连续性，在动态的语篇环境中掌握语言的交际功能，培养学生对语篇信息的分析、综合、归纳和概括能力。将词句层面与语篇层面有机结合起来，突出语篇教学的整体特点。

（二）培养学生的理解能力

在语篇教学过程中，语篇内容与文化知识有机结合起来。语言是社会文化的载体，背景知识和文化知识对语篇理解有很大的启发和帮助作用。有经验的教师在教授语言知识的同时，会贯穿民族文化知识的传授，以增强学生对俄汉文化差异的敏感性，提高学生的语篇理解能力和欣赏能力。

（三）培养学生的逻辑分析能力

语篇教学将语篇内容与逻辑分析有机结合起来。实践证明，语篇材料中许多信息的获取仅靠语言分析是远远不够的。阅读不是机械地阅读字面的行为，它是一个语言、思维、判断、认知和理解等因素相互作用的综合过程。在这个过程中，背景知识和逻辑推理能力起着至关重要的作用。在俄语课上，有经验的教师会引导学生开动脑筋，展开逻辑思维和逻辑联想，努力做到读者的思维与作者的思维同步发展；善于进行判断、推理、综合与归纳，进而理解语篇的隐含意义和深层含意，真正做到高层次的理解和欣赏。

（四）培养学生的语言应用能力

语篇教学将语篇含意分析与体裁分析、修辞分析有机结合起来，突出语言应用能力的培养。俄语教学旨在培养学生听、说、读、写、译等多元综合应用能力，这些能力相辅相成，彼此促进。美国语言学家科瑞申（Krashen）经过详细调查发现，语篇阅读能力直接影响写作能力和其他语言应用能力。因此，教师在课堂教学中要引导学生进行语篇分析，帮助学生掌握语篇模式，增强其语篇理解能力。教师在分析、欣赏优秀课文之际，应通过分析体裁和修辞引导学生体会所学语言的精妙之处，吸收和借鉴语篇写作技巧，提高写作能力和其他语言应用能力。

语篇教学是一个综合的复杂过程。通常在语篇教学过程中能够培养学生多方面的能力，教师应鸟瞰全局，引导学生从宏观上理解上下文的逻辑关系，从宏观上理解和把握语篇的总体意义，掌握文章的主题思想，进而分析作者如何通过词汇、结构、修辞、语体文化因素等手段，恰如其分地表达语篇含意。在各个教学环节中，只有语篇教学，才能够做到既培养学生的语言能力又发展他们的言语交际能力。

第二节　语言学理论对俄语语篇教学的影响

在本章第一节中，我们讨论的语篇教学模式是在通常的教学活动中普遍公认的模式。众所周知，语篇教学不同于以词汇、句子为中心的语法教学。语篇集中了语言、语用、文化、认知、思维等综合特点。所以在教学过程中只解决其中一个方面的问题是不合理、不科学的。正因为语篇是一个特殊的"混合物"，所以要想获得良好的语篇教学效果，需要相关学科知识的支持。

作为外语的俄语语篇本身属于外语语言学研究的范畴，但同时俄语语篇也是外国学生学习俄语的重要途径，所以外语语言学的发展及其各个阶段的研究成果对俄语语篇教学的启发和引导作用是不容置疑的。俄语教学实践证明，外语语言学的发展一直在引领外语教学法的进步。中国的俄语教学，像英语、日语等学科的教学一样，一直关注着语言学发展的动态，汲取它们的给养。纵观历史，凡是引起社会反响的语言学研究成果，都曾给外语教学界带来过生机，都曾引起过教学界的思考，促进过课堂教学实践的变革。因此，我们不难发现，继各种语言学理论之后，曾经衍生出许多与之特点相适应的外语教学法。从目前来看，一路陪伴俄语教学实践前行的许多教学方法各有千秋，又不完全尽如人意。当然，时代在变，社会的需要在变，任何一种教学方法的提倡和运用都是符合那个时代需要的，任何一种新的教学方法都是在对以前教学方法"批判性吸收"的条件下产生的。下面我们将宏观地介绍不同时期的语言学理论对语篇教学的影响。

一、传统语言学的影响

公元 4 世纪印度学者潘尼尼在整理、注释梵语诗歌集《吠陀》时，写出了杰出的《梵语语法》[233]，因此开辟了传统语言学的先河。《梵语语法》由诗歌体组成，主要体现在三方面：语法描写、语音音位和语义理论。

在语法描写方面，将词分为四类：静词、动词、介词、小品词。构词规则分为词干和词尾，静词分七种变格。指出词构成句子的三个条件：合适的语法类别、合适的语义、时间上的连续。

语音描写有三大部分：发音过程、语音组成成分（辅音和元音）、语音成分在音位结构中的结合。

在这部语法著作中除对语音、构词和语法进行系统描述外，还阐述了语义理论。其观点是：理论往往与文学哲学有关，重点是讨论词的性质和意义，词与其所代表的东西间没有什么必然联系，形式与意义间的关系完全是任意的。语义理论研究了词义多变性和延伸性，认为词义靠观察语境得出；句子无论在语义上还是语法上远远超过其组成词汇的总和；区分外显即时表达和内含永久实体，或具体场合的话和抽象的语言原则。

可以看到，以《梵语语法》为代表的传统语言学重视确定语言规范，定出各项语言规则。语言学的这种特点给予课堂的影响是采用"翻译法"进行教学。"翻译法"把教学重点放在语言体系上。整体教学过程是先有语音导论，再有语法导论，并在导论阶段教一定数量的词汇。其用意是在掌握语言体系的基础上学会言语。在语篇教学中，主张通过课文的阅读和翻译学习词汇和语法。要求学生对课文的语言材料进行细致的分析，并进行母语与外语的对比，从而达到对课文的深入理解，通常的教学步骤有：

1. 用母语介绍课文内容或读课文的母语译文 2－3 遍。

2. 教师逐句读课文，讲解每个词的意义、语法形式和句子构造，进行逐词逐句直译，学生此时消极地听教师讲解和朗读。

3. 教师逐句重读课文，并作标准翻译。

4. 教师朗读课文，每段读若干遍，先范读，后领读。

5. 分析归纳出语法规则。

6. 通过从母语译成外语的联系巩固课文。

这种教学法能够培养学生分析语言现象的能力，对成年人外语教学起到过良好的作用。但是这种方法因为过于重视体系特点会产生一些弊端，比如语言体系是通过死记硬背来掌握，掌握了语言体系却不能自如地运用它们进行交际。

二、结构语言学的影响

20 世纪初，结构主义语言学鼻祖索绪尔提出："这就是我们在建立言语活动理论时遇到的第一条分叉路（指区分语言和言语）。两条路不能同时走，我们必须有所选择；它们应该分开走。"

"如果有必要，这两门学科都可以保留语言学这个名称，并且我们可以说有一种言语的语言学。但是不要把它和固有意义的语言学混为一谈，后者以语言为唯一对象。"[234]

在索绪尔的影响下，语言学界的研究重心由历史的语言学转向了共时的语言学。以马泰休斯、特鲁别茨柯依、雅各布森为代表的布拉格学派发展了索绪尔的语言社会观，重视语言的社会功能。以布龙达尔、叶尔姆斯列夫为代表的哥本哈根派将索绪尔的语言符号说发展到极端，认为这种符号不依赖语音和现实世界而存在，因此它们研究的不是语言结构，而是抽象的关系结构。他们的研究讲究精密，因此这一派也被称为"符号派"。以布龙菲尔德、萨丕尔、博厄斯为代表的美国学派重视记录实际语音，重视断代描写，排斥语言的意义。在描写时注重分布，并在其基础上对语言各单位进行切分、归类和组合。这一派被称为"描写派"。

这三个学派中影响最大的是美国的描写学派。尽管结构主义的各个学派在一些具体问题上有不同的看法，但是他们的基本观点是一致的，就是认为，语言是一个完整的符号系统，具有分层次的形式结构；在描写语言结构的各个层次时，特别注重分析各种对立成分。

在结构主义语言学的影响下，教学界的观念也发生了变化。以前在外语教学界独领风骚的"翻译法"受到了挑战。由于二战以前西方资本主义的发展，各个列强国家有了进行交往的愿望，但是过去的闭关锁国、语言不通成为彼此交往的障碍。这种社会背景下需要大量掌握外语的人才，而且是能够用外语进行口语交际的外语人才。这样一来，注重词汇和语法学习的"翻译法"教学已经不能满足社会的需要，因此有效保证人们外语口头交际能力的"直接法"应运而生。

"直接法"通过外语本身来进行会话、交谈和阅读，不用学生的本族语，不用翻译，也不用形式语法（第一批词是通过指示实物、图画或演示动作等办法来教授）。[235]

随着教学条件的进步，后来发展为"直接法"、"听说法"和"视听法"，由于电化教具的使用，可以创造情景，又叫"情景法"。

"直接法"的基本教学理念是"幼儿学语论"，也就是仿照幼儿学习母语的自然的过程和方法，来设计外语教学的过程和基本教学方法。"直接法"教学过程是以口语为先导，用于语篇教学，以句子为核心，用外语解释外语，以模仿为主要手段，尽量避开母语，运用学生事先掌握的语法知识来训练言语，目标是学习活的语言。

由于"直接法"常常从听说训练开始，重视言语的发展，在教学中对初学者有较好的效果。但这种言语训练是机械性的，它采用的情景都是假想的情景，与真实的言语环境脱节，最终还是不利于培养言语交际能力。

三、转换生成语言学的影响

结构主义语言学统治西方语言学界几十年，20世纪50年代乔姆斯基转换生成语法的崛起打破了它一统天下的局面。乔姆斯基认为，语言学家们不应仅仅描写和分析看得见、听得到的语言，而应该分析人为何能够用有限的词语构造出无限句子的心理现象，应该研究独立于其他认知技能的内在语言系统，并用形式主义的方法来描写人脑构造句子的原则和心理过程。

在这种理论的影响下，教学界应运而生的是"认知法"，也叫认知—符号法，这种方法是可以在外语教学中发挥学生的智力作用，重视对语言规则的理解，着眼于培养实际而又全面地运用语言能力的一种外语教学法体系或学习理论。[236]

第一步是理解。在语篇教学中采取的方式是把对语言的理解放在第一位，因为理解才是言语活动的基础。所谓理解，就是让学生理解教师讲授或提供外语材料和语言规则的意义、构成和用法。讲解新知识之前要训练旧知识，要以旧引新。第二步是侧重语言能力的培养。学习外语不仅要求理解语言知识、规则，还要求有正确使用语言的能力，语篇教学是获得语言能力的渠道。第三步是侧重语言的运用。这一阶段培养学生运用所学语言材料进行听、说、读、写的外语能力。在语篇教学过程中注意培养学生具有真实的交际能力。通过课文语言材料的教学可以获得语言能力。语言的运用是语言能力阶段的发展，由于缺乏一定的交际能力，讲解课文之后还必须进行交际性练习，比如交谈、命题讨论、连贯的对话、口头作文或专题发言、笔头转述、作文、翻译等。

认知法是作为听说法的对立面提出的，它的最大贡献是用心理学的理论论述外语教学，强调理解，进行有意义的学习和操练。转换生成语言学的转换规则既可以注意结构不同而意义相同的同义句，又可以解决歧义句的问题，克服结构主义的缺陷，给外语教学带来了有利条件。

四、功能语言学的影响

20 世纪 70 年代，西欧各个国家政治、军事、经济、科学和文化等方面飞速发展，为了加强彼此在各个领域的联系与合作，成立了西欧共同体。随着西欧共同体成员规模的扩大，使用的语言也随之增多，语言不通的问题阻碍了合作组织的运转和交流。语言学界的研究者们发现，形式结构主义的研究方向已经不能解决一切语言学问题，形式主义抛开使用者、意义和语言环境，遵循自给自足的研究方法完全背离了语言的本质，背离了语言使用者的需要，使一些语言现象无法得到正确的解释。于是强调人的意念和语言交际功能的功能主义语言学成为形式主义的反对派，在短时间内迅速崛起。

如果说，形式主义语言学致力于自然语言特征的描写，力图发展具有普遍意义的语言能力的话，功能主义语言学则强调对语言形式传递信息的功能解释，注重研究语言的各种功能，如概念功能、人际功能、交际功能、语篇功能和社会功能等，注重实现这些功能的语言手段和实现这些功能的语境。

荷兰功能语言学家迪克（S. Dik）认为，功能语言学的特点是：语言是社会性的交际工具，研究语言要考虑它的运用，描述语言表达形式一定要结合它在特定语境中的功能，语言的普遍现象可以有三个制约要素，即交际目的、语言使用者的生理和心理素质、语言使用的环境。在句法、语义和语用的关系方面，语义从属于语用，句法从属于语义，序列应该是语用经过语义到达句法。[237] 功能主义重视语言的外向发展，重视语言的应用。

在功能主义的影响下，外语教学界产生了"功能法"，在俄语界叫"交际法"。"功能法"的教学特点是整个教学过程交际化，把言语交际作为全部教学的出发点，其目的就是教会学生创造性地、有目的地用外语进行交际。外语教学要选择真实的言语、真实的情景，在真实的交际过程中使用语言。另外，教材要根据功能、意念等形式进行选择，而不是根据语言形式进行选择。因此不能说学习祈使句，而是学习祈使意义如何表达。在语篇教学过程中强调学生耳濡目染地学习外语，强调在话语中使用语言培养交际能力。教学的基本单位不是其他流派的语言单位，而是言语单位——话语（语篇）。因为话语才是为交际目的服务的，交际双方的言语交际过程是相互影响的，它贯穿在整个话语之中。"功能法"的课堂把听、说、读、写技能看做是言语活动。表达是功能－意念教学大纲的核心，教师要引导学生把所学的语言材料运用到那种环境中去。

"功能法"的长处是学用结合，可以收到立竿见影的效果。不足是忽略语言性基本功的训练，因此如果碰到语言结构复杂的语句就难以准确理解。

五、语言国情学的影响

语言国情学产生于 20 世纪 70 年代的苏联，它是随着对外俄语教学的推广而兴起的一门新兴学科。"语言国情学"一词最早出现在维列夏金（E. M. Верещагин）和科斯托马罗夫（В. Г. Костомаров）的《对外俄语教学中的语言学问题》（1971）的小册子里，[238]一直到 70 年代末"语言国情学"这一术语才被语言学界和教学界所接受。"语言国情学"包括两方面的内容：一是语言，二是国情。一方面，"语言国情学"的对象是分析语言，其目的是为了解释其民族文化语义；另一方面，"语言国情学"的研究对象也包括在语言课堂实践中介绍、巩固和激活课文阅读中有民族和文化特点的语言单位。[239]作为社会语言学一个分支的语言国情学认为，在本民族文化条件下学习外语的人应该掌握所学外语国家的文化规范和特点。当本民族文化和所学语言国家的文化差别极大时这一点显得尤为重要。最明显的是进行翻译时，民族文化的差异给相互理解带来障碍。外语学习者应该培养自己的另外一种文化意识，并且在学习外语的过程中得到训练。比如在俄罗斯国情学中俄语本身及其文学都是俄罗斯民族和俄罗斯国家历史、文化的源泉。确切地说，"语言国情学"的注释能够阐释词、词组和句子的内涵意义或者转义，给我们以背景知识的说明。有时候，没有背景知识的情况下，学生很难理解词、词组、句子，乃至整篇课文。

众所周知，语言是一种符号系统，它包括很多单位，如音位、词，因此它也有自己的结构，即它是按照一定的语法规则建立的结构。掌握任何一门语言，包括俄语，都必须先储备一定数量的词汇，学会语言的语法规则，做不到这一点，交际就无法进行。

与此同时，语言也是一种社会现象，它存在于社会，又服务于社会。作为社会现象，语言是人类交际的手段，是传达思想和信息的工具。语言反映该民族的文化。因此，学习任何一种民族语言，都应该同时了解那个民族社会的文化和风俗习惯。要想学好俄语，仅仅掌握俄语的词汇、语法结构是不够的，即仅仅掌握语言知识是不够的，还需要了解语言中反映的俄罗斯民族的社会生活和传统文化。因为语言的生活受语言集体——承担者的生活制约。熟悉俄罗斯社会的生活和文化，会给学俄语的学生提供正确、准确理解原文的背景知识。

学生熟悉课文中所有的词，却不理解课文整体意思的情况经常发生。这种情况不是因为语言知识不够，而是文化知识和背景知识不够，举例来说：У русских существует одно специфическое хобби, свойственное, пожалуй, только им. Его можно назвать нашим 《национальным спортом》. Дело в том, что почти каждый современный горожанин, москвич и петербужец, имет дачу.[240]要准确地理解这个片段，应该掌握一定的语

言国情学信息。Дача 翻译为"别墅"。我们和俄罗斯人对"别墅"的认识截然不同。"别墅"在我国是奢侈生活的象征，可在俄罗斯"别墅"是很普遍的，那只是城里人在郊外建的普通平房，上班族到周末时去休闲的地方。

只有我们掌握了背景知识，才可能准确、正确地理解这个片段的意思，才可能准确地用汉语传达 Дача 一词的信息。

"语言国情学"不同于国情学（страноведение）。国情学涉及人类很多活动领域，包括民族学、历史学、地理学、文学、工程学、经济学、生态学等，它是有关俄罗斯国情知识的总和。而俄语语言国情学也是有关俄罗斯国情知识的总和。它们的区别是国情学可与所学语言——俄语的关系不那么紧密。例如，对专业低年级的学生和非专业的学生来说，可以用母语授课，而俄语语言国情学与所学语言——俄语紧密相连，相互依存。另外，国情学可以脱离语言教学过程，教师可以开设讲座或讨论的形式向学生传授国情知识；而俄语语言国情学是俄语实践课的重要组成部分，它寓于实践课的教学之中。可以认为，俄语语言国情学和国情学是相互补充、相互促进的，为了共同学习俄语、了解俄罗斯国情，需要掌握和精通俄语。

每一个新型学科理论的诞生都会对教学界产生重大影响，"语言国情学"作为苏联推广对外俄语教学的产物，直接对我国的俄语课堂产生了影响，因此在 20 世纪 80 年代，实践课教师在讲授语音、词汇、语法、课文的同时，开始关注语言背景知识的讲解。有人把"语言国情学"称为"俄语语言教学的第五个范畴"，即在传统的语音、语法、词汇和修辞之后再加上语言国情的教学。[241]"语言国情学"自诞生之日起就肩负着双重责任，它既是社会语言学的一个分支，又是语言国情教学法。

"语言国情学"教学法可以保证教学的交际性，并且语言载蓄功能的实现和语言接受者的文化移入可以解决语言教学的普通教育任务和人文任务，并且教学法具有语言属性——在俄语教学过程中通过俄语介绍文化。[242]

语言国情教学法的教学过程通常是这样的：

1. 筛选语言材料。在讲解课文时，从中选出具有民族文化语义特点的词汇、成语和格言。

2. 考虑学生接受的可能性。确立一堂课能讲解多少个语言单位，按怎样的顺序进行讲解，这种做法通常叫做语言材料的分配。

每堂课的教学目标不一样，教学方法也不一样，通常有三个阶段：介绍新材料；巩固新材料，即把短时记忆变为长时记忆；激活学生已有的背景知识。

六、心理语言学的影响

20 世纪中叶，随着乔姆斯基的转换生成语言学的崛起，心理语言学派就产生了。从宏观背景看，心理语言学派有两个分支，即西方心理语言学派和苏俄"言语活动论"派。西方学派强调人类言语编码和解码的认知特点，苏俄学派强调的是言语生成、理解和言语交往过程的言语思维活动。心理语言学研究从产生之日起，一路走来，已在世界很多国家落户，可以说是流派林立、宗旨纷呈，一直没有普遍公认的定义。根据本文立足的学科需要，在此仅阐述苏俄心理语言理论——言语活动理论对俄语教学的影响。

"心理语言学"是研究人类言语活动心理学方面和语言学方面的科学，是研究言语交往过程和个体言语思维活动过程社会学方面和心理学方面的科学。[243]

心理语言学的研究对象首先是作为人类特有的一种活动——言语活动（речевая деятельность），研究实施言语活动的心理内容、结构、种类，研究实现言语活动的形式及形式完成的功能。正如心理语言学家创始人列昂捷夫（Леонтьев А. А.）指出的那样："作为整体的言语活动及其综合性模式化的规律性是心理语言学的对象。"[244]

语言是心理语言学另一个极其重要的研究对象，因为语言是言语和个体言语思维活动实施的手段，是言语交往过程中语言基本符号功能实施的手段。心理语言学经常关注的是言语活动的内容、动机和形式与言语语句（речевое высказывание）中运用的语言成分和结构之间的联系。心理语言学研究的第三个重要对象是人的言语。言语是言语活动实现的方式。因为言语是言语语句生成和感知的心理生理过程，是言语交往的不同种类和形式。

应该说，心理语言学是一个综合性的学科，它是在两个最古老的人类文明科学——心理学和语言学独特联合、部分交融的基础上建立起来的，因此它的研究对象也不是单一的。心理语言学研究的客体是作为人类社会中言语活动主体和语言承担者的人，是交往和交际以及在个体发展中言语形成和掌握语言的过程。"心理语言学的研究客体一向是言语事件或言语情景的总和。因此，心理语言学最重要的客体是言语活动的主体——为了掌握周围现实运用这种活动的人。"[245]

俄苏"言语活动论"在 60－70 年代渐渐成熟起来，被我国学者高度关注却是在 2000 年以后。因此在我国，心理语言学与其他学科相比，还是相对年轻的一门科学，它还处于形成和发展时期，所以在教学界还没有被普遍接受，还没有形成一套行之有效的教学理论。当然，近几年的硕博论文、期刊论文也对心理语言学如何指导外语教学问题有些涉及，但基本上是走西方心理语言学的路线，强调二语习得的问题。

俄苏言语活动理论强调的是言语生成、言语理解和言语影响的过程，教学领域如果借鉴其精华，应该是注重教授言语活动和言语交往。教授言语活动和言语交往就是教会学生以下几方面：

1. 如何建立言语。言语形成要经历哪几个阶段；言语形成的过程要有哪些因素服从于言语动机，这些因素在言语操作过程中彼此会发生哪些联系才能最后达成言语动机的目标等。在教学实践中就是教会学生言语熟巧能力。

2. 如何理解言语。要理解的言语是言语活动的作品——语篇，即如何确定语篇体现的含义统一体的特征；如何确定一个层面含义向另一个层面含义过渡的标记；如何确定整个语篇外部框架的标记。

3. 言语交往。在教学中培养语言能力的同时，要灌输交往的心理因素、文化取向因素。

心理语言学本身是交叉学科，它把重点放在学生的言语活动方面，因此"通过对该学科的研究，会形成有关外语教学的全面理论，这种理论将不会照抄作为语言系统分析结果的一些语言学公理，而是以所揭示的各种机制及其相互关系为基础"。[246]

通过梳理各个时期的语篇教学方法，我们不难看到，每一时期的教学方法都是适应那个时代的需要，为了达到某种特定的目标而提倡的。进入 21 世纪，语言学研究的特点是人文中心论，强调了解语言中的人，而本文提出的"言语个性"元素正是关于俄罗斯人的文化，在《新课标》总体要求下，我们应该提倡"人文中心"教学理念，创造文化氛围，让我们的学生在学习过程中潜移默化地了解俄罗斯人的个性特点，这样做既能实现"文化素养"的目标，又能适应目前中俄两国频繁交往的需要。

第三节 "文化素养"目标下俄语语篇教学需要解决的问题

20世纪是外语教学法领域流派林立、相互竞争的世纪。各个流派有竞争，也有并存，一直到今天，外语课堂也不是哪一个教学方法的唯一存在，而是根据课型特点、教学任务的实际需要不断取长补短、兼容并进的过程。回顾过去，再看今天，大家一直关注的焦点无非是"教什么"和"怎么教"的问题。"教什么"是确定语篇教学的重点内容；"怎么教"是用什么方法把重点语篇内容呈现出来。决定"教什么"之后才能选择"怎么教"。但是"怎么教"似乎又决定了"怎么学"。所有这一连串的问题，毫无疑问，都取决于需要，社会需要决定教学需要。

一、"文化素养"目标下俄语语篇教学需要解决的问题

"文化素养"是《高中俄语课程标准》提出的总体目标组成要素之一，是言语交际顺利进行的重要保障。"文化素养"目标的提出是以社会需要为依据，外语学习的终极目标是进入跨文化交际，而民族文化的差异常常阻碍交际的顺利进行。俄语像其他任何一门外语一样，它不是孤立的语言体系，语言体系背后还有强大的文化背景作为支撑，我们与其说在学习俄语，还不如说在学习俄语蕴含的文化，俄语与俄罗斯文化相辅相成。

"文化"是一个包容万象的大概念，它包括物质文化、精神文化，以及在其影响下形成的语言创造者和言语发出者的个性特质。在以交际为最终目标的俄语语篇教学中，文化的地位不言而喻。在第二节中我们看到，以往的语篇教学重视过语言知识、言语技能的训练，也重视过直接情景交际，到20世纪80年代虽然提倡语言国情教学法，但更多的是重视词汇、成语背景知识的解释，似乎与形成语篇的人没有关系。

语篇是一个跨学科领域的研究对象，是一个复杂的综合体。它不只是靠语言单位来支撑的形式体系，它还拥有丰富的内涵。语篇除了语言系统的支持外、还蕴含语义、修辞、思维逻辑、文化、语用、认知和心理等多方面的知识。语言学的发展引领我们不断发现语篇的奥秘，语篇语言学研究的理念不断校正语篇教学的脚步。因此在不同时期，语篇教

学都代表了那个时代社会需要的声音。

21世纪的今天，"人类中心论"的语言学研究，重点讨论语言中的人，而不是人的语言，这无疑会给作为言语思维活动作品的语篇教学带来启迪。20世纪以来，以人为中心的心理语言学研究告诉我们：语篇是语言表达的言语思维活动，它不仅包括纯语言学成分，还包括超语言学成分。纯语言学成分是交际者直接生产的产品——言语，超语言学方面包括交际参与者、语义、认知等方面。这与研究"人的语言"的语言学有很大不同，"人的语言"语言学是研究外部语言，研究语言知识系统及其功能和语用；研究"语言中的人"是研究内部言语，通过语言、语篇研究人的认知、思维与心理方面。语篇是言语思维活动的结果，它反映着人的认知特点和心理特点。这提示我们，语篇教学除了要解决传统语篇教学要解决的归纳、理解、逻辑分析和语言应用问题外，还应该把宏观文化背景下形成的人文因素考虑进来，因为语篇是人的言语作品，离开人，语篇就不会存在。所以语篇教学过程中除了要解释基础的语言、语义、语用、文化等知识外，深入挖掘俄语语篇本身形成的思维逻辑特点，通过语篇了解言语主体及语篇中主人公的个性特点才是俄语语篇教学要解决的根本问题。这既符合《新课标》中"文化素养"目标的要求，又符合语篇教学的终极目标——跨文化交际的需要。

另外，中俄两国友好关系长期稳定的发展使我们与俄语相关的工作环境不再是闭门造车。中俄两国各个领域的交往不是走出去，就是请进来，两个民族的频繁接触与合作不断需要面对面的交流。面对面的交流当然是人与人的交流，要想顺利完成交际任务，完成工作任务，就必须了解俄罗斯人。所谓了解俄罗斯人，一般来说就是了解代表俄罗斯人个性特点的性格、思维方式和价值观等方面。这样的社会需要再也不能允许我们的俄语语篇教学讲解词、句、篇的语言知识或者对它们进行逐句翻译就万事大吉。

语言科学的发展、社会大环境的需要和"文化素养"目标的要求无疑给我们只重视词、句、篇解释与翻译的传统语篇教学提出了挑战。语篇是直接传播人类信息的渠道，"文化素养"目标的要求，社会大背景下对俄语人才需求的紧迫性，进一步告诫我们在语篇中了解俄罗斯人的个性特质——性格、思维方式和价值观是不应该忽略的问题。

二、"文化素养"目标下俄语语篇的教学方法

20世纪后期到新世纪《新课标》的提出,"学生中心论"的思想被越来越多的人接受,因此,《新课标》中"文化素养"目标应该如何实现的问题,给我们的高中俄语教学提出了新的课题。笔者认为,语篇是俄罗斯民族文化的载体,是传播人文信息的渠道,只要我们科学合理地利用语篇教学,"文化素养"目标将会顺利实现。

在高中俄语语篇教学过程中,我们提倡通过如下方法培养俄语学生的文化素养。

(一)"俄"化学习环境,培养学生的学习热情

学习环境主要由教室、教师和学生组成。"俄"化环境是使我们的教室、教师和学生俄语化、俄罗斯化。具体做法是从第一堂俄语课开始,教师和学生就应该把自己置身于俄语氛围之中,置身于俄罗斯文化的氛围之中。比如教室里悬挂俄罗斯行政区域图和地形地势图,让学生在没有学会语言之前就进入"俄罗斯世界",对俄罗斯国家的版图、面积、疆界、临海、邻国、平原、山川、河流等知识首先有一个感性认识;教室墙壁张贴俄罗斯风土人情的图片,介绍俄罗斯名人名家、趣闻轶事的俄语书法等,这些无声的俄罗斯人文景观会把学生自然而然地带入"俄罗斯意识",激发学生说俄语的渴望。除此之外,业余时间或课间休息时还可以播放俄罗斯音乐和歌曲,周末播放语言简单易懂的俄文版动画片、电影、晚会节目等,这些都会使学生对俄罗斯文化和俄罗斯人文知识的了解起到耳濡目染的作用。当这些"被动地感受"俄罗斯文化成为习惯时,当学生对俄语有了一定的"情结"之后,师生之间、生生之间就可以尽可能地用俄语简单交流了。学俄语的初期不必要求语法完全正确,因为敢于说就是能力培养的开始,敢于说就是在积极接受俄语、接受俄罗斯文化。这样随时随地感受俄语,随时随地操练俄语,就是在培养学生学习俄语的热情。

(二)重视语篇的人文信息

重视语篇背后的人文信息就是重视语篇教学的导入阶段。在"俄"化的学习环境中进行俄语语篇教学,教师的"教"尤为重要。通过语篇背后的人文知识来培养学生的文化意识,重点是如何围绕语篇教学传达俄罗斯人文信息,如何向学生传达语篇中折射的俄罗斯民族个性特点。

在进入语篇之前,教师应该深入、透彻地了解"课文"或"对话",

准确理解语篇所包含的各种信息。"课前预热"是进入语篇的必由之路。课前预热是指首先导入语篇背景知识，如语篇作者的自然情况、写作时间背景、时代背景、写作目的等；如果是对话体语篇要介绍对话参与者的角色、对话发生的时间、场合、话题等。通过背景知识的导入，学生对所学语篇会有个整体把握，并带着了解俄罗斯人文知识的渴望进入语篇内容情景，还会积极配合老师的讲解，积极主动地接受各种知识信息和文化信息。

在进入语篇学习、扫除语言知识障碍时，教师应注意讲解语篇中具有民族文化语义的词汇、成语、谚语蕴含的国情知识信息，通过语篇本身的逻辑结构特点分析作者的思维方式，通过归纳整体语篇的内涵解读言语主体的性格和价值观等个性特点。

（三）设置专题文化情境，激发学生的学习兴趣

设置专题文化情境是语篇教学课堂的延续和补充。在熟悉所学语篇内容的情况下，教师可以从中提炼出核心词、重点句，同时介绍相关的语用信息作为备用材料。打破教师在前面讲，学生坐在下面听的上课秩序，将教室改造为某一个专题场景，比如"学生食堂"、"电影院"、"商场"、"机场"、"商务谈判"等，然后分配角色，运用简单的道具让学生在对话表演的过程中不忘记用上核心词、关键句以达到学以致用的目的。

设置专题文化情境可以寓教于乐，使学生将课堂学到的书本知识通过演练内化为自己的知识。情景的刺激，可以燃起学生真正进入俄罗斯人世界的渴望，从而大大地激发学生学习俄语的兴趣，了解俄罗斯文化的动机。

第四节　灌输"言语个性"知识的必要性

语音、词汇、语法和修辞一直是俄语教学的焦点，普遍的理念是学生会写出语法正确的句子，会写出几百字没有文法错误的作文。但是学会正确的语音、储备一定的词汇量和写出简单没有语法错误的作文，这只是学会俄语长征中的第一步。社会语言学家海姆斯（D. H. Hymes）指出，一个学语言的人，他的语言能力不仅是他能够造出合乎语法的句子，还包括他是否有恰当地使用语言的能力，由此海姆斯首先提出了"交际能力"这一著名的概念。这里的"交际能力"既包括语言能力，

又包括语言运用。他还进一步阐明了交际能力的四个特征：一是能够辨别、组织合乎语法的句子；二是在适当的语言环境中使用适当的语言；三是能判断语言的可接受性；四是能知道语言形式出现的或然率，是常用的习惯语言，还是个人用语。[247]要想"恰当地使用语言"，至少要对俄罗斯人有个基本的了解，如性别、年龄、社会地位、受教育程度、时间、地点与场合等；要想知道自己所说的话作为交谈对象的俄罗斯人能否接受，就要深谙他们的思维方式、观念、信仰、价值观等精神层面。由此可见，学会俄语不在于"能够造出合乎语法的句子，而是在于是否有恰当地使用语言的能力"。恰当地使用语言不仅仅是考虑外在的说话场合和交谈双方的职业、年龄、身份和社会地位等因素，要想真正地交际成功，了解俄罗斯人的性格、思维方式、价值观更加重要。下面举几个作者亲身经历的例子：

例1：多年以前，我单位有一名来自俄罗斯的外籍女教师，工作一段时间后和大家相处得很融洽。快到寒假的时候，有一个同事很随意地问了她一句："您寒假怎么过啊？"回答说，"还没想好。"同事又说："和我们一起过春节吧。"在我们旁观者看来，那只是中国式的客套，到了春节前夕，大概我的那位中国同事早已经忘记自己说过的话。没想到，这位俄罗斯女教师在大年三十的晚上给她打电话，问什么时间去她家过节。这件事让中国同事很被动，也很尴尬。这个误会不得不说是两国思维方式惹的祸。

例2：几年前，作者在普希金俄语学院访学期间，曾经给另一所高校学生上汉语课，来上汉语课的学生有不同专业的本科生，也有研究生。我们得承认，汉语拼音的四声是很难学的，因此在教他们朗读汉语拼音和认识汉字之余常常传授一点中国文化。与准确朗读拼音和认识汉字相比，他们对中国功夫、孔夫子更感兴趣。笔者就借此机会告诉他们，尊师重教是中华民族的传统美德，也是中国文化的一部分。比如说，平时上课迟到进教室要敲门，不来上课要和老师说一声，以便老师了解学生哪些内容是没有听到的。一个很文静的女孩说："我们认为进教室不敲门和礼貌无关，那是怕影响老师上课。"另一男生说："我们认为，来不来上课不必告诉老师，学习是自己的事情。"我又提了一个自己认为很关键的问题："如果总是旷课，你的成绩怎么办？"学生说："没关系啊，今年通不过，明年可以再继续学习。"这次讨论让作者恍然大悟，俄罗斯学生更在乎自我价值，你不能简单地说他们太自私，这也许与这个国家的教育体制形成的学生价值观有关。

　　还有就是俄罗斯人对家庭婚姻的看法与我们也大不相同。在作者接触的俄罗斯女人中，多数都没有完整的家庭。记得在普院访学期间，口语课上，老师就说："我们俄罗斯女人和你们中国女人不一样。"我忍不住问怎么不一样，她说："中国女人太传统，俄罗斯女人比较独立。"我又问："怎么解释？"她说："我们认为一个家庭没有男人是可以的，女人能工作赚钱、养家、教育子女，甚至还自己有房有车，你说要丈夫干吗？"也许正是这种婚姻观才是多半家庭不稳定的原因吧。

　　与俄罗斯女人接触，常常会听到这样的提问：你有孩子吗？你会说有。紧接着就是：你有丈夫吗？你说，这样的问题不是很好笑吗？但对于俄罗斯人来讲，有孩子不一定有丈夫。这的确是很普遍的现象。

　　类似的例子很多，涉及面很广。从以上的例子中大致可以说明，文化在言语交往中起着举足轻重的作用。学习俄语不能不注意中俄两国在文化上的差异。语篇是传播文化信息的渠道，那么语篇教学又怎能避开文化知识的传授呢？

　　当了解俄罗斯人的性格、思维方式和价值观之后，我们再与他们进行交往就自如很多。

第九章 "三维语篇教学模式"的构建

俄语语篇本身不仅是外语语言学研究的对象之一,也是外国学生学习俄语的重要媒介,是俄语课堂教学的重要内容。长期以来关于语篇教学的问题一直讨论不休,可以说是仁者见仁,智者见智。而且,语篇教学问题在我国讨论最热烈的还属英语学界,总体看,语篇教学研究主要集中讨论如何解读语篇的问题。解读语篇是语篇教学的主要内容,但是解读语篇中的哪些内容,如何解读这些内容则是语篇教学研究中普遍思考的问题。本研究拟结合现行高中俄语语篇教学现状,在尊重语篇语言、认知、语用三大特点的条件下,运用卡拉乌洛夫的"语言个性"三层面理论,构建"三维语篇教学模式",以期解决目前高中俄语课堂教学中存在的问题,实现《普通高中俄语课程标准(2003)》的"文化素养"目标和"俄语综合语言运用能力"的总体目标。

第一节 模式概念与三维语篇模式构图

俄语语篇教学是指俄语课堂的"课文"教学和"对话"教学。"课文"和"对话"作为语篇的两种形式具备语言学语篇的一切特点。它不仅是传统语言学认为的超句统一体,还是人类的言语形式。语篇本身反映语篇生产者——言语主体的"世界图景",每一段语篇的后面都有一位"个性"。言语主体的语篇也是社会记忆的一部分,是构成基本活动(不仅是言语活动,还是其他活动,如认知活动)基础的意义综合。[248]所以,作为外语的俄语课堂,讲授语篇时,不仅要讲授纯语言学内容,还应该"教授作为社会文化现实反映的语篇"。[249]新课程标准也要求,高中俄语课堂的语篇教学应该形成不同的观念,如语言观、言语观、交际观,文化观及个性知识观。前四者在语言学发展的不同阶段都已经讨论很多,也已引起人们充分重视。

本研究认为,目前中俄两国人民多层面、多渠道密切交往的大背景对俄语人提出了更高的要求，俄语学习者不仅要完成简单的读、听、说、写、译，更重要的还要能够运用俄语融入俄罗斯社会，走近俄罗斯人，拉近与俄罗斯人的心理距离。中俄交际伙伴之间唯有息息相通，才能实现更高质量的多领域合作，完成共同设计的宏伟蓝图。社会对俄语人才的需求决定俄语课堂教学方案的调整，深层次跨文化交际的趋势告诉我们，语言观、言语观、交际观，文化观固然重要，但要想使俄语学生与时俱进，满足当前中俄两国人民密切交往的需要，传授俄罗斯人性格、思维方式和价值观的"个性知识观"则势在必行。"课文"和"对话"两种语篇形式是传达信息的重要渠道，俄语教师必须尝试改变教学理念，构建相应的语篇教学模式。

一、模式概念

"模式"的拉丁语是 modulus，俄语是 модель，英语是 model。"模式"一词在现代社会中广泛使用。一般来讲，可以把"模式"理解为样品、供应标准，如服装样品、汽车模型；还可以理解为模具、模板，如木模板、定型组合模板、大型工具式的大模板、网络模板等。另外，模式还可以是图像、说明、图表、图纸、计划、地图以及一个物体或系统对象的原型（模型）等。第一类模式是指"模仿"的对象；第二类是定型的工具；第三类是指执行的原则，是一个系统或更高层次的抽象。

纵观模式特点，模式其实就是一种思维方式，是解决某一类问题的方法理论，是从生产经验和生活经验中抽象、升华、提炼出来的核心知识体系。把解决某类问题的方法总结归纳到理论高度，那就是模式。模式是一种指导，在一个良好的指导下，有助于你完成任务，有助于你作出一个优良的设计方案，达到事半功倍的效果，而且会得到解决问题的最佳办法。

如果说教学模式是在"一定教学思想或理论指导下建立起来的各种类型教学活动的基本结构或框架"，[250] 那么，"三维度语篇教学模式"是在"语言个性"结构理论（词语语义层、认知层和语用层）指导下建立起来的语篇教学活动的基本结构和框架。在这一模式的指导下可使俄语语篇教学达到事半功倍的效果。

本文的"三维语篇教学模式"将通过理论基础、教学目标、模式解读、操作程序、实现条件和评价等六大要素来实现。

在解释上述六大要素之前，作者首先呈上未来三维模式的直观图示，目的是使读者对本模式有一个初步的感性认识。

二、模式构图

语篇作为人类言语思维活动的作品，它既有动态特点，又有静态特点。当我们把它看做动态的语篇时，它就是"促成语言结构形成的思维活动的过程"。[251]当我们把它看做静态的语篇时，它就是记录人类意识内容——世界图景的话语形式，是活动的结果。本文把语篇看做言语思维活动过程和结果的综合体，作为结果的语篇——话语既保留了语篇生产者思维活动的痕迹，又带有指向语篇接收者的目的，所以语篇是生产者和接收者交际互动的媒介，这样一来，语篇不是孤立存在的，它是交际范畴三位一体（说话人、语篇、听话人）的成分之一。如图所示：

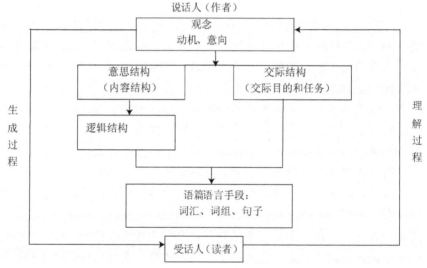

"教学模式是开展教学活动的一整套方法论体系。其实质是在一定教学思想或教学理论指导下建立起来的较为稳定的教学活动结构框架和活动程序。它是教学理论的具体化，又是教学实践经验的系统概括"。[252]

构建三维语篇教学模式是创建语篇教学活动的一整套方法论体系。其目的是解决说话人如何理解语篇的问题，是解决教师在课堂上如何引导学生分析语篇、从哪方面分析语篇的问题。

资料显示，一直以来，语篇分析的方法大致分为形式语义法（формально－семантические методы）、逻辑法（логические методы）、

功能法（функциональные методы）和心理语言学法（психолигвистические методы）。其中每一类分析方法都有其理论基础，而且每一类分析方法都决定其具体的分析技术。

形式语义分析法的基础是在语篇中划分出意思特征完全相符和部分相符的一些语言单位（Уфимцева А. А.），在这类研究方法的内部个体的研究方法又多种多样，比如描述性分析、系统分析、分布性分析、指物情景分析（Ахманова О. С、Никишина С. Е、Винборн Дж、Кибрик А. Е、Новицкая И. М、Подучева Е. В.）等。

逻辑分析法是指任何一个阐述语篇结构的分析方法，这里是指分析语篇意思结构的方法。如果说形式语义分析法的出发点是把语篇外在的语言单位按彼此之间的含义联系类型进行归类，那么逻辑分析法的出发点则是研究者在表层结构中，没有某种外在表现成分的情况下，一开始就意识到逻辑联系的存在，并且分析其表达手段，即"如果句子间有含义联系，那么也应该存在这种联系的语法表达手段"。[253]类似的推理逻辑是从认识含义联系（от осознания смысловой связи）到其表达手段的表现（к обнаружению средств выражения）。我们认为，这是与事物的实际情况更加相符的逻辑，因为"没有看到含义，还不能建立形式特征"[254]，根据这一观点进行语篇分析，含义联系不能永远获得显性语言表达手段（Р. Лакофф、Дорофеев Г. В、Мартемьянов Ю. С、Леонтьева Н. Н.）。

语篇的功能分析法以实义切分理论为基础，是在"交际动态性"（коммуникативный динамизм）（Я. Фирбас）[255]基础上建立的相互联系的主位（тема）和述位（рема）的连续，主位和述位被解释为语篇构成因素之一（Ф. Данеш、Халлидей М. А.）。[256]实义切分理论很明显突出语义特点（Колшанский Г. В.）。[257]对语篇进行实义切分与思想形成过程中的思维运动同步，与从已知到未知的"步骤"同步（Попов П. С.，О. Есперсен）。[258]实义切分与交际行为密切相关，它是"把句子列入言语上下文的手段"（В. Матезиус）。[259]因此，实义切分变成了分析语篇含义结构的强大工具。

心理语言学分析方法以分析生成者、语篇、感知者三位一体（триады）为基础。与其他语篇分析方法不同，心理语言学对语篇的理解保留了主要的、基本的思想。心理语言学认为，语篇是层次结构的构成，其所有层次的成分都有含义特点。这些层次结构由主题、思想、语句的对象，即说话人意图实现的总体思想联合起来。语篇内容结构的层次思想是任金（Жинкин Н. И.）提出的。某个层级的主谓关系是这种层次结构的单位。把语篇含义结构理解为主谓关系演算的层次结构是心理语言学方法的鲜明特征。语篇含义结构的心理语言学分析方法还有很多：信息目的法（Диридзе Т. М.）、指物性分析法（Зимняя И. А.）、依赖交际侧面的分析法（Колкер Я. М.）等。其中每一种分析方法都只是解释其某个侧面的问题。

我们认为，在建立语篇含义结构模式化的综合、多侧面的教学法方面，心理语言学的确有强大的理论基础。如果说言语语句生成的心理语言学模式理论（Берштейн Н. А、Выготский А. Л、Жинкин Н. И、Леонтьев А. А、Леонтьев А. Н、Лурия А. Р、Ахутина Т. В、Цветкова Л. С.）可以作为"过程"性语篇的分析基础，那么另一位心理语言学家卡拉乌洛夫的"语言个性"理论则是"结果"性语篇的分析方法。

作为"语言个性结构"理论构架的三个层面，如词语－语义层、认知层和语用层正好可以诠释"每一个语篇背后都有一位个性"的思想，在俄语语篇教学过程中让学生感知俄语"言语个性"，即通过俄语语篇这一窗口了解俄罗斯人的个性特点，正是本研究的初衷。

以"语言个性"三层面结构思想为指导，我们在课堂进行语篇教学时，可以把语篇分为三个维度来看待：语言维度语篇、认知维度语篇、交际语用维度语篇。如图：

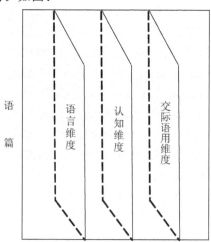

"三维语篇教学模式"的教学理念既反映俄罗斯国情文化（历史、地理、文化、习俗等），又反映俄罗斯人的个性心理（性格、思维方式

和价值观)。因为民族个性的形成离不开国情文化的土壤,所以谈民族个性无法避开国情文化。

第二节　模式构建的理论基础

语篇本身是一个复杂的综合体,语篇分析理论就是在众多学科交叉研究的基础上形成的。自 20 世纪下半叶以来,把语篇作为研究对象的学科有信息学、心理学、语言学、演讲学、语用学、符号学、社会学等。"语篇综合研究的必要性不是方法论的要求,而是语篇本身实质的表达。"[260]在分析语篇材料时,如果不仅考虑揭示语篇言语组织实质的语言学信息,还考虑更广泛的信息,那么语篇综合研究会更有成效性。

"语言个性结构"理论就是这样一种考虑广泛信息的,可以用来合理分析"复杂体"语篇的理论。心理语言学关于"每一段语篇的背后都站着一位个性"的论点向传统语言学"每一段语篇背后都有一个语言系统"的观念提出了挑战。在语篇"个性观"的影响下,卡拉乌洛夫站在人类中心论的立场,提出了语篇三层结构学说:词语-语义层(уровень вербально—семантический)、认知层(когнитивный уровень)和语用层(прагматический)。[261]这三个层面本身曾经一直是作为内部语言学的任务单独存在的,但卡拉乌洛夫却把语言特点、语言文化特点、语言的认知特点和语言的语用特点都巧妙地纳入了语篇概念之中,使语篇不再是"顾此失彼"的研究客体。语篇三层结构说向我们展示了每一层以不同方式折射着语篇背后人的个性的特点。作为第一层的词语—语义层强调词语联想方面,即语篇研究不仅要研究组建它的词语形式,更重要的还要考虑词语与语言承担者,即语言个性的联系,考虑词语与文化的联系,"尤其是后两个层面,基本上包含属于心理学的范畴和客体。语言个性心理方面的研究表现的非常明显,心理方面不但渗透到后两个层面——认知和语用层面,而且渗透到了第一层面——词语语义层,因为词语语义层建立在心理学联想——词语网形式的词汇语义组织基础之上"。[262]

本研究认为,卡拉乌洛夫的语篇三层结构观恰好与本研究的语篇特点(语言、认知、交际)相符,为此,我们运用卡氏的"语言个性结构"理论建立了合理呈现"言语个性"特点的"三维语篇教学模式"。

第三节 "三维语篇教学模式"的教学目标

"三维语篇教学模式"是针对现行高中俄语课堂语篇教学片面追求语言知识的现状提出来的。或者说，现在高中俄语教学重视教授俄罗斯人的语言，而忽视对俄罗斯人的言语理解，漠视对言语生成者——俄罗斯人的了解。"三维语篇教学模式"正是要补充或更新这种传统片面的语篇教学观，"三维语篇教学模式"预期要实现以下教学目标。

首先，实施"三维语篇教学模式"，是为了学生能够在俄罗斯文化背景的熏陶下记忆语言知识，培养言语技能。高中学生平时几乎没有接触俄罗斯人和使用俄语的机会。他们对俄语没有感性认识，"三维度语篇教学模式"给高中俄语课堂提供了一个时刻感受文化信息和文化情境的教学模式。借助该模式进行语篇教学，教师会根据已有的知识结构进行相关的词语联想，使从前的单纯性语言教学转化为语言文化教学。与此同时培养学生在语言中学习文化、在文化中掌握语言的意识，激发他们学习俄语的热情，促进学生对俄语语篇的理解和运用，形成学生跨文化的俄语交际能力。

其次，实施"三维语篇教学模式"可以启发学生了解俄罗斯人的性格、思维方式和价值观。使学生知道，学好俄语的重要途径不仅仅是能够记住更多的词汇和建构语法上正确无误的句子。超越语言框架，树立篇的意识，在篇的世界了解俄罗斯人的意识形态，了解俄罗斯人的个性特点，丰富自己的知识底蕴，拓展知识视野，才有可能真正实现跨文化交际。目前高中俄语课堂基本是老师讲、学生记，学生处于被动的学习状态，而教师在三维模式中进行语篇教学时可以充分利用各种条件把学生带入俄罗斯文化，创设积极的语言体验和环境，使学生在俄语学习中找到成就感就显得尤为重要。

最后，在语篇讲解结束之际，实施"三维语篇教学模式"可以把学生引入交际情境。语篇是交际范畴，语篇是交际双方传达信息的媒介。通过这一媒介可以触碰到某些文化定型，如礼貌用语、俗语、谚语、名言警句，可以通过表达手段的选择、交际策略的选择进一步发现俄罗斯人的个性特点。由于高中生被高考指挥棒误导，普遍认为，学习俄语的最终目的就是为了应对高考，所以不明确学习俄语的意义何在。教师可以让学生通过了解俄语文化和言语个性特点拓展视野，树立远大理想，并形成积极的情感态度。

"三维语篇教学模式"最终要实现的目标是：在语篇中学习语言，在文化中掌握语言，在交际中实现言语训练，最终实现牢固掌握语言知识、熟练言语技能、得体进行跨文化交际的目标，培养学生综合运用语言能力的总体目标。

第四节 "三维语篇教学模式"解读

卡尔·马克思在讨论人类建构模式问题时曾经指出，建筑师与蜜蜂之间的本质差别是，他在建造"蜂窝"之前，就在自己大脑里把它建好了。劳动过程结束时得到的成果是劳动之初概念的实现。[263] 马克思的话告诉我们，模式的构建是为了达到理想的工作效果。要想使语篇教学达到理想的教学效果，建构符合语篇自身特点和满足社会需要的语篇教学模式是非常必要的。

根据"语言个性结构"理论建构的"三维语篇教学模式"，我们在教学实践中分析和讲解语篇时，可以设定三个维度，即语言维度、认知维度和交际语用维度。这样讲解语篇符合人类活动的语言、思维和现实的宏观三角关系，也会实现外语教学的总体目标，即能够进一步发展学生的"俄语综合语言运用能力"。下面我们对"三维语篇教学模式"的每一个维度进行解读。

一、语言维度的语篇教学

语篇是言语思维活动过程和结果的总和。内部言语从产生到生成经历了复杂的思维活动过程，内部言语形成意思连贯的整体，输出之后由语言形式固定下来，称为语篇。语篇包括口头形式和书面形式。口头形式的语篇由语音系统来体现。书面形式的语篇则是由词汇、词组、句子运用语法规则有机连接而成，也就是我们看得见的话语（"课文"和"对话"）。当我们作为读者去理解一段语篇时，我们首先感知的是话语形式。感知话语形式，就是感知语篇的表达手段。理解语篇的第一步是分析这些表达手段的形式、结构及其包含的影响语篇理解的"知识"。

根据"语言个性结构"理论，语篇的第一层，词语－语义层所要分析的单位是词（слова）。在这一层面主要分析词的"语法聚合关系"（грамматико － парадигматические отношения）、"语 义 句 法 关 系"

（семантико—синтаксические отношения）和"联想关系"（ассоциотивные отношения）。该理论认为，词组模式和句子模式是影响语篇理解的文化定型（стереотипы）单位。[264]

分析词汇可以扩大学生的词汇量，增强他们对俄语词的认识；分析语篇词的语法聚合系统和句法关系可以帮助学生掌握语法—语义规则和规律；分析文化定型单位的词组或句子可以训练学生自动运用类型结构的能力。但是"语言个性"理论要求的不仅仅是这些，比分析语篇词语、语篇语法—语义系统本身更重要的是，建立它们与背景知识的联想关系，建立它们与语篇生产者的联想关系。在具体讲解语篇时，要时刻注意语言单位、语言结构的"联想关系"。因为词语—语义层是在"词语联想网"的基础上建立起来的。

二、认知维度的语篇教学

中学语篇教学通常都是在语言维度内进行的，而且是局限于词、句的讲解。这样浅尝辄止的做法会损失很多信息。"任何一个语篇都体现交际者的思维特点，体现其立场特点以及主观地对语言使用的特点"。[265]语篇是一个复杂整体，不仅有语言范畴，还有认知—思维范畴。卡拉乌洛夫的语言—认知（总词库）层（лингво—когнитивный〈тезаурусный〉 уровень）含义就在于此。"在俄语中与总词库最吻合的词义之一是世界。如少年世界、工作世界。"[266]"语言个性结构"中语言—认知（总词库）层设定的单位是反映"言语个性"世界图景的概念、思想、观念。语言—认知（总词库）层单位的定型，除了单个的词外，套话、格言、定义、成语、谚语、熟语都可看做它们的表达者。根据这一理论，语篇理解的所有层面都是个性词库和观念系统与语篇的内容相互作用决定的。心理语言学研究表明，"理解语篇就是感知第一句话（或者是标题）之后，立即开始语义分析"。[267]语篇分析在经历语言维度讲解之后，语篇教学的任务远远还没有完成。讲完词汇语义、语法结构、语篇整体语义的同时，还应该把教学触角深入到词语背后的概念、思想、观念等方面进行知识分析。从语言走向知识将会帮助我们了解俄罗斯人的"世界图景"，了解那些世界图景塑造的俄罗斯民族个性特点。在这一维度讲解课文，具体做法是在感知作者的词语使用特点时，加深对报道含意的理解，在重建语篇总体含意时，分析作者的意图，从而获得作者思维方式和价值观的特点。

三、交际语用维度的语篇教学

交际语用维度的语篇教学是对言语的具体理解和使用的教学。语篇教学必须经历对语篇的表达形式、语篇的深层含意和一定言语情境中语篇产生效果的分析过程，以此感悟语言魅力，进行语言积累，了解所学语言国家文化，最终达到提高语言的理解和运用能力的目的。

语篇既是心理语言学的概念，又是语用学的概念。"语言个性结构"理论的"动机一语用层（мативационно一прагматический уровень）"强调，语篇的语用方面是由"交际活动的需求，包括目的、动机、兴趣、目标和意向"决定的。该理论认为，在立足动机一语用层教学时主要分析语篇周围的"交际范围、交际情境和交际角色构成的交际网络关系"。[268]而作为语用学对象的语篇则是"特定情境中的特定话语，特别是研究不同语言交际环境中如何理解和运用语言"。[269]所以，心理语言学的语篇研究重视语篇生成的动机和过程，而语用学的语篇研究重视在现实交际实践中的理解和应用。在语用维度内进行语篇课堂教学，是引导学生如何在语言环境和言语情境中理解和运用作为言语思维活动过程和结果的语篇。在实施语用维度的教学时，可以通过言语交际系统看到"民族文化反射"，从中了解言语主体的性格、思维方式和价值观等个性特点。

"三维语篇教学模式"具有语言、认知、语用三维度特点，其教学目标是改善现行单层面语篇教学带来的弊端，使语篇教学变成有意义的教与学的活动。遵循三维语篇教学模式进行教学，学生在俄语课堂不仅能够学到基础的俄语语言知识，还可以通过语言单位了解俄罗斯民族的社会文化特点，通过连贯的语篇可以了解俄语言语主体的民族个性特点，进而实现提升高中生俄语"文化素养"和得体地进行"跨文化交际"的目标，最终实现发展学生"俄语综合语言运用能力"的总体目标。

第五节 "三维语篇教学模式"操作程序

在第四节中，我们运用"语言个性结构"理论从宏观上解读了"三维语篇教学模式"。在第五节，我们将尝试本模式的可操作性。"三维语篇教学模式"可通过如下五个环节实施：引入情境→进入情境→探索分析→组织协作→习得语言。

一、引入情境

教育心理学家奥苏贝尔曾经就如何贯彻"逐渐分化"和"整合协调"教学原则提出了"先行组织者"的概念，并将该模式阐述为"在学习新材料前，给学习者一种引导性的材料",[270] 其指的是教师在面临新的教学任务时要比学生"先行"一步，做好充分的上课准备，以引导学生的学习倾向，促进学习，防止外界干扰。

依据这一理念，在进入语篇讲解之前，教师需要对目标语篇（作为课堂教学任务的"课文"和"对话"）进行全面的了解，如语篇作者生活的时代背景、作者的创作特点、写作风格、目标语篇的创作动机等。这一环节，教师可以通过口头讲述、师生讨论的方式制造文化氛围，最理想的是借助多媒体播放电影、图片等方式来呈现有关目标语篇的各种信息。用"未见其人，先闻其声"的方式来吸引学生对目标语篇的关注，激发他们尽快进入语篇的渴望。

二、进入情境

在教师完成大量的铺垫工作之后，学生学习本课的兴趣被激发出来，积极性也被调动起来，可以快速进入教师设定的情境，并进行积极的思考和记忆。教学中所提供的文化背景和环境必须有利于学生对所学内容的意义建构。

三、探索分析

在引入情境阶段，即"热身阶段"，应当把学生的注意力逐渐引向语篇"空间"，为理解语篇进行充分的铺垫。"热身"结束，随之进入目标语篇教学活动，在三维语篇教学模式中引导学生探索分析文化信息。教师要确定与教学内容和目标相关的各种文化属性，并将各种文化属性按其重要性进行排序，给出简洁的阐释和讲解。探索开始时要先由教师启发引导，然后让学生自己拓展。探索过程中教师要适时提示，帮助学生沿文化概念框架逐步攀升。

（一）词语语义分析

"对于新语言教学过程来说，原则上具有重要意义的不是选择使用频率最高的语言单位进行讲解，而是在选择这种语言单位的过程中，首先要不断考虑它们与俄语语言个性应用反射（рефлекс）的联系。"[271]"反射"是语言个性联想语义网中固定下来的超语言学知识的部分，是"语言承担者语言意识的反映，它包括关于语言的反射成分，民族文化的反射成分，它在反应中给予俄罗斯现实的概念、事件以及类型情境以评价"。[272]

由此可见，语篇不但是词汇、词组、句子等语言单位的简单合成，而且构成语篇的这些语言单位还反射"超语言学知识"的信息。如果对语言形式结构固定下来的超语言内容不了解，就会影响对语篇的理解。所以我们在讲解语篇时，首先要扫除理解的障碍。讲解词语的"语法聚合关系"和"语义句法关系"时，要时刻考虑它们的"联想关系"。通常在语篇中，反射超语言学知识的语言形式结构有独立的词汇单位、语言成语系统单位、先例文本和先例民族文化应用反射。这些表达超语言学知识的语言形式结构既可能反映俄罗斯民族文化特性、民族心理，又可能反映俄罗斯民族精神和俄语语言世界图景。解决了这些理解上的困难，再对语篇进行整体分析就容易很多。

（二）整体语篇分析

当我们对语篇进行词语分析时，并没有把它当做一个内容整体来看待。没有关注语篇的整体内容及深刻含义，只是分析了语篇的建筑材料——词、词组、句子的词汇意义、语法聚合特征、语义句法特征及语篇建筑材料的超语言知识信息，这只是为理解语篇做的准备工作。然而，任何一个形式的语篇都是"用来表达代表某个思维模式的思维内容（知识），因此语篇应该包括相应的语义信息"。[273]人们在进行言语交际时彼此交换的是来自对方的信息，而不是手段。

所以，尽管语篇是由语言单位构成的，但是语篇的语义并不等于语篇构成要素语义的总和。语篇的语义像其他语言单位的语义一样，也保留和表达一定的、固定在词语形式中的信息。从这一角度讲，语篇的语义区别于其句子语义的总和。意思是，语篇包含或者可以表达除句子信息之外的另一种信息。这样一来，语篇的语义由两种相互联系的因素组成：语篇句子的语义和语篇外部衔接与内部连贯产生的信息，即语篇的整体信息。

（三）语篇的语用分析

整体语篇的语用分析就是对一定情境中的语篇表达形式、语篇内容以及所产生的效果进行分析。与词语语义分析和语篇整体信息分析不同，语用分析主要涉及语言形式、语言形式产生的交际功能以及这些形式产生功能的语境或情境。在交际时，语篇生产者（说话人）、作品（语篇）、接收者（听话人）构成了一个"交际链"。生产者（说话人）依据语言规则，借助言语形式表达自己的观念或情感；接收者（听话人）对语篇的解读是理解言语形式承载的内涵，并在此基础上可能"创建""言外之意"、"言后之意"。对于语篇教学来说，既然它是要通过他人的言语作品来培养学生的语言语用能力和交际语用能力，那么作为知识接受者的学生就必须经历对作者在一定情境中的话语表达形式及其蕴含的内容和表达效果的分析过程，感知语篇的形式，理解语篇形式的内涵，并以语篇内容为基础来揣摩作者所采用的语言形式的妙用以及对其进行评价。

四、组织协作

教师在简要指导后，一定要组织学生进行小组讨论、对话活动。这个环节是学生学以致用的过程，是训练学生得体使用俄语的过程。如创建模拟情景，让学生运用目标语篇里学过的词汇、句型、句式进行分角色对话。只有经常进行这种模拟训练，学生才可以把课堂所学内化为自己的知识，才能最终在真实的交际情境中自然输出，实现跨文化交际的能力。

五、习得语言

语言习得是俄语学习的最终目标，学生习得俄语语言的评价标准是要建构起俄语语言的使用含意。语言的使用含意是指俄语文化、语言规律和知识之间的内在联系。学生最终必须要成为俄罗斯文化的语言主动建构者。

第六节 "三维语篇教学模式"的实现条件

"三维语篇教学模式"是以文化背景为支撑的教学活动框架，用该模式指导俄语语篇教学，可以在分析语篇的过程中感受俄罗斯的国情文化和俄罗斯人的"言语个性"特点。调研期间，作者与中学教师们进行了广泛接触和交流。在探讨本教学模式实施的可行性时，他们提出了很多宝贵意见。作者综合教师们的普遍看法，将"三维语篇教学模式"实现的条件归纳如下：

一、注意语篇体裁特点

本文界定的语篇形式有对话和独白。但这些形式的语篇又根据言语交际任务和使用环境的不同分为不同类型的题材，如科学语体、公文事物语体、政论语体、艺术语体和日常口语体。[274]科学语体、公文事物语体、政论语体中更多体现俄罗斯人的思维逻辑特点；艺术语体和日常口语体常常包括对话形式，在对话中人们经常会用到成语、俚语、行话等言语形式，因此更加能够反映出言语主体的性格、价值观等个性特点。所以"三维语篇教学模式"在不同体裁的语篇中会凸显"言语个性"的不同侧面特点。

二、制订阶段性教学目标

新课程标准不是要求教师按教材照本宣科，而是把教材当做教学手段和媒介。"任何一本教科书都不可能完全满足学生群体的学习需要。因此教师在俄语教科书的使用过程中，应善于根据学生的情况和实际教学的需要，对教科书的内容、结构、教学方法等方面进行适当的取舍和调整，创造性地使用教材"[275]，在"三维语篇教学模式"的指导下讲解教材中的课文和对话，需要教师根据课程标准"文化素养"总体目标要求，制订合理的阶段性的教学目标来提高学生的综合语言运用能力。只有循序渐进、潜移默化，尊重学生的接受能力才可能实施"三维语篇教学模式"，才可能在该模式的指导下，通过语篇学习了解俄罗斯文化，了解俄罗斯人的个性特点。

三、教师应具备文化意识

教师首先要有文化意识。无论是语篇的产生，还是语篇理解都离不开文化背景的影响，语篇不是纯粹语言单位的集合。由俄语语言系统单位组成的俄语语篇携带着语篇生产者的思维特点，承载着俄罗斯社会的世界图景。因此，讲授语篇，不仅要讲授构成语篇的语言单位，还要重视语言单位背后的文化，重视生成语篇的人。教师只有具备这样的文化意识，才能有效实施"三维语篇教学模式"。

四、学生应具备接受能力

"三维语篇教学模式"适用于语篇教学和对话教学。现行高中分三个阶段：高一、高二、高三。高一阶段是起点班，主要教学内容是语音、词汇、语法和短句，还未能够上升到篇的高度。本文界定的语篇主要是长语篇，包括课文和对话。而这样的内容只有到高二和高三阶段才得到普及。所以当学生到高二和高三阶段时才具备接受篇的能力，"三维语篇教学模式"才能够得以实施。

五、选择多种教学手段

教学手段是指师生在教学中相互传递信息的媒体、工具和设备。一般来说，教学手段包括：教学双方的形体、动作、表情、个性；文字与书籍；粉笔、黑板、算盘、图片、模型、标本、幻灯片、唱片、录音带、电影、电视、录像、语言实验室、电子计算机等。[276]

"三维语篇教学模式"指导下的俄语语篇教学主旨是通过语篇这一媒介了解俄罗斯国家的国情文化和俄罗斯人的性格、思维方式和价值观等个性特点。这些内容的展示，仅仅通过教师的口头讲解是不够的，借助一定的教学手段便可使语篇教学达到事半功倍的效果，如教师用表情与形体展示俄罗斯人的性格，学生分角色表演对话，使用录音带、电影、多媒体等都可以生动形象地传达俄罗斯人的个性信息。因此，选择合适的教学手段有助于"三维语篇教学模式"的实施。

六、灵活选择教学空间

"三维语篇教学模式"指导下的俄语语篇教学，要求教师有灵活的空间观念。传统上语篇教学的情境都是教室、教师、教材、粉笔、黑板。讲学方式是教师讲、学生听，活动空间局限在教室内。由于"三维语篇教学模式"指导的俄语语篇教学传达丰富的文化信息和人物信息，只靠教师口授和板书无法实现该模式的教学目标，因此可以根据语篇内容情景选择不同的空间进行教学活动，比如可以在语音实验室、多媒体教室进行教学，在那里能够播放课文录音、与课文配套的图片、视频、电影等，可以让学生看到声情并茂的俄罗斯人，还可以把学生带出教室，在生活中接触俄罗斯人等。

教师在制订出最好的教学方案的条件下，把如上各种条件有效组合在一起，相信会促使"三维语篇教学模式"发挥其应有的效应。

第七节　"三维语篇教学模式"评价

评价，是俄语"三维语篇教学模式"的重要组成部分。"三维语篇教学模式"评价标准是根据其教学目标设置的。评价可以检查文化支架的俄语语篇教学对社会和需要的满足程度，监控俄语语篇教学的组织实施和教学效果，提供俄语语篇教学的反馈信息并予以指导，促进教师教育水平的不断提高，使学生在以文化为支架的俄语语篇学习过程中不断体验进步与成功，促进学生俄语综合语言运用能力的进一步发展。

根据"三维语篇教学模式"的教学目标，本文欲设置如下评价方式：

一、形成性评价

形成性评价注重学生的学习过程，强调评价活动的过程性、连续性、多样性。它能够迅速获取学生学习俄语的反馈信息，对其作出判断，以便及时调控教学。这种评价方式主要运用于课堂教学过程中。在教学过程的各个环节，文化意识贯穿始终。比如，在讲解一篇课文或对话之前，教师可以通过播放电影、视频，展示图片等来考查学生对语篇作者的了解程度，进而考查他们对俄罗斯人的了解程度；在讲解语篇的过程中找出具有文化联想特征的词汇，具有民族文化特色的谚语、警句、格言等来考查学生对俄罗斯社会和俄罗斯风土人情的了解程度；通过总结语篇的中心思想考查学生对作者认知图景的了解；通过作业检查、角色扮演、讲故事、写作文等来考查学生对俄罗斯文化——"言语个性"特点的掌握情况。

教师对学生的平时表现可用口头表扬、计分等方式对学生进行经常性评价。通过过程性评价引导学生自主学习俄语，自主探究俄语语言文化、交际文化，启发他们从中了解俄罗斯人的性格、思维方式、价值观等个性特点，培养学生主动的创新精神，调动学生的积极性，培养学生的学习兴趣。

二、终结性评价

终结性评价是在形成性评价的基础上，对学生一个单元、学期或学年的俄语学习进行总结性评价。例如,可以在单元考试、期中考试或期末考试中,加大国情知识、交际语用知识量的比重。这样,日常课堂教学过程中的评价,即形成性评价和终结性评价结合起来,才能使评价更全面,更有感染力,使他们更好地感受、体验、想象俄语,从而在俄语学习中受到俄罗斯文化的熏陶。

三、活动性评价

活动性评价,是三维语篇教学的辅助性评价形式,即通过各种课外活动来检验学生的文化素养培养情况。这种评价形式可以是俄语语言文化知识竞赛、班级俄语晚会、口语角等。这些评价形式可以营造一个和谐的评价气氛,让学生总结、回顾一个学期以来所学到的文化素养方面的知识点。

第八节 "三维语篇教学模式"应用示范

"三维语篇教学模式"在个别学校初步进行了尝试,实践证明具有很大的可行性:首先,强调词语-语义、认知、交际-语用的"三维语篇教学模式"与语篇自身所固有的形式-语义、内容、交际的本质特点相一致。其次,该模式具有可操作性。只要教师改变单一的教学理念,提高文化意识便可以做到。再次,高中的俄语教师有能力驾驭该模式。因为他们在接受师范教育阶段,大学俄语专业的课程设置中俄罗斯国情课是必修课,所以他们的知识结构中具有这样的"文化"储备。

目前只是"三维语篇教学模式"的初步尝试阶段,把该模式广泛推广开来,将是我后续的研究课题。

课堂范例 1

语篇名称:Совесть[277]

一、课标分析

根据"文化素养"目标的要求,除相关的语言材料外,可根据学生的发展需求适当扩大、加深。这表明教师在课堂上对文化知识的传承有一定的灵活性,教师可以根据教学材料的特点,在"文化素养目标"允许的范围内把相应的文化知识有机地渗入到语言教学中,这是教师在教学实践中必须重视的问题。

二、学情分析

这篇课文的内容很贴近中学生活，内容情节很容易引起学生的共鸣，所以比较容易组织课堂讨论。但是由于中俄两国学生的文化背景不同，教师对课文的关键词要进行特别讲解，如 пятёрка 代表俄罗斯学校实行五分制，而在中国实行百分制；журнал 是教师掌握的学生成绩册；дневник 是学生自己手里的成绩册。也就是说，在俄罗斯的中小学，教师和学生各自都有一本成绩册，这种现象与我国的学校制度是不一样的。还有某些句子也反射俄罗斯国情文化现象，如 пора уходить из школы，这句话可以联想到俄罗斯公民的退休年龄。

本课中须重点掌握的词、词组和句子：двойка，тройка，четвёрка，пятёрка，дневник，журнал，глядеть на неё，бюро потерянных вещей，его мучила совесть，приходил в класс，пора уходить из школы，Алёша говорит сквозь слёзы，потерянный человек。

三、教学目标

1. 知识与能力

理解课文《Совесть》中语言文化知识和整体语篇反射的"言语个性"特点，理解词汇、词组、句子和语法形式。理解之后要学会实际运用。

2. 情感和价值观

培养学生友好合作、乐观自信、大胆展示自己的学习态度和能力。

四、教学方法

探究、合作。

五、设计理念

在强调"言语个性"文化元素的"三维语篇教学模式"中，我们根据语篇体裁特点和内容特点进行讲解分析；讲解词汇语义、成语单位和句型句式时要重视文化"联想"；讲解整体语篇含意时要关注俄罗斯人的思维方式和价值观；讲解语篇语用内容时去关注无意识的文化反射。

教师既要注意语言知识的传授和言语技能的训练，又要培养学生的现实交际能力。而培养交际能力，离不开了解必要的文化背景知识，这是培养语言运用和言语交际得体性的重要前提。传授文化背景知识、"言语个性"知识应尽可能具体化、形象化。让俄语语言链接学生已有的知识体系，使其内化为自己认知结构中的知识系统，然后经过实践训练再外化为自如的言语交际活动。

六、教学准备

教学过程中所需要的背景资料、录音、课件、视频素材以及课文中关键词汇所需的图片等。

七、教学过程

Шаг1：引入情境

教师：Ребята, сегодня мы изучаем текст 《Совесть》. Что вы знаете о рассказе 《Совесть》? Например, О его авторе? О его фоне писаться? О мотиве писаться? Есть ли желающие высказаться?

（同学们，今天我们学习课文《良知》。关于《良知》这篇课文你们知道些什么？比如课文的作者情况？写作背景情况？写作动机？谁想发表看法？）

学生 Олег：Разрешите мне?（我说行吗？）

教师：Да, пожалуйста. Олег.（好的，奥列格请说。）

Шаг2：进入情境

学生 Олег：Мне хочется разговаривать об авторе 《Совесть》. Виктор Голявкин—детский писатель, юморист. Смешные короткие рассказы Виктора Голявкина зачитываются не только дети, но и взрослые. Он создал и рассказы и повести, эти произведения рассказывают всегда о жизни ребят. Виктор Голявкин с юмором рассказывает о приключениях, проблемах и увлечениях современных школьников. 《Совесть》 является одним из его таких рассказов. （我想谈谈《良知》的作者情况。维克多·科里亚夫金是一位儿童作家，是一位幽默的作家。维克多·科里亚夫金创作的可笑的故事，不但孩子们喜欢读，成年人也喜欢读。他既创作短篇小说，又创作中篇小说。他的这些作品经常讲述孩子们的生活。维克多·科里亚夫金总是幽默地讲述现代中学生发生的惊险、问题和爱好的故事。《良知》是他的这类作品之一。）

234

教师：Отлично! Кто ещё хочет высказываться? （太好了！谁还想说？）

学生 Маша：Полное имя писателя —Виктор Голявкин Владимирович. Он родился 31 августа 1929 года в Баку, а умер в Санкт — Петербурге 24 июля 2001 года. Он не только писатель, но и художник. Он создал много рассказов с живописными работами. （作家的全名是维克多·科里亚夫金·弗拉基米尔洛维奇。他 1929 年 8 月 31 日生于巴库，2001 年 7 月 24 日死于圣彼得堡。他不仅是作家，还是艺术家。他创作了很多插入写生画的短篇故事。）

教师：Молодец! Ну теперь давай познакомимся с биографией автора. Смотрите, пожалуйста, на экран. Сейчас показываю несколько картин о самом себе авторе и его творчестве. （好样的！那么我们来了解一下作者的履历。请看大屏幕。我给大家看几张有关作家及其创作的图片。）

Шаг 3：探索分析

1. 语篇的词语—语义分析

教师：Мы уже немного знаем об авторе текста. Ну, ребята, сейчас вы вслух читайте текст, и познакомьтесь с ним, и воспринимайте, о чем говорится 《Совесть》. （我们了解了课文作者的情况。好，同学们，现在我们出声朗读课文，了解并感受一下《良知》讲述的是什么内容。）

全体同学：（出声朗读）

Совесть

Когда — то была у Алёши двойка по пению, больше двоек не было. Тройки были. Одна четвёрка каогда — то была. А пятёрок совсем не было. Жил Алёша без пятёрок. Показывал он всем четвёрку и говорил: «Вот, давно было».

И вдруг — петёрка по пению! Он получил эту пятёрку случайно. Что — то удачно спел, и ему поставили пятёрку. Это было очень приятное событие, но он никому не мог показать эту пятёрку, потому что её поставили в журнал. А Дневник свой он дома забыл. А ему хотелось её всем показывать, потому что явление это в его жизни редкое.

На уроке математики у него возник план: украсть журнал! Он украдёт журнал, а утром принесёт его обратно. За это время он может показать журнал всем знакомым. Он выбрал момент и украл журнал на перемене. Когда учитель вернулся, он так удивился, что журнала нет на месте. Он не спросил учеников про журнал: мысль о том, что кто — то из учеников украл его, даже не пришла ему в голову. Видно было, что он очень расстроен.

По дороге домой в автобусе Алёша вынул журнал из портфеля, нашёл там свою пятёрку и долго глядел на неё. А когда он уже шёл по улице, он вспомнил вдруг, что забыл журнал в автобусе, и чуть не упал от страха.

Он всю ночь не мог спать. Во — первых, его мучила совесть. Весь класс остался без журнала. Пропали отметки всех друзей. А во — вторых, пятёрка. Одна за всю жизнь и та пропала.

Утром учитель сказал:

——Ребята, пропал журнал. Я помню, что прихдил в класс с журналом. Но в то же время я в этом сомневаюсь.

Алёша молчал. Некоторые ребята сказали:

—— Мы помним, что журнал был на столе. Мы видели.

——Куда он пропал? — спросил учитель.

Тут Алёша не выдержал, он не мог больше сидеть и молчать.

Он встал и сказал:

——Журнал, наверное, в бюро потерянных вещей...

——Где－где? —Удивился учитель.

А в классе засмеялись.

Алёша почему－то испугался, что ему сильно влетит, если он скажет правду, и он сказал:

——Я просто хотел посоветовать...

Учитель посмотрел на него и грустно сказал:

——Не надо глупости говорить.

В это время открылась дверь, в класс вошла какая－то женщина, в руке она держала журнал.

——Я кондуктор, — сказала она. — У меня сегодня свободный день—и вот я нашла вашу школу и класс, возьмите ваш журнал.

—Почему наш классный журнал оказался у кондуктора? Может быть, это не наш журнал? — спросил учитель. Он взял журнал у кондуктора.

——Да! Да! Да! — закричал он. — Это наш журнал! Я же помню, что нес него по коридору...

——Ну конечно! Вы забыли его в автобусе, —сказала кондуктор.

——Что－то со мной происходит. Как я мог забыть журал в автобусе? Хотя и помню, как нёс его по коритору...Может, мне пора уходить из школы? Я чувствую, мне всё труднее становится работать...

Тогда Алёша встал и сказал:

——Я украл журнал.

——Да...да...я понимаю тебя...ты мне хочешь помочь, но...раз такие вещи со мной случаются, нужно подумать о песни...

Алёша говорит сквозь слёзы:

——Я вам правду говорю.

Учитель встал со своего места, крикнул: 《Не надо!》 и ушёл.

А что делать Алёше? Он хотел обьяснить всё ребятам, но ему никто не поверил. Он чувствовал себя ужасно. Он не мог ни есть, ни пить, ни спать. Он поехал к учителю домой и всё ему обьяснил.

Учитель сказал:

——Это значит, что ты ещё не совсем потерянный человек и у тебя есть совесть.

教师：Достаточно. Сейчас начинем анализировать текст.（好了。现在分析课文。这是一篇描写小学生因淘气而发生意外情况的故事。为了扫除理解障碍，我们首先来逐段学习课文，主要任务是解决语法形式、句法语义结构的问题，与此同时，我们还要注意语言单位与俄罗斯文化和"言语个性"知识间的联系。）

Первый абзац（第一段）：Сначало анализируем семантику лексики（首先是词汇语义分析），а потом мы будем анализировать синтасическую структуру（然后我们再进行句法分析）。

这一段的关键词是"分数"（文化联想分析）。在俄罗斯中小学测验与考试中经常使用"五分制"，所以在此 двойка（二分）是不及格；тройка（三分）是及格；четвёрка（四分）是良好；пятёрка（五分）是优秀。

Когда—то（板书）是不定副词，是指"曾经、以前、过去"。其后缀—то 代表的是说话人不敢确定的意思。Когда—то 是说话人过去不确定的时间。但是也有例外，Когда—то 一词也可表示"将来不确定的时间"：Всякий рвз, разбирая его пистолет, он с сажалением думал, что когда—то им придётся расстаться.（В. Быков）（板书）Ну, кто хочет переводить эти слова?（那谁来翻译这段话？）

学生：Разрешите мне, пожалуйста.（我来说吧。）

教师：Олег, пожалуйста.（好的，奥列格。）

学生 Олег：每一次弄坏他的枪时，他都遗憾地想到某个时候必须离开的事情。

教师：Да, правильно.（对，正确。）В этом предложении *когда—то* по—китайски（在这个句子中 *когда—то* 的汉语意思是）"某个时候"。Дальше.（继续）Сейчас посмотрим на синтаксическую конструкцию этого абзаца.（现在我们来看看这一段的句法结构。）

"Когда—то была у Алёши двойка по пению,"这是一个无人称句。其线性排列为（时间状语 Когда—то — 系词 была〈静词性合成谓语的系词，表达语法意义和 двойка 保持一致〉— 疏状主体 у Алёши（无人称句的第 2 格主体）— 静词性合成谓语的静词部分 двойка по пению〈表达谓语的基本含义〉），在此系词 была 和谓语的静词部分 двойка по пению保持逆向一致。这句话的意思是"曾经阿廖沙的唱歌得过二分"。

"…больше двоек не было"，这也是无人称句。此处词序倒装，它可以还原为 больше не было двоек. больше не 是一个惯用语，意思是"再也没……"。被 не было 否定的客体 двойка 用第二个 двоек，意思是"再也没得过二分"。另外，在此倒装的词序既具有强调"二分"这件事的功能，又带有作者幽默的口吻。意思是"……二分再也没有过"。

"Тройки были"，也是无人称句，词序倒装，具有口吻轻松的色彩。该句可还原为 были тройкии，词句缺失主体。完整的结构应该是 У него тройки были. 意思是"三分得过。"

Одна четвёрка когда—то была 是无人称句，词序倒装、口吻轻松。线性排列为静词合成谓语的静词部分 Одна четвёрка（表达谓语的基本含义，数词 | 阴性名词） 时间状语 когда то（不定副词） 静词合成谓语的系词部分 была（单数阴性，与 четвёрка 保持一致，表达语法意义）。正常结构应该是 Когда—то у него была одна четверка. 意思是"四分曾经得过"。

"А пятёрок совсем не было" 是否定无人称句，倒装词序，此处 совсем не 是惯用语，意思是"完全不，一点儿不，根本没"。正常结构应该是"У него совсем не было пятёрок"。原句意思是"可是五分根本没得过"。

"Жил Алёша без пятёрок" 这是双部人称句。线性排列是谓语 Жил — 主语 Алёша - 补语 без пятёрок. 正常结构应该是：Алёша жил без пятёрок. 原句意思是"阿廖沙一直没有得过五分"。

"Показывал он всем четвёрку и говорил：《Вот，давно было》" 是人称双部句。但引号里面是无人称句，Вот 是语气词，剩下部分相当于 Это давно было，意思是"他把四分拿给大家看时就说'看吧，这还是以前的成绩呢'"。

Вот лексическая и грамматическая характеристика первого обзаца. Ну, теперь вы пререведите первый обзац на китайский язык. Кто хочет?（这是第一段的词汇和语法特点。好，请把第一段译为汉语。谁想翻译?）

学生 Нина：（举手）

教师：Нина, пожалуйста.（妮娜，请。）

学生 Нина：阿廖沙的唱歌课曾经得过二分，之后再也没得过二分，得过三分。有一次还得过四分。阿廖沙从没得过五分。他把四分给大家看时说："瞧，这是很早以前的事儿了。"

教师：Хорошо. Сейчас начнем следующий обзац.（好。现在开始下一段。）（第二段）Здесь несколько слов должны обьяснить.（这里有几个词应该解释。）Ну смотрите!（请看!）（开始词汇语义分析）

"Что—то"（板书）的词性可归属为不定代词或是副词。作不定代词用时，意思是"不知什么"、"有一个东西"、"某某物"，例如：Она что—то сказала мне, я не понял.（板书）意思是？

学生们：（七嘴八舌地说）他对我说了什么，但我没明白。

教师：Да, правильно.（对，正确。）他对我说了什么，但我没明白。但是当"Что—то"做副词用时，意思是"有点儿"、"有些"、"在某种程度上"，例如：Его считают что—то страшным.（板书）意思是？

学生们：（七嘴八舌说）人家认为他有点古怪。

教师：Да, 人家认为他有点古怪。在这篇课文中使用的是不定代词，Что—то удачно спел 意思是"不知怎么唱得很成功"。

"Поставили"（板书）这一形式来自于动词不定式 поставить（板书），它是一个完成体动词，其未完成体是 поставлять，即 поставлять（未）—поставить（完）（板书）构成一个成对的体。作为及物动词其支配关系是不带前置词的第四个 кого—что，意思是"把谁派到哪里，把什么放到哪里"，例如，поставить кого на отвественную работу 意思是？

学生们：（七嘴八舌说）派某人担任重要工作。

教师：Да, правильно. 派某人担任重要工作。поставить на стол цветы 意思是？

学生们：（七嘴八舌说）把花放在桌子上。

教师：Да, правильно. 把花放在桌子上。另外还有一个接格关系是 поставлять（未）—поставить（完）кому что，即"给谁什么"。在这篇课文中的 ему поставили пятёрку 就是取 кому что 的用法，所以句子意思是"给他打了五分"。

"журнал"（板书）本意是杂志。但是在俄罗斯学校里这个词是指放在老师那里的"成绩记录册"，应该算是职业行话（文化知识点）。

"дневник"（板书）本意是日记。但在俄罗斯的学校里这个词是指学生手里的"成绩记录册"（文化知识点）。而在我们中国，"成绩记录册"只有老师才有。

"приятное событие"（板书）在这一词组中，событие 是"事件"、"事情"的意思，但要特别强调的是，该词的本义是"大事件"，如"历史事件"、"国际事件"，所以该词用在这篇课文中有点夸张，可以译为"令人高兴的大事"。

"показать"（板书）是一个完成体及物动词，其未完成体是показывать．该词接格关系是 кому（三格），что（四格），показывать—показать кому—что（板书）的意思是"把什么给谁看"。

"забыл"（板书）是完成体动词 забыть 的过去时形式。забыть 和 забывать 构成成对的体，如 забывать（未）—забыть（完）（板书），接格关系是 кого—что，о ком—чём（板书），及接不定式，意思是"忘记"、"忘掉"、"忘却"、"遗忘"。如 забывать—забыть номер дома（忘记门牌号）（板书）；забывать—забыть очки дома．（把眼镜遗忘在家里。）（板书）забывать—забыть запереть дверь（忘记锁门）（板书）；забывать—забыть о поручении（忘记被委托的事）（板书）。课文中 А Дневник свой он дома забыл．这句话里забыл取"遗忘"之意，即"可是自己的成绩册他遗忘在家里没有带"。

"хотелось"是未完成体动词 хотеться（板书）的过去时中性形式，其完成体形式是 захотеться．хотеться—захотеться（板书）是无人称动词，意思是"想"、"想要"（板书）。例如 Мальчику хочется домой．（小男孩想回家。）（板书）Мне хочется есть．（我想吃东西。）（板书）Дальше мы посмотрим на несколько синтаксических конструкций（下面我们来看看几个句法结构）：

"И вдруг—пятёрка по пению!"这是静词结构。破折号把插入语 И вдруг 与作者想表达的话分开，相当于 И вдруг，у него пятёрка по пению! 意思是"突然，唱歌得了个五分"。

"Он получил эту пятёрку случайно"这是一个标准的双部句，即主—谓语结构，主语是 Он，谓语是 получил，пятёрку 是补语，случайно 说明谓语的方式状语。意思是"他得的五分很偶然"。

"Это было очень приятное событие"这也是双部句，也是主—谓语结构，但与上一个主谓句不同，这里的谓语是静词性合成谓语 было очень приятное событие，其由两部分组成：表达语法意义的系词 было ＋谓语基本含义的静词部分 очень приятное событие．该句的意思是：这可是非常令人高兴的大事。

"но он никому не мог показать эту пятёрку, потому что её поставили в журнал". 这是一个带原因从句的主从复合句，主句是 но он никому не мог показать эту пятёрку（但是他不能给任何人看这个五分），从句是 потому что её поставили в журнал，这里的 потому что 是原因连接词，放在从句的句首表示原因的含义，从句的意思是：因为把五分写在老师的成绩记录册里了。

"А дневник свой он дома забыл" 这是主谓语结构的双部句。正常词序应该是 он забыл свой дневник，意思是"他把自己的成绩记录册忘在家里没有带"，作者之所以使用这样的词序，是为了渲染 дневник 落在家里这件事给阿廖沙带来的纠结情绪。所以这句话不能理解为普通的陈述句，它带有一定的感情色彩，翻译为：可自己的成绩册他却落在家里。

"А ему хотелось её всем показывать, потому что явление это в его жизни редкое." 这又是一个带原因的主从复合句。主句在前，从句在后，原因连接词 потому что 是原因从句的标志。主句是无人称句。无人称句的特点是句中没有主语，行为的发出者或状态的承受者是主体，用人称代词的第三个形式或名词第三格，无人称句中的谓语常常用无人称动词或人称动词的无人称形式。无人称动词后面可接不定式，无人称动词本身用现在时或将来时单数第三人称，过去时用中性形式。在此主句主体是人称代词第三格 ему，谓语是动词合成谓语，由助动词 хотелось＋不定式 показывать 组成。助动词 хотелось 本身是无人称动词，其形式是过去时中性形式，意思是"可他很想把五分拿给所有人看"，从句 потому что явление это в его жизни редкое 是静词结构的双部句，主语是 явление，谓语是零系词＋静词部分 редкое，可以还原为 есть редкое. 那么这个从句随之可以还原为 потому что явление это в его жизни есть редкое. 但由于系词的现在时形式在句子中不经常出现，尤其是日常生活语言不出现 есть，所以本句中的谓语为 редкое. 从句可译为：因为这可是他生活中罕见的现象。Давайте переведем второй обзац на китайский язык. Есть желающие?（我们把第二段译成汉语。有愿意翻译的吗？）

学生 Коля：（已经起立示意要翻译）

教师：Коля, пожалуйста.

学生 Коля：这一次，唱歌课竟然得了五分！他得到这个五分很偶然。不知为什么他唱得很成功，所以给了他五分。这可是令人非常高兴的大喜事儿，但是他不能把这次的五分给任何人看，因为分数记录在老师的成绩记录册里，自己的成绩册落在了家里。可是他特别想把这次成绩给所有人看，因为这可是他生活中少有的现象。

教师：Хорошо. Молодец! Дальше. （很好，好样的，继续。）третий обзац（第三段）俄语动词形式复杂多样，一向是外国学生学习俄语的难点，另外抽象名词也很难掌握。所以在这一段里我们挑出几个动词和抽象名词进行讲解（词汇、词法分析）。

"украсть"（板书）这是一个完成体动词，其未完成体是 красть，即 красть（未）—украсть（完）（板书）构成成对的体。接不带前置词的第四格 кого—что，意思是"偷"、"偷窃"、"盗窃"。

"принесёт"（板书）是完成体动词 принести 的单数第三人称形式，其相应的未完成体为 приносить，即 приносить—принести（板书）构成成对的体。接不带前置词的第四格 кого—что（板书），意思是"拿来"、"带来"、"送来"、"携带"（板书），如 приносить—принести вещи домой（板书）（把东西带回家），приносить—принести стакан воды（板书）（送杯水来）。

"выбрал"（板书）是完成体动词 выбрать（板书）的阳性、单数、过去时形式，其未完成体是 выбирать，即 выбирать—выбрать（板书）是成对的体，接不带前置词的第四格 кого—что（板书），意思是"选择"、"选定"、"选出"、"挑选"（板书）等，如 выбирать—выбрать помощника（板书）（选出助手），выбирать—выбрать профессию（板书）（选定职业），выбирать—выбрать книгу для чтения（板书）（选一本书看）。

"удивился"（板书）是完成体不及物动词 удивиться（板书）的单数、阳性、过去时形式，其未完成体为 удивляться. удивляться—удивиться（板书）构成成对的体，后面接第三格 кому—чему（板书），意思是"对什么感到吃惊"、"惊奇"、"奇怪"（板书），如 удивляться—удивиться странному её костюму（板书）（对她的奇装异服感到吃惊）.

"перемене"（板书）阴性名词 перемена（板书）的第六格形式，перемена 是由动词 переменить（板书）派生而来的，是动名词。意思是"改变"、"变化"、"变动"、"变更"（板书）等，如：Перемена обстановки бывает болезна для здоровья.（板书）（变换环境往往对健康

有利。) Перемена одежды. （板书）（换衣服）

但在本课中使用的是转义用法"课间休息"。

"Мысль"（板书）是阴性的抽象名词，意思是"思维"、"思想"、"主意"、"意思"、"念头"（板书），后面常接第六格 о чём（板书），表达某种念头、主意、想法等，如：мысль о сыне（板书）(想念儿子)，мысль о перемене.（板书）（变动的主意、想法。）

"расстроен"（板书）是完成体动词 расстроить（板书）的过去时被动形动词 расстроенный 的短尾阳性形式。在此有几个意思，如"紊乱的"、"被破坏的"、"不正常的"、"受到挫折的"、"情绪不佳的"、"伤心的"，课文中取"情绪不佳的"、"伤心的"的意思，如：расстроенный.（情绪不佳的样子）（板书）Обьяснение лексики и морфологии на этом достаточно.（词汇分析和句法分析就到这儿。）Дальше постмотрим на синтаксическую характеристику этого обзаца（下面我们看看这一段的句法结构）：

"На уроке математики у него возник план: украсть журнал!" 这是一个无连接词的复合句。其中冒号后面的句子对冒号前面的句子具有补充说明的作用。第一个句子是主谓结构的双部句，主语是 план，谓语是 возник，На уроке математики 是空间状语，у него 是疏状主体，形式补语。所以整个第一句的意思为"在数学课上他产生了一个主意"，至于什么主意，需要第二个句子来补充，所以用冒号的形式接续第二个句子 украсть журнал!（偷走成绩册!）

"Он украдёт журнал, а утром принесёт его обратно." 这是一个带对别连接词 а 的并列复合句。并列复合句中两个句子的句法地位是平等的，其特点是第一个句子和第二个句子的意境相反。从结构上看，第一个句子是主谓结构的双部句，线性排列为（主语 Он — 谓语 украдёт — 补语 журнал），其意思是"他是要偷走成绩册"；第二个句子是不完全句，受第一个句子影响，省略了主语 Он，这里的线性排列为（时间状语 утром —谓语 принесёт — 补语 его — 方式状语 обратно），此句的意思为"但第二天早晨他会把成绩册再带回来"。

"За это время он может показать журнал всем знакомым." 这是带主谓结构的双部句。其线性排列为（前置结构 За это время〈带前置词 за 的时间名词的第四个形式〉—主语 он — 动词性合成谓语 может показать〈助动词人称形式 может ＋不定式 показать〉— 直接补语

журнал〈不带前置词第四格形式〉—间接补语 всем знакомым〈限定代词＋名词化的形容词第三格形式〉）。意思是"在这段时间内他可以把成绩册给所有认识的人看"。

"Он выбрал момент и украл журнал на перемене". 这也是主谓结构的双部句。线性排列为（主语 Он—同等谓语（1）выбрал—直接补语〈不带前置词第四格〉—同等谓语（2）украл —直接补语 журнал〈不带前置词第四格〉—时间状语 на перемене〈前置词 на＋名词六格 перемене〉）。整个句子的事件发生在过去时时间背景，其意思为"他选择了一个时机就在课间休息时偷走了成绩册"。

"Когда учитель вернулся, он так удивился, что журнала нет на месте."这是一个复杂的句法结构，即一个主句带两个从属句的主从复合句。线性排列为时间关系的从属句 Когда учитель вернулся，— 主句 он так удивился，— 程度关系的从属句（так...что...）что журнала нет на месте. 其中时间从句和主句都是主谓结构的双部句，而第三个说明从句则是环境无人称句。整体意思为"当老师回到教室后，他特别惊讶，因为成绩册不在了"。

"Он не спросил учеников про журнал: мысль о том, что кто—то из учеников украл его, даже не пришла ему в голову."这又是一个复杂的句法结构。其中冒号前后构成具有原因关系的无连接词复合句，冒号后面的句子是冒号前面句子的原因。冒号前面是主—谓语结构的双部句。而冒号后面则是一个说明关系的主从复合句，只是说明从句 что кто—то из учеников украл его 被镶嵌在主句中间。冒号后面的带说明关系的主从复合句可以还原为 даже не пришла ему в голову мысль о том, что кто—то из учеников украл его, 因此课文中的这句话的线性排列为主句（主语 Он＋谓语 не спросил＋补语 учеников про журнал）-原因关系的从句（带说明关系主从复合句中主句的主语）мысль о том, — 说明从句 что кто—то из учеников украл его, — 主句的谓语 даже не пришла ему в голову，这样，这个句法结构的意思是"他没有问学生成绩册的事，因为某个学生偷走它的想法，他从来都没有过"。

"Видно было, что он очень расстроен."这是一个带说明从句的主从复合句。线性排列为主句（状态词 Видно 做谓语＋系词 было 表示时间）—从句（说明意义的连接词 что＋主语 он＋程度状语 очень＋谓语 расстроен）。这句话的意思为"看得出，他的情绪很不好"。Вот грамматика третьего обзаца. （这是第三段的）Сейчас переведем его на китайский язык. （现在把它译成汉语）Ольга, пожалуйста. （奥尔加，请。）

学生 Ольга：数学课上他想到了一个计划：偷走老师的成绩记录册！他想偷走成绩记录册，早晨再把它还回来。在这段时间内他可以把成绩记录册给所有的熟人看。他选了一个时机，课间休息时偷走了成绩记录册。当老师回到教室时，惊讶地发现成绩记录册不见了。他没有问学生成绩记录册的事儿：学生偷走它，他连想都没想过。看得出，他很不高兴。

教师：Хорошо. Молодец. Дальше. Четвёртый обзац. （第四段）
在这一段里，有两个词形需要注意一下。它们是 вынул, глядел.

"вынул"（板书）是完成体动词 вынуть（板书）过去时阳性形式。其未完成体是 вынимать. （板书）Вынимать—вынуть что"拿出"，"取出"，"掏出"，"摸出"。（板书）

"глядел"（板书）是 глядеть（板书）过去时阳性形式，相当于 смотрел（板书），Глядеть （未）—глянуть （完）"看"，"望"，"瞧"。（板书）

另外，还有三个前置结构：по дороге, по улице（板书），是"沿着……"от страха（板书）"由于恐惧……"。一个主从复合句：Он вспомнил вдруг, что……（板书）这是一个带说明从句的主从复合句。Сейчас переведем этот обзац на китайский язык. （现在把这一段译成汉语）Маша, пожалуйста. （玛莎，请。）

学生 Маша：坐公共汽车回家的路上，阿廖沙从书包里掏出成绩记录册，在上面找到自己的五分，盯着看了很长时间。可是当他下车后走在路上，突然想起成绩记录册落在了公共汽车上时，他吓得差点没晕倒。

教师：Хорошо. Сейчас обьясним пятый обзац. （第五段）这里有两个重点词：мучила 和 пропала.

Мучила（板书）是未完成体动词 мучить（板书）的过去时阴性形式。接第四格 кого（板书），有"使……受折磨"和"使……苦恼"（板书）等意思。

Пропала（板书）是完成体动词不及物动词 пропасть（板书）的过去时阴性形式，有"……消失"、"……丢失"（板书）的意思。

这一段结构比较简单，都是简单句。我们一起来翻译一下（教师大声说，学生们小声说）：他一夜都没有睡觉。第一，他良心很过意不去。全班都没有成绩册了。所有同学的分数都丢了。第二，就是五分。就是那个一辈子唯一的五分给丢了。

Дальше. Шестой абзац（第六段）：Смотрите, ребята！我们这篇课文的形式很特殊，前半部分是独白形式语篇，后半部分是对话形式语篇。根据我们的学习经验，对话语篇的语言结构看上去比独白形式简单，"对话"的语言结构特点就是简练与松散，常常有不完全句、非扩展句和独词句等语言现象出现。这是因为对话角色之间的面部表情和态势语言都能起到补充说明的作用，上下文或言语情境的存在也可以让说话人节省不少口舌，不必每一个思想都要用说话的方式娓娓道来。鉴于对话形式的特点，对语言知识不作太多解释，但有几个关键的地方需要强调：

"Бюро потерянных вещей" 是 "失物招领处"，一般在车站、机场、大商场都有 "失物招领处"。

"пора уходить из школы" 是无人称结构句。重点在名词 пора 的用法。与 пора 一起组成的结构是第三格主体 кому ＋пора（当助动词使用）＋不定式，意思是 "是……时候了"。"пора уходить из школы" 是 "该离开学校了"。这句话反映了一个俄罗斯文化的知识点："该离开学校了"，在此并不意味着这位老师是要正常退休离开，而是 "逼迫"学生承认错误。俄罗斯人的退休年龄是男性公民 60 岁，女性公民 55 岁，和我国一样。

"говорит сквозь слёзы"，сквозь что 是第四格前置结构，直译为 "透过……"、"通过……"。"говорит сквозь слёзы" 在课文中的意思是含着眼泪说。表明阿廖沙情绪非常不好。

"потерянный человек" 意思是：丧失良心的人。Ну давайте читать текст.（来，我们读课文。）Саша, пожалуйста.（萨沙，请。）

学生 Саша：（читает）（在读）

Утром учитель сказал:

——Ребята, пропал журнал. Я помню, что прихдил в класс с журналом. Но в то же время я в этом сомневаюсь.

Алёша молчал. Некоторые ребята сказали:

——Мы помним, что журнал был на столе. Мы видели.

——Куда он пропал? —спросил учитель.

教师：Перестань. Сейчас обьясню.

"Утром учитель сказал" 是主谓结构的双部句。线性排列为"时间状语 Утром—主语 учитель（名词一格）—谓语 сказал（完成体过去时）"，意思是"早晨老师说"。

"——Ребята, пропал журнал. Я помню, что прихдил в класс с журналом. Но в то же время я в этом сомневаюсь." 这里 Ребята, 是呼语。пропал журнал 是谓语和主语，因此是双部句。Я помню, что прихдил в класс с журналом 是带说明从句的主从复合句，其线性排列为主句（主语 Я＋谓语 помню）—说明从句（说明连接词 что＋谓语 прихдил＋空间状语 в класс＋补语 с журналом）；Но в то же время я в этом сомневаюсь 是主谓结构的双部句，其线性排列为转折词 Но—时间状语 в то же время（第四格前置词＋静词词组）—主语 я—补语 в этом（第六格前置词 в＋名词化的指示代词第六格形式）—谓语 сомневаюсь（未完成体动词现在时第一人称形式），整体这段话可译为："同学们，成绩册丢了。我记得，带着成绩册来过教室。但同时我也对此表示怀疑。"

"Алёша молчал"，"主语 Алёша（专有名词）—谓语 молчал（未完成体过去时阳性形式）"，Некоторые ребята сказали：线性排列为［定语（不定代词）—主语 ребята（集合名词）—谓语 сказали（完成体过去时复数形式）］，两句话可译为"阿廖沙沉默不语，有几个同学说"。

"——Мы помним, что журнал был на столе." 这是带说明从句的主从复合句。其线性排列为主句（人称代词 Мы 主语＋动词人称形式谓语 помним）—说明从句（说明连接词 что＋名词一格形式的主语 журнал＋系动词过去时形式的独立谓语 был＋前置格形式的地点状语 на столе），Мы видели 是主谓结构的双部句，线性排列为（人称代词一格形式的主语 Мы—未完成体动词过去形式的谓语 видели），两句话可译为"我们记得，成绩册在桌子上来着。我们看见过"。

"——Куда он пропал?" 这是个疑问句，是主谓结构。其线性排列为"疑问副词 Куда—主语 он（阳性第三人称代词一格）—谓语 пропал（完成体动词过去时阳性形式）"，在疑问句中，主语是人称代词时，它要在谓语前面；—спросил учитель "谓语—主语" 两句话可译为"成绩册跑到哪去了？老师问。" Кто хочет ещё раз перевести этот обзац?

Лилия, ты можешь?　（谁想再翻译一遍这篇课文？莉莉娅，你能翻译吗？）

学生 Лилия：Да, могу.（能翻译）（开始翻译）

早晨老师说：

——同学们，成绩册丢了。我记得，我带成绩册来过教室。但与此同时我又对此表示怀疑。

阿廖沙沉默不语。有几名同学说：

——我们记得，成绩册就在桌子上来着。我们看见过。

——那它跑哪儿去了？—老师问。

教师：Отлично. Сейчас дальше читать текст. Катя, пожалуйста. Со слова *Тут Алёша ...*（非常好。现在继续读课文。卡佳，你来读。从 *Тут Алёша ...* 开始）

学生 Катя：Тут Алёша не выдержал, он не мог больше сидеть и молчать.

Он встал и сказал:

——Журнал, наверное, в бюро потерянных вещей...

——Где—где? —Удивился учитель.

А в классе засмеялись.

Алёша почему — то испугался, что ему сильно влетит, если он скажет правду, и он сказал:

——Я просто хотел посоветовать...

Учитель посмотрел на него и грустно сказал:

——Не надо глупости говорить.

教师：Достаточно. Сейчас обьясню. "не мог больше" 是一个惯用语，意思是"再也不能……"第一句可译为：这时阿廖沙坚持不住了，他再也不能坐着不出声了。Что он будет делать? Сейчас посмотрим.（下一步他会做什么呢？我们来看。）

——成绩册，大概在失物招领处……

——哪儿？哪儿？老师非常吃惊。

班级同学大笑起来。

——我就是想提个建议……

老师看了他一眼，愁闷地说：

——不要说蠢话。

Вот, вопросы есть? (有问题吗？)

学生们：Нет. （没有）

教师：Хорошо. Если вопросов нет, мы дудем дальше. Галя, читай дальше. （好。如果没有问题，我们继续。加利亚，继续读）Со слов （从）"*В это время*" до （到）"*становится работать*".

学生 Галя：（在读）

В это время открылась дверь, в класс вошла какая—то женщина, в руке она держала журнал.

——Я кондуктор, — сказала она. —У меня сегодня свободный день—и вот я нашла вашу школу и класс, возьмите ваш журнал.

——Почему наш классный журнал оказался у кондуктора? Может быть, это не наш журнал? — спросил учитель. Он взял журнал у кондуктора.

——Да! Да! Да! — закричал он. — Это наш журнал! Я же помню, что нес него по коридору. . .

——Ну конечно! Вы забыли его в автобусе, —сказала кондуктор.

——Что—то со мной происходит. Как я мог забыть журал в автобусе? Хотя и помню, как нёс его по коритору. . .Может, мне пора уходить из школы? Я чувствую, мне всё труднее становится работать. . .

教师：Достаточно. （好了）Сейчас я обьясню. （我来解释）Диалог очень простой. （对话很简单。）Но здесь обратите, пожалуйста, внимание на две конструкции. （但这里需要注意两个结构。）

"*Что—то со мной происходит*", Что—то 是不定代词，意思是说话人不知道的事情，可译为"某事"。在课文中这句话的意思是：我这是怎么了。

"*всё труднее становится работать. . .*" 这是 всё＋比较级的比较结构。译为"越来越……"课文里的这句话可译为"工作越来越艰难了"。Ну вот. Кто может перевести этот обзац? Пожалуйста, Витя. （好。谁能翻译这一段？维嘉，请。）

学生 Витя：（翻译）

——这时门被打开了，一位妇女走进教室，她手里拿着成绩册。

我是汽车售票员，——她说。——我今天休息——我马上找到你们学校和教室，把你们的成绩册拿回去吧。

——为什么我们班级的成绩册会在售票员那里？要么，这不是我们的成绩册？——老师问。他从售票员手里拿回了成绩册。

——对！对！对！——他大声喊道。——这是我们的成绩册！我记得，我还带着它在走廊里走……

——那当然！您把它落在我们车里了，——售票员说。

——我是怎么了？我怎么会把成绩册落在公共汽车上呢？尽管我记得，带着它在走廊里…… 也许，我该离开学校了？我感到，我的工作越来越难了……

Вот. Все поняли? (都明白吗？) Дальше? (继续？) Читайте хором (出声朗读) Со слов (从) Тогда Алёша до слов (到) и ушё.

学生们：（хором читают）

Тогда Алёша встал и сказал:

——Я украл журнал.

——Да…да…я понимаю тебя…ты мне хочешь помочь, но…раз такие вещи со мной случаются, нужно подумать о песни…

Алёша говорит сквозь слёзы:

——Я вам правду говорю.

Учитель встал со своего места, крикнул:《Не надо!》и ушёл.

Давайте переведём эти слова на китайский язык:

教师：当时，阿廖沙站起来说：

——是我偷走了成绩册。

——对……对……我记得你……你想帮我的忙，但……既然这种事情发生在我身上，我是需要考虑退休的事情了……

阿廖沙含着眼泪说：

——我对您说实话。

老师从座位上站起来，大声喊道："不必！"说完就走了。

Дальше. Последний обзац. Лида, ты читай и переведи. (最后一段。丽达，你读一下，翻译一下。)

学生 Лида：（开始翻译）

А что делать Алёше? Он хотел обьяснить всё ребятам, но ему никто не поверил. Он чувствовал себя ужасно. Он не мог ни есть, ни пить, ни спать. Он поехал к учителю домой и всё ему обьяснил.

Учитель сказал:

——Это значит, что ты ещё не совсем потерянный человек и у тебя есть совесть.

（переводит）

阿廖沙该怎么办呢？他很想和同学们解释一切，但是谁都不相信他。他感觉很可怕。他既不能吃、不能喝，又不能睡。他去了老师家里向他解释了一切。

老师说：

——这就是说，你还不是完全丧失良心的人，你还有良心。

整体语篇分析：

当我们把语篇化整为零时，就是把整体的形式语篇进行分解，没有关注整体语篇的语义内容。只是对语篇的建筑材料——词与句进行词汇意义分析和语法特征的分析。实际上，我们学习语篇的目的不仅仅是了解构成语篇的形式手段，更重要的是知晓词与句构成的整体形式语篇背后的语义内容。因为任何一个形式语篇都是"用来表达代表某个思维模式的思维内容（知识），因此语篇应该包括相应的语义信息。"[278]

人们在进行言语交际时彼此交换的是来自对方的信息，而不是手段。

尽管语篇是由语言单位构成的，但是语篇的语义并不等于语篇构成要素——句子语义的总和。语篇的语义像其他语言单位的语义一样，也保留和表达一定的、固定在词语形式中的信息。从这一角度讲，语篇的语义区别于其句子语义的总和。就是说，语篇可以包含或者表达句子信息之外的另一种信息。这样一来，语篇的语义由两种相互联系的因素组成：语篇句子的语义和语篇的内部联系，即语篇的整体信息。

作为整体语篇的信息，其语义是连贯的，形式是衔接的。

连贯指的是语篇世界的组成成分相互可及和相互关联的方式。[279]语篇世界是潜藏于语篇背后的语义网络，由概念和关系组成，概念是"大脑中能够回想或激活的多少具有统一性与一致性的知识构型（认知内容）"，关系则是"一个语篇世界中同时出现的"概念之间的联系。[280]我们常见的反映人类思维逻辑的关系有说明关系、限定关系、时间关系、空间关系、因果关系、让步关系、条件关系、转折关系、对比关系、并列关系等。正是这些关系构成了客观世界的内容，这些客观内容反映在语篇中，就构成了具有不同逻辑特点的语篇语义的连贯。

教师：现在我们来看，《Совесть》反映了一个怎样的世界？Кто хочет высказаться？（谁发表一下看法？）

Шаг 4：组织协作

学生：Разрешите мне？（我来说吧？）

教师：Хорошо. Пожалуйста.（好，请。）

学生：《Совесть》这篇课文讲述了一个小男孩因爱慕虚荣而导致自己犯了严重错误，之后良心又受到折磨的故事。

教师：Да. правильно.（是，说得对。）整个故事是按因果联系的脉络发展的：因为阿廖沙头一次得五分，所以才想向自己周围的人炫耀；因为自己的成绩册落在家里无法炫耀，所以才产生偷走老师的成绩册的想法；因为他的偷窃计划实现了，老师才对此事表示怀疑；售票员来送班级成绩册，让明白真相的老师非常生阿廖沙的气；老师生气后，阿廖沙不知所措，很想对全体同学解释真相；可是同学们没有人肯相信他；因为没有人相信他，所以为了唤回老师和同学们对自己的信任，他才到老师家里诚心诚意地道歉。因为阿廖沙真诚道歉，老师感到些许安慰，所以老师说，阿廖沙还没有完全丧失良知，阿廖沙悬着的一颗心也放下来了。

故事简洁又富有善意的幽默。阿廖沙像很多这个年龄的孩子一样，很想得到别人的表扬，尤其是老师和家长的表扬，却一直得不到。于是自己做出一连串自认为聪明的傻事。幽默大师维克多·科里亚夫金不仅让读者对阿廖沙不体面的行为捧腹，还对主人公给予了充分的同情，所以呈献给读者的主人公阿廖沙的形象虽然很可笑，但却很认真、善良，让读者不忍去嘲笑他。Вам нравится эта история？（你们喜欢这个故事吗？）

学生们：Нравится.（喜欢）

教师：Ну давайте вспоминаем эту историю ещё раз и обсудим.（让我们再回顾一下这篇故事，讨论一下。）Почему Алёша украл журнал？（为什么阿廖沙偷走了老师的成绩册？）Почему он не выдержал и посоветовал обратиться в бюро потерянных вещей？（为什么他没有坚持住并且建议到失物招领处看看？）Почему он сразу не сказал правду？（为什么他没有立即说实话？）Зачем он пошёл домой к учителю？（为什

么他去了老师家里?）Кто хочет говорить что—нибудь? （谁来说?）

学生 A：Разрешите мне, пожалуйста. （让我来说吧。）Алёша украл журнал только потому, что он впервые прлучил пятёрку за всю жизнь. （阿廖沙偷走成绩册是因为他一辈子头一次得了五分。）Он хотел показать её всем знакомым. （他想把五分给所有熟人看。）Он не выдержал и посоветовал обратиться в бюро потерянных вещей потому, что он не хотел, чтобы учитель был расстроен, чтобы пропали отметки всех друзей и даже своя одна пятёрка за свою жизнь пропала. （他没有坚持住, 建议去失物招领处看, 因为他不想看着老师伤心, 不想让所有同学的分数都丢了, 还有不想自己那个唯一的五分也丢了。）

教师：Очень хорошо. Дальше. Кто хочет? （非常好。继续。谁想说?）

学生 B：Он поехал к учителю домой, чтобы извиниться. （他去老师家是为了道歉。）После того как учитель рассердился, Алёша чувствовал себя ужасно. Он не мог ни есть, ни пить, ни спать. （老师生气以后, 阿廖沙感到很害怕, 他既吃不下、喝不下, 又睡不着。）

教师：Очень хорошо. Почему он сразу не сказал правду? （非常好。他为什么没有马上说实话?）

学生 C：Сначала он боялся, что ему влетит, если он скажет правду. （首先, 他是害怕, 如果说实话, 会陷入不愉快之中。）

教师：Да. Молодцы, ребята. Все вы хорошо показали себя. （同学们都是好样的。你们大家表现得都很好。）Сейчас дальше обсуждаем. （现在接着讨论。）Каким человеком, по вашему мнению, был Алёша? （你认为, 阿廖沙是一个怎样的人?）Хотели бы вы, чтобы Алёша был вашим другом? （你愿意让阿廖沙做你的朋友吗?）Почему? Кто желает говорить? （为什么? 谁能说说?）

学生 D：Я изложу свою точку зрения. （我阐述一下自己的观点。）Я считаю, что Алёша смешной мальчик, хотя его поступок является глупостью, но он, как говорил учитель, не совсем потерянный человек. （我认为, 阿廖沙是一个可笑的小男孩, 虽然他的行为很傻, 但是他, 就像老师说的, 不是一个完全丧失良心的人。）

学生 E：Я думаю, что Алёша может стать нашим другом. （我想, 阿廖沙是可以做我们的朋友的。）

教师：А каким человеком был учитель？（那老师是怎样的一个人呢？）

学生 Е：Учитель пожилой, но теперь не надо подумать о пенсии...он просто расстроен от своего ученика.（老师是一个中年人。他不应该考虑退休的事情，他只是因为学生的事情心情不好。）Хотя он вышел из себя от глупости Алёши, но в конце концов он простил ученика.（虽然他因为阿廖沙做的傻事生气了，但是最终还是原谅他了。）Это доказывает, что учитель был хорошим человеком.（这证明，老师是一个很好的人。）

教师：Очень хорошо. Все вы активно высказались. Те вопросы, которые мы обсудили, был смыслом текста. Сейчас мы посмотрим, как связываются эпизоды текста. Сейчас вы ищите, пожалкйста, формальные связные средства выражения. Ну, ребята, вы можете показывать?（很好。大家都积极发表了自己的看法。我们讨论的这些问题，正是课文想要表达的意思。下面我们来看看，这篇课文讲述的故事情节在形式上是如何衔接起来的。大家先看看课文，找一找形式表达手段。好了，你们能展示一下找到的衔接手段吗？）

学生们：（七嘴八舌）Не могу.（不能）

教师：Хорошо, Я обьясняю.（好吧，我来讲。）

衔接是语篇的表层特征。衔接关系主要通过词汇语法系统来表达，也有少数衔接关系在语音系统里有所表现，即音系衔接。我们的课文是文本形式的语篇，它把衔接严格限定于无声的书面语篇内部。语篇内部衔接可划分为词汇衔接和语法衔接。词汇衔接指词语的重复、同义词、反义词、上位意义与下位意义的关系等；语法衔接是指前后照应、成分替代、省略等。事实上无论是词汇衔接，还是语法衔接，都可以找到大量的表现手段。现在我们来看课文《Совесть》的衔接特点。

Совесть

Когда—то была у Алёши двойка по пению, большедвоек（原词重复）не было. Тройки были. Одна четвёрка кагда—то была. А пятёрок совсем не было. Жил Алёша без пятёрок. Показывал он всем четвёрку（原词重复）и говорил：《Вот, давно было》.

И вдруг — петёрка по пению! Он получил эту пятёрку случайно. Что—то удачно спел, и ему поставили пятёрку. Это（替代）

было очень приятное событие，но он никому не мог показать эту пятёрку（原词重复），потому что её（替代）поставили в журнал. А Дневник（语境同义词）свой он дома забыл. А ему хотелось её（替代）всем показывать，потому что явление это в его жизни редкое.

На уроке математики у него возник план: украсть журнал! Он украдётжурнал（原词重复），а утром принесёт его（替代）обратно. За это время он может показать журнал（原词重复）всем знакомым. Он выбрал момент и украл журнал（原词重复）на перемене. Когда учитель вернулся，он так удивился，что журнала（原词重复）нет на месте. Он не спросил учеников про журнал（原词重复）：мысль о том，что кто-то из учеников украл его（指代），даже не пришла ему в голову. Видно было，что он очень расстроен.

По дороге домой в автобусе Алёша вынул журнал（原词重复）из портфеля，нашёл там свою пятёрку（原词重复）и долго глядел на неё. А когда он уже шёл по улице，он вспомнил вдруг，что забыл журнал（原词重复）в автобусе，и чуть не упал от страха.

Он всю ночь не мог спать. Во—первых，его мучила совесть. Весь класс остался без журнала（原词重复）. Пропали отметки всех друзей. А во—вторых，пятёрка（原词重复）. Одна（复指）за всю жизнь и та（替代）пропала.

Утром учитель сказал:

—Ребята，пропал журнал（原词重复）. Я помню，что прихдил в класс с журналом（原词重复）. Но в то же время я в этом сомневаюсь.

Алёша молчал. Некоторые ребята сказали:

— Мы помним，что журнал（原词重复）был на столе. Мы видели.

—Куда он（替代）пропал? —спросил учитель.

Тут Алёша не выдержал，он не мог больше сидеть и молчать.

衔接与连贯是形式与语义的关系，衔接是在一定语义基础上的衔接，连贯通过衔接手段来体现。所以《Совесть》中是以 "五分" 为发端，以 "偷窃成绩册" 时间为主线的故事，主要是通过原词复现、替代、语境同义词等衔接手段表现出来的。Понятно，да?（明白了?）

学生们：Понятно.（明白了。）

教师：刚才我们对课文的词汇语义、整体语篇连贯的内容及其衔接手段进行了分析。紧接着，我们来看一看课文的写作风格以及作者的创作意图。

（认知维度语篇分析）

在上课之初，我们已介绍了《Совесть》的作者情况及其写作风格。《Совесть》通过幽默风趣的写作手法为我们呈现了一个状况百出且又令读者同情的小学生阿廖沙的故事。这个故事让我们感受到作者用宽容的视角来指正小朋友的行为规范，用同情的目光去审视小学生阿廖沙做出的一件件傻事。"Совесть"会让人们联想到很多成年人道德品质的问题，但我们的课文《Совесть》以其独特的笔触表达了作者对孩子们的爱。

课文向我们传达了这样一个主题：小学生阿廖沙的"偷窃"事件折射出了孩子们需要爱和需要鼓励的心理，课文的语篇布局反映了作者用故事启迪人、教育人的写作意图，表明了作者希望孩子们不要有损人利己的"集体主义世界观"。

教师：好。老师已经替大家把课文的深层含意进行了总结。Давайте посмотрим, где произошла история? Сколько героев в ткексте? Каковы ролевые отношения в текстке? Подумайте. （我们来看看。故事发生的地点？课文有几个主人公？角色关系是怎样的？）

（语用维度分析）

Ну, кто хочет поговорить? （好。谁来谈谈？）

学生 F: По—моему, история произошла в классе школы. В тексте 3 главные роли, например, Алёша, учитель и кондуктор. （我认为，故事发生在学校的教室里。课文中有三个主要角色：阿廖沙、老师和汽车售票员。）

教师：Правильно. Молодец! Да ладно. Текст уже окончен. （正确。好样的！好了。课文已经学完了。）

Шаг 5：反馈评价

讨论结束后，教师让两个学生到讲台前面表演对话，检查一下学生获得的知识情况。

第一组：

——Скажи, маша, какую оценку ты получила на экзамене по разговорной речи?

——Четвёрку. А ты?

——Плохо сдала. Тройку получила.

——Ничего. На следующий раз мы постараемся.

——Хорошо.

第二组：

——Ты знаешь, Ирина уезжает на родину.

——Правда?

——Да, действительно. Говорят, что она скоро уходит на пенсию.

——А каков трудоспособный возраст в России?

——Трудоспособный возраст в России считается с 16 до 54 лет у женщин и с 16 до 59 лет у мужчин.

——Значит, Ирине исполнилось 54 лет?

——Наверно.

Шаг 6：语言习得

让学生了解一些中俄学校的制度的差别，教育体制的差别让学生知道，理解俄语单词不仅看字面意义，还要结合俄语文化知识来记忆单词。还要让学生知道，学习课文不仅是翻译完课文就万事大吉，还应该了解课文的整体含意，作者的写作意图。通过多方面的课文学习，还可以了解俄罗斯人的个性特点。

Домашние задания：

1. Узнать, что значит *двойка, тройка, четвёрка, пятёрка* в школе России.

2. Узнать, какова школьная ситема образования в России.

Шаг7：教学反思

本次高中俄语语篇教学以"良知"为主题，引导学生了解俄罗斯学校的分数制度和学生行为的评价标准，了解俄罗斯公民的退休年龄。学生在了解中俄学校制度差别方面后自如地掌握了6个学校职业行话方面的单词：двойка、тройка、четвёрка、пятёрка、журнал、дневник，并能够运用本课单词和句型进行简单交际，达到了预定的教学目标。本课采用了自主、探索、合作的教学方法，借助多媒体手段激发学生的学习俄语的热情，利用小组活动以及教师的及时评价，鼓励学生主动参与，激发学生的学习热情。

课堂范例 2

语篇名称：

Урок 5 В гостях

Диалог[281]

一、教材分析

我们调研时发现，职业高中没有像其他普通高中一样使用人教版的高中俄语教材，而是选择了新东方的《大学俄语》为教学版本。所以作者将选取其中一篇课文作为范例 2 的教学媒介，以期体现"三维语篇教学模式"的实用性和实效性。新东方《大学俄语》体现了时代性、知识性、趣味性、思辨性，注重培养学生的交际能力和俄语综合运用能力。教材中还加入了更多的文化元素，以提高学生的学习兴趣，增加对俄罗斯的了解。这样的教材对新课程理念的落实具有推进作用，使文化元素有效地进入了教师的视野。

教师要根据课堂教学的实际需要创设一个文化氛围。在新东方俄语教材中文化元素的渗入与主题密切相关。因此我们可以采取直接渗透的方式来处理语篇的文化内容。在具体操作过程中，可以遵循融合性原则，把文化知识的传授与语言知识的传授及言语训练的过程巧妙地结合起来。

二、课标分析

根据"文化素养"目标的要求，高中阶段的"文化素养目标"除相关的语言材料外，可根据学生的发展需求适当扩大、加深。这表明教师在课堂上对文化知识的传承有一定的灵活性，教师可以根据教学材料的特点，在"文化素养目标"允许的范围内把相应的文化知识有机地渗入到语言教学中，这是教师在教学实践中必须重视的问题。

三、学情分析

做客，是一个日常生活的主题，很容易引起学生的心理共鸣。但本课的内容与范例 1 课文《Совесть》体裁不同，《Совесть》是一则幽默故事，重点在于分析语言语篇的深刻含意和作者的写作意图。本课是描写日常生活情景的对话形式语篇。在讲解这篇对话时，教师除了注意讲授对话中那些具有民族文化意义的词汇外，应重点讲授情境中的对话。通过情境中的言语交际去发现"无意识的文化反射"。本课对话看似简单，实际掌握情境中的俄语对话并不容易，所以"情境对话"是本课的教学重点和难点。

本课中重点词汇和词组：водка，коньяк，вино，закуски，рыбу，икру，салат с крабами，утка с яблоками。重点句式：Прошу к столу！Попробуйте салаты！Положи Лиде салат. У меня есть тост. За встречу！Приятного аппетита.

四、教学目标

1. 知识

记住 8 个词和词组：водка，коньяк，вино，закуски，рыбу，икру，салат с крабами，утка с яблоками.

掌握 6 个句型句式：Прошу к столу！Попробуйте салаты！Положи Лиде салат. У меня есть тост. За встречу！Приятного аппетита.

2. 能力

培养学生注意观察生活，将所学对话运用到实际情境中去的能力。

3. 教学方法

自主、合作、探究。

4. 情感和价值观

培养学生友好协作的精神和乐观自信、大胆展示自己的态度和能力。

五、设计理念

在侧重"言语个性"文化元素的"三维语篇教学模式"中，我们可以根据语言教学的要求对文化内容进行前后调整和自主拓展，使语言教学和文化拓展得到更好的融合和相互促进。

教师既要注意语言知识的传授和言语技能的训练，又要培养学生得体的跨文化交际能力。而得体的跨文化交际能力离不开文化背景知识的支撑。所以在语言教学时要时刻注意文化联想，适时传授具体的文化知识和言语个性知识。让俄语语言内化为学生自己的知识结构，让学生感到俄语不再陌生或神秘，把俄语当做自己的生活体验，长期体验、反复训练，最后做到自如输出，得体运用。

六、教学准备

准备与做客主题相关的文字资料，以及上课时需要的单词图片和卡片，如食物、饮品、餐具、录音、课件、视频素材。

七、教学过程

Шаг 1 引入情境（进入情境）

教师：Вы были в гостях у русских? （你们在俄罗斯人家里做过客吗？）

学生们：（大声说）Нет. （没有。）

教师：Вы можете назвать несколько русских блюд? （你们可以说出几道俄罗斯菜肴的名称吗？）

学生们：（七嘴八舌）салад, курица, рыба, грибы （凉拌菜、鸡、鱼、蘑菇。）

教师：Да, хорошо. Сейчас я показываю вам эпизоды ситуации "в гостях". （好。现在我给大家放一段"做客"的情境视频。）Смотрите, пожалуйста, на экран. （请看大屏幕。）（多媒体大屏幕播放俄罗斯家庭请客吃饭的情境）Да, что вы видите? Что вы слышите? Разговаривайте, пожалуйста. （好了。你们看到什么了？听到什么了？来，交流交流。）

学生 A：Я вижу, что на столе стоят вино, коньяк и разные закуски. （我看到餐桌上有红酒、白兰地和各种小菜。）

学生 B：Я вижу, что на тарелке лежат овощи, мясо и хлеба. （我看见餐盘里有蔬菜、肉和面包。）

学生 C：На столе лежат ножи, вилки и ложки. （餐桌上有刀、叉、勺。）

学生 D：Ещё стаканы, бокалы, салфетки. （还有杯子、酒杯和餐巾纸。）

教师：Очень хрошо. Тогда что вы услышали? （非常好。那你们听见说什么了？）

学生 E：Девушка позвала гостей: пожалуйста, к столу. （姑娘招呼客人说：请入席。）

学生 F：Мужчина сказал: У меня тост. （男的说：我提杯酒。）

学生 G：Кто－то сказал：Выпьем за... （有个人说：为……
干杯。）

教师：Да достаточно. Все молодцы. （可以了。大家都不错。）
Сейчас давайте вернемся к нашему диалогу. （现在回到我们的对话上
来。）Читайте текст и воспринимайте ситуацию диалога. （大家读一读
对话，感受一下对话描写的情境。）Потом сделаем анализ диалога. （然
后我们分析对话。）

Шаг 2 探索分析

学生们：（出声朗读）

——Дорогие гости, прошу к столу. Лида вы садитесь сюда, а ты
Борис, рядом. Удобно?

——Хорошо, спасибо.

——Что будем пить? Водку, коньяк, вино? Лида, вы?

——Вино.

——А ты, Борис, коньяк?

——Пожалуйста, коньяк.

——Лида, Борис, берите закуски—рыбу, икру. Попробуйте
салаты, этот салат с крабами, а этот—с грибами. Марина, положи
Лиде салат.

——Спасибо, пока хватит. Салат замечательный. Вы
сами готовили?

——Да. Ну что же дорогие. У меня есть тост. За встречу!

——За встречу!

——Приятного аппетита. Потом будет горячее—моё фирменное
блюдо—утка с яблоками.

教师：Перестаньте, пожалуйста. （请停下来。）Прежде всего мы
изучаем несколько слов со значением национальной культуры. （首先，
我们熟悉一下对话中有民族文化意义的单词。）

（词语语义分析）

Кто может указать на них? （谁能指出这类单词？）

学生 H：Такие слова, может быть, например, водка, салаты,
икра, блюдо? их в диалоге я не хорошо понимаю. （водка，салаты，
икра，блюдо是不是这类单词啊？在对话中我不太理解这些词。）

教师：Хорошо. Сейчас я обьясню.（好的，我来解释。）водка（板书）（文化知识点），翻译为"伏特加酒"。俄国白酒，酒精饮品。精馏乙醇和水的混合液，用活性炭处理制成的。"伏特加酒"酒精度数在40—56度之间；俄罗斯男人很喜欢喝 водка，甚至不用下酒菜就可以喝下去。所以在聚会时，你经常会看到他们端起酒杯一饮而尽的情境。对于俄罗斯人而言，"До дна"это лишнее слово.（板书）正因如此，Водка 也带给外国人负面的俄罗斯人形象——пьяница（酒鬼）（板书）。

Салат（板书），译为"沙拉"，也就是冷盘，凉拌菜。（文化知识点）俄罗斯人的凉拌菜和我国的凉菜做法有很大不同。我们的凉拌菜使用的配料有盐、糖、酱油、醋、味精等各种调料。俄罗斯人做的凉拌菜只放沙拉酱就可以了，口味很清淡。

Икра（板书）译为"鱼子酱"（文化知识点）。鱼子酱有红鱼子酱（красная икра）和黑鱼子酱（чёрная икра），其中以黑鱼子酱为上品。鱼子酱是俄罗斯人的上等佐餐佳肴之一，一般家里来贵客才会用鱼子酱招待。

Блюдо（板书）译为"一道菜"（文化知识点）。按俄罗斯人的习惯，午餐和晚餐通常有三道菜。头道、二道为主菜。

Первое блюдо，头道菜是热汤类，如 суп（汤，肉、鱼、蔬菜、碎米等加调料制作而成）、борщи（红甜菜汤，用红甜菜、白菜及各种调料做成）、щи（菜汤）、рассольник（带咸黄瓜的肉汤或鱼汤）、уха（鱼汤）、бульон（清汤）、солянка（什锦肉汤）等。

Второе блюдо，二道菜一般是肉、鱼、禽、蛋制品，如 котлеты（肉饼、菜饼）、шницель（煎肉饼）、бифштекс（牛排）、биточки（肉饼）、гуляш（匈牙利红焖牛肉）、печёнка（肝）、жаренная рыба（煎鱼）、курица（鸡）、утка（鸭）、гусь（鹅）等。

Третье блюдо，三道菜（文化知识点）通常是水果、甜食或饮料，如 кофе（咖啡）、молоко（牛奶）、чай（茶）、компот（糖水水果）、кисель（果粉羹）、желе（冻）、пирожное（甜点心，小蛋糕）、арбуз（西瓜）等。在吃第一道菜前还可以有 холодные закуски（冷盘），如 салат（沙拉）、винегрет（大杂烩凉拌菜）、икра（鱼子酱）、ветчина（火腿）、капуста（大白菜）、макароны（通心粉）、рис（大米）、гречка（荞麦）等。（这些词都要板书）

Есть ещё что—н не понятно?（还有不明白的地方吗？）Нет?

263

Хорошо. Сейчас выделите несколько конструкций, пожалуйста. (没有了？好，现在你们划分出几个结构。)

（句法分析）

学生 I：Прошу к столу! Попробуйте салаты!

学生 J：Положи Лиде салат. У меня есть тост.

学生 K：За встречу! Приятного аппетита.

教师：Хорошо. Эти конструкции очень важны. Дай мне обьяснить. (好的。这些结构非常重要。我来解释一下。)

Прошу к столу! Прошу 是未完成体动词 просить 的单数第一人称变位形式，其完成体是 попросить. просить — попросить кого — чего，о ком — чём 或接不定式，或接连接词 чтобы，意思是"请求"。Прошу к столу! 是按 просить кого куда делать что — н（请求谁去哪儿做什么）的模式构成的。本结构可还原为 Прошу (гостей) к столу (обедать)，但有情境存在，所以有的词就省略了，变成口语形式：Прошу к столу! （请入席！）

Попробуйте салаты! 来自词组 попробовать что （品味什么）。Попробовать 是完成体动词，其未完成体是 пробовать. Пробовать — попробовать что, инф. Переведите Попробуйте салаты! на китаёский язык.

学生们：尝尝沙拉。

教师：Правильно. 尝尝沙拉。

Дальше. Положи Лиде салат. 这句话来自词组 класть — положить кого — что. "平放"、"放入"、"添菜"或"添饭"等。这句话可还原为词组模式 Положить кому что, Положи，是单数第二人称命令式形式：Переведите эти слова на китайский язык.

学生们：给丽达添沙拉。

教师：Правильно. 给丽达添沙拉。Дальше.

У меня есть тост. 这是一个无人称句。还原为 у кого есть кто — что. Например, У него есть дети? У тебя есть учебник? Тост 是祝酒词。（文化知识点）通常俄罗斯人请客都会有某种理由，所以开席以后，主人会举杯对客人们说几句话。 "У меня есть тост" 就是"我提杯酒"。Ясно?

学生们：Ясно!

教师：За встречу! 可还原为前置结构 За что，表示目的意义。这是一句祝酒词。在席间俄罗斯人很喜欢举杯，Например，выпить за хозяйку（за дружбу，за новоселье）比如，为女主人干杯（为友谊干杯，为乔迁新居干杯）。

Приятного аппетита 是一个不完全句。来自模式 "жалать кому чего. Желаю вам счастья（祝你幸福）"、"Желаю вам всего хорошего"（祝你一切顺利），此句可还原为 Желаю вам приятного апетита，由于情境的作用可以使用不完全句。这是对用餐的人说的一句话。译为？

学生们：祝您胃口好！

教师：Да，правильно. 祝您胃口好！Ладно. Мы уже изучили ключевые слова и фразы.（好了。我们已经学习了关键词和关键句。）Сейчас посмотрим，о чём говорится этот диалог.（现在我们看看，对话说的是什么内容。）

Шаг 3 组织协作

（整体语篇内容分析）

学生 K：Этот диалог говорится о вежливости за столом.（这篇对话说的是用餐礼节。）

教师：Ребята，вы согласны с ним？（同学们，你们同意他的看法吗？）

学生们：Да，согласны.（同意。）

教师：А какую ситуацию нам показывает диалог？（那么对话给我们展示了一个怎样的情境？）

学生 K：Диалог показывает нам эпизод о том，что Лида и Борис в гостях у друга.（对话展示的是丽达和鲍里斯在朋友家做客的情境。）

教师：Что приготовили хозяева для гостей на обед？（主人们为客人准备了什么午餐？）

学生 L：Рыбу，икру，салаты，утка с яблоками.（鱼、鱼子酱、沙拉、苹果鸭。）

教师：Хорошо. А что они пили？（很好。那他们喝了什么？）

学生 M：Лида пила вино，а Борис—коньяк.（丽达喝了红酒，鲍里斯喝了白兰地。）

教师：Молодцы. Теперь мы переведем текст на китайский язык. Кто хочет пробовать？N，пожалуйста.（同学们好样的。现在我们把它们译成汉语。谁来翻译？N，你来吧。）

学生 N：

——尊敬的客人们，请入席。丽达，您坐到这儿来，你，鲍里斯，挨着坐。行吗？

——好，谢谢。

——我们喝什么呢？伏特加、白兰地、葡萄酒？丽达，您呢？

——葡萄酒。

——那你呢，鲍里斯，白兰地？

——好吧，白兰地。

——丽达，鲍里斯，夹菜吃——吃鱼，吃鱼子酱。尝尝沙拉，这道沙拉是用螃蟹拌的，而这道是用蘑菇拌的。玛丽娜，给丽达添沙拉。

——谢谢，暂时够了。沙拉太好吃了。您自己做的？

——是的。好吧，尊敬的客人。我提杯酒，为我们的见面干杯！

——为见面干杯！

——愿你们胃口好。后面还有热菜——我的拿手菜——苹果鸭。

教师：Отлично! Содержание диалога таково. （非常好！对话的内容就是这样。）我们这篇课文是对话形式。对话总是发生在一定场合和两个以上的人之间。对话参与者采用的言语形式（说话方式）和对交际伙伴言语的理解都会受到情境即场合的影响。

（语篇的交际语用分析）

言语情境是指一定时间、一定空间与言语交际参加者及其交谈内容的结合。言语情境的气氛多种多样，如庄重—随意、正式—非正式、喜庆—悲痛、外人在场—自己人在场等情况。这样就要求说话人"到什么山唱什么歌"，比如，庄重的场合说话不能太随便，随意的场合就不应该说话一本正经，悲痛的场合不能嘻嘻哈哈，喜庆的场合不能说话大煞风景。总之礼貌用语的选择要看情境而定，说话人的言语形式选择、语气急缓、意思的曲直都不能超越特定情境的限制，反之定会遭遇交际失败。

我们这篇对话表现的是俄罗斯人在家里宴请客人的情境。Сколько ролей в этом диалоге? （对话里有几个角色？）

学生们：Четыре. （四个）

教师：А кто они? （他们是谁？）

学生 O：Хозяин, Марина, Лида, Борис. （男主人、玛丽娜、丽达、鲍里斯）

教师：Правильно. А кто они друг другу? （正确。他们彼此是什么关系？）Какими вежливыми выражениями пользовались участники диалога за столом? （在席间对话参与者都用了哪些礼貌用语？）

学生 P：Они друзья. Но вежливые выражения ... （他们是朋友。是礼貌用语……）

教师：Ничего страшного. Сейчас я объясню целиком. （没什么。我来解释。）

这是宴请两位异性朋友（丽达和鲍里斯）的家庭聚会。情境中有四个人：从男主人的话语 "Марина, положи Лиде салат" （玛丽娜，给丽达添沙拉）中可以感觉到他和玛丽娜是 "自己人"。因为 положи 是完成体动词单数第二人称命令式，表示要求或督促的祈使意义，关系不熟是不会使用这种形式的。另外男主人的一句 "Потом будет горячее моё фирменное блюдо—утка с яблоками" （后面还有热菜——我的拿手菜——苹果鸭）反映出他是一位礼貌周到，又非常能干的 "新好男人"。之所以这样说，是因为俄罗斯传统家庭男人一般情况下是不进厨房的（文化知识点）。

男主人一直特别关照的是丽达和鲍里斯。从他的言谈中我们可以发现，男主人与两位客人说话是有分寸的。对丽达说话是用 "вы" （您），如：Лида вы садитесь сюда （丽达，您坐到这儿来），表现出客气的口吻；而对鲍里斯则使用 "ты" （你），如：а ты Борис, рядом. Удобно （而你，鲍里斯，挨着坐。行吗），显得两人关系很随意。

再看丽达和鲍里斯是如何 "入乡随俗" 的：

男主人提议喝什么酒水时，鲍里斯选择了男主人说的其中一种 "Пожалуйста, коньяк" （好吧，白兰地），这样说话不仅顺应了主人的心意，也反映了自己的教养。假如鲍里斯说，无论是伏特加、白兰地，还是葡萄酒他都不喜欢喝，或者说因某种原因今天不喝酒，那么就会很煞风景，无形中给主人出了难题。

丽达也是说了很符合场合的话：在男主人让玛丽娜给她夹菜时，她不失时机地说 "Салат замечательный. Вы сами готовили" （沙拉太好吃了。您自己做的），让主人很有成就感。

正是因为各位聚会成员都本着礼貌的原则进行交谈，才使得聚会很温馨。

Ну хорошо. Вы уже знаете вежливые выражения из моего

обьяснения？（好了。你们是否从我的讲解中知道了礼貌用语？）

学生们：Да, уже ясно.（是的。清楚了。）

教师：Кто хочет указывать на них? Q.（谁想指出它们？Q.）

学生 Q：Я считаю, что в диалоге употребляются такие выражения（我认为，对话里使用了这样一些礼貌用语）：Лида, вы садитесь сюда.（丽达，您坐这儿吧。）Хорошо, спасибо.（好，谢谢。）Пожалуйста, коньяк.（就喝白兰地吧。）Лида, Борис, берите закуски—рыбу, икру.（丽达、鲍里斯夹菜，吃鱼、鱼子酱。）Попробуйте салаты.（尝尝沙拉。）Спасибо, пока хватит.（谢谢，暂且够了。）Салат зсамечательный. Вы сами готовили?（沙拉特别好吃，您自己做的？）Приятного аппетита.（祝您胃口好！）

教师：Ну, мы уже хорошо знаем диалог. Что будем делать?（好。我们已经非常熟悉对话了。下一步我们干什么呢？）

学生们：（异口同声地）Развитие речи.（言语训练。）

教师：Ну давайте составлять дилоги по теме "В гостях", употребляя выражения для замены и конструкции, которые мы изучили в диалоге.（那就用对话里学过的结构替换语句，以"做客"为主题编对话。）

Шаг 4 反馈评价

第一组：

——Пожалуйста, *к столу*.

——У меня тост. Давайте *выпьем за встречу*!

——Выпьем *за ваше новоселье*! Как всё вкусно! *Вы сами готовили?*

——Да. Попробуйте моё фирменное блюдо—мясо по—грузински.

第二组：

——*Что мы будем пить?* Вино, сок?

——Мне только сок, я вино не пью.

——Нравятся эти блюда?

——Очень вкусно.

——*Попробуйте салаты*, этот салат с грибами.

——Спасибо, достаточно.

Шаг 5 语言习得

让学生了解中俄两个民族在饮食文化方面的差异，了解饮食习惯和就餐礼节。在这篇对话里验证了俄罗斯人喜欢在家里宴请客人的习惯，体现了他们热情好客的民族个性。

Домашнее задание：看反映俄罗斯都市生活的电影。延伸阅读情境对话方面的书籍，以增强学生对俄罗斯人就餐习惯、言语礼节的认知。自如掌握就餐方面的词汇和礼貌用语。

九、教学反思

本课以"做客"为主题，借助"三维语篇教学模式"引导学生逐步掌握单词含义及就餐礼貌用语，引导他们进行主题交流。学生在了解中俄两个民族饮食文化的差异后，自如地学习了相关的饮食词汇，能够用本课学习的句型句式进行交际，实现了预期的教学目标。本课采用了启发、引导、合作的教学方法，激发学生的学习兴趣，利用小组活动和小组竞赛以及教师及时评价的方式，鼓励学生主动参与，调动了学生的学习热情。

第十章　研究结论、展望与不足

一、主要研究结论

本研究的对象是培养高中俄语学生的"文化素养"，在对国内外相关研究进行梳理和归纳的基础上，对文化元素之一——"言语个性"的概念进行了界定，对了解"言语个性"的重要途径——语篇概念进行了界定，划分了语篇基本类型，讨论了俄语言语个性形成的原因。然后，依据新课标中"文化素养"目标的要求，作者对高中俄语语篇教学现状进行了调查研究，并在此基础上提出了要解决的问题，建构了语篇教学模式，以期解决高中俄语教学目前面临的问题，最终实现培养高中学生"文化素养"的目标。

（一）"言语个性"理论研究及其结论

"言语个性"是在"语言个性"理论构架的基础上提出来的。言语个性（речевая личность）是这样的个性，它在交际中实现自己，是在选择并实现某种交际策略时展现的个性，是选择并运用某种手段时展现的个性（既可以是语言学的手段，又可以是超语言学的手段）。言语个性强调的重点是，言语生成者在选择交际策略和交际手段时体现的个性。由于言语个性理论强调，在交际条件下选择交际策略和选择表达手段时实现的个性，所以言语个性与言语交际活动的媒介——语篇有着必然的联系。

（二）俄语语篇的研究及其结论

在我国俄语学界，对"语篇"这一概念一直有一种模糊的认识，人们常常把"语篇"和"话语"视为同义词。研究表明，这种现象的存在是由语言学发展的不同阶段和研究问题的不同视角决定的。语篇是众多领域研究的对象，语篇侧重言语活动的过程方面，重视人们的心理和社会文化的认知活动，口语性强。如果一定要进行比较，话语是言语活动的结果，而语篇是言语思维活动的过程。由于言语活动的结果是话语，所以本文将"语篇"界定为动态和静态的统一体。俄语语篇既是言语思维活动的过程，又是言语思维活动的结果。俄语语篇是言语交际单位。言语思维活动过程是词语活动的过程，它再现形成俄语话语的综合语言结构，言语思维活动的结果最终以文本形式记录下来。

（三）俄语语篇的言语个性特点研究及其结论

言语个性是言语行为主体的个性。言语行为理论认为，"话语（текст）即行为"，因此言语个性又是话语主体——话语发出者的个性。而话语是语篇（дискурс）的单位，所以俄语言语个性就是俄语语篇的言语个性。而任何一个言语个性都不是孤立存在的，它属于一定的社会群体或民族。任何一个俄语言语个性都是俄罗斯民族群体的代表，其举手投足都流露出民族群体文化的鲜明特点。

我们通过对俄罗斯民族的长期关注和研究认为，俄罗斯民族性格可以归结为几大方面，如交际性、文学性、宗教性和集体主义；俄罗斯人的思维方式很独特，它既不同于欧美人的"理性"思维，也不同于亚洲人的"整体性"思维，俄罗斯人的思维方式像青春期的孩子一样简单、幼稚、片面。继戈尔巴乔夫改革和新俄罗斯建立以后，俄罗斯人的价值观在不断地发生着变化，他们一向追求精神满足的特质逐渐被金钱所影响。

（四）俄语言语个性形成的原因研究及其结论

俄语言语个性是俄语语篇生成者的个性。在言语交际中，作为说话人言语行为的语篇，折射着言语发出者的性格、思维方式和价值观等个性特点。俄语言语个性像其他任何一个民族的言语个性一样，时刻都带有民族文化的痕迹。各个国家的文明差异主要反映在性格、思维方式和价值观方面。本文认为，俄语言语个性的形成受综合因素的影响，如种族因素、自然地理因素、宗教因素、民族历史以及地缘政治等。

（五）高中俄语课堂语篇教学对言语个性关注情况的调查研究及结论

通过分析"语篇教学焦点"中五个子项的得分情况，我们可以看到，在23节课中几乎每节课都会重视语言知识的讲解，这主要从"语言知识"条形图反映的分布情况可以看出来，1—5分都有得分，唯独没有0分。而且得4分的情况极其普遍，占一半左右，说明教师们俄语语言意识很浓。相反，修辞知识的 0 出现率高达 82.61%，文化知识的 0 出现率占 78.26%，言语知识的 0 出现率 82.61%，语用知识的 0 出现率占 65.22%。由此我们可以断定，高中俄语教师的语篇教学理念是以高考为最终目标，重视应试教育，忽略素质教育，即语言知识绝对领先，其他知识可有可无。

（六）俄语语篇教学应该解决的问题研究结论

俄语语篇教学是俄语课程每一主题模块教学过程的一个课段，在这一课段中，语篇教学不是孤立进行的，它和其他课段的知识是衔接的。语篇教学是一个融语法知识、文化知识、语用知识、逻辑思维、技能训练于一体的过程。语篇教学是实现学生俄语"综合语言运用能力"的重要教学环节。

语言科学的发展、社会的需要和"文化素养"目标的要求，使只重视词、句、篇解释与翻译的传统语篇教学经受着严峻的考验。语篇是直接传播人类信息的渠道，在语篇中了解俄罗斯人的个性特质——性格、思维方式和价值观是语篇教学最应该解决的问题。

（七）俄语课堂"三维语篇教学模式"研究及其结论

"三维语篇教学模式"是在"语言个性"结构理论（语言文化层、认知层和语用文化层）指导下，建立起来的语篇教学活动的基本结构和框架。它将借助理论基础、教学目标、模式解读、操作程序、实现条件和评价等六大要素来实现。

在"三维语篇教学模式"指导下的语篇教学，既能反映俄罗斯国情文化（历史、地理、文化、习俗等），又能反映俄罗斯人的个性心理（性格、思维方式和价值观），最终促进"文化素养"目标的实现。

二、展望与不足

本课题是心理语言学"言语个性"理论运用于语篇教学实践的研究。鉴于论文采用的理论特点及其指导教学实践的实用价值，本课题还有继续研究的空间。

（一）展望

任何一个理论的产生都不是一成不变的，它会随着时间的推移、社会条件的变化进一步完善和发展。言语个性理论也同样如此，根据该理论的性质，我们认为它会有如下发展前景：

1. 理论对象的多元化

我们已经知道，言语个性理论本身面向交际中的语篇。而语篇与言语活动有关。言语活动离不开场合，言语主体也不可能只在一个场合中活动，因此言语主体的言语作品会随着场合的变化而变化。这样一来，作为交际的媒介，语篇会有各种各样的风格，如日常生活语篇、演讲形式的语篇、科学会议的语篇、课堂教学的语篇、商务会谈的语篇、不同历史时期的语篇，等等。所以言语个性理论具有研究对象多元化的发展趋势。

2. 理论应用的多领域化

作为与人类个性特点相关的理论，"言语个性"理论不仅能够用于语篇研究，还可以用于课堂教学的师生互动，掌握每个学生的心理特点；可以用于心理咨询，心理医生通过患者的言语，还可以了解他们的问题所在；可以用于企业管理，管理者运用该理论，通过员工的言行，可以了解他们的思想动态；可以用于国家外交，不同国家领导人运用该理论可以增进彼此的了解，建立和巩固外交关系。可见，言语个性理论不一定仅仅用在普通大众的语篇分析领域。

3. 研究方法的多样化

总体上看，言语个性理论主张通过言语主体选择表达方式的策略和语言表达手段特点来确定言语主体的个性特点。实际上还可以通过联想实验来分析言语主体的个性，比如我们让全班同学写作文，同一个题目会写出不同的风格和内涵，有的同学言语犀利，说明他很认真，具有正义感；有的同学幽默风趣，说明他活泼开朗、善于交际；有的同学写出的作文比较枯燥呆板，说明他是一个不善读书，与外界事物接触很少的人。假如与此同时将作文的风格连同字迹一起分析，比如字体工整或潦草，字体大或小，就更能够增加分析结果的准确性。

（二）不足

1. 目前，国内外均没有公认的语篇课堂教学观察量表，本研究所采用的量表是本人在参考《英语课堂观察的体系指标》基础上，结合俄语语篇教学的内容特点设计的，本量表能否进一步推广应用，还有待于进一步的实践研究。

2. 本研究建构的三维语篇教学模式，只是在少数学校进行过实验，还有待于进一步推广使用后，逐步完善。

3. 高中俄语学生文化素养的培养是一个长远的系统工程，除了本文研究的方向和内容外，还有许多相关问题需要进一步研究，如文化素养目标实现的教学设计、教材编写、教师的文化意识提高等方面。

相信经过一系列的后续研究，高中俄语教学中"文化素养目标"的实施会受到足够重视。希望本研究能够为高中俄语教学文化素养目标的实现提供些许参考和借鉴。

参 考 文 献

［1］Щерба Л. В. Языковая система и речевая деятельность ［М］. Л.：Наука，1974. 26.

［2］Абрахам Маслоу Мотивация и личность ［R］. Перевод А. М. Татлыбаевой СПб.：Евразия，1999.

［3］Караулов Ю. Н. Русский язык и языковая личность ［М］. / Отв. ред. член－кор. Д. Н. Шмелев. М.：Наука，1987.

［4］中华人民共和国教育部. 普通高中俄语课程标准（实验）［S］. 北京：人民教育出版社，2003.

［5］Hymes D. H. （1972）. On communicative competenc ［М］ e. In J. B. Pride & J. Holmes （Eds），Sociolinguistics （pp. 269－293）. London：Penguin.

［6］［8］［9］［10］Караулов Ю. Н. Русский язык и языковая личность ［М］. / Отв. ред. член － кор. Д. Н. Шмелев. М：Наука，2006－35.

［7］［59］Караулов Ю. Н. Русская языковая личность и задачи её изучения ［С］. см：сб. Язык и личность. М，1989. 3－8.

［11］Залевская А. А. Психолингвистические исследования. Слово. Текст：Избранные труды ［М］. М，2005.

［12］Аникин Д. В. Исследование языковой личности составителя "Повести временных лет" ［D］. Диссертация на соискание ученой степени кандидата филологических наук. Барнаул，2004.

［13］Карасик В. И. Языковой круг：личность，концепты，дискурс ［М］. Волгоград：Перемена，2002. － С. 166－205.

［14］Шойсоронова Елена Степановна Языковая личность：этнический аспект （на материале бурятской языковой личности）［D］. дис.... канд. филол. наук：2010. 02. 19.

[15] Сиротинина О. Б. Языковая личность и факторы, влияющие на ее становление // Термин и слово [М]: — Нижний Новгород，1997.

[16] Бабушкин А. П. Типы концептов в лексико — фразеологической семантике языка [М]. Воронеж: Изд — во ВГУ，1996.

[17] Ворожбитова А. А. Юрьева А. В. Линвориторический идеал как фактор становления профессиональной языковой личности будущего учителя [М]. Издательство " ФЛИНТА" 2014

[18] 赵爱国. 语言个性理论及研究 [J]. 外语与外语教学，2003 (12).

[19] 李新民，关海鸥. 语言个性理论与外语教学实践 [J]. 中国俄语教学，2011 (2).

[20] Безрокова М. Б. Специфика формирования и развития языковой личности в моно — и полиэтнической среде（на примере Кабардино—Балкарской Республики）(D) Нальчик，2013.

[21] Султаньяев О. А. Языковая личность - национальная личность? Международный конгресс исследователей русского языка " Русский язык：исторические судьбы и современность"，Сборник тезисов [D]，М.，2004.

[22] 孙军. 语言个性初探 [J]. 解放军外国语学院，2001 (5).

[23] Недосугова Анастасия Борисовна Лингвокультурологическое описание национальной личности в русском и японском языках [D]: Дис. канд. филол. наук：2010. 02. 20：Москва，2003 224 с. РГБ ОД，61：04—10/220—8.

[24] Ле Дык Тху. Национальная языковая личность в сравнительно — сопоставительном лингвокультурологическом описании （На материале русской и вьетнамской культур）[D]：Дис. д — ра филол. наук：10. 02. 01：Москва.

[25] 高健. 语言个性与翻译（[J]. 上海外国语大学，1999 (4).

[26] Е. А. Кречетова Компетентностный подход в работе учителей русского языка и литературы [R] Публичный доклад директор.

〔27〕李向东. 语言个性理论与外语教学实践〔J〕. 中国俄语教学，2011（2）.

〔28〕Ю. С. Степанов Альтернативный мир，Дискурс，Факт и принцип Причинности（Язык и наука конца XX века〔С〕. Сб. статей. —М：РГГУ. —1995. —432 с.）

〔29〕Щерба Л. В. Языковая система и речевая деятельность〔М〕. — М，1974. — С. 77—100）

〔30〕Harris Z. S. Analyse du discours// Langes，1969（13）p. 8—45.

〔31〕〔34〕〔35〕〔38〕〔39〕〔41〕〔42〕〔50〕〔51〕〔67〕〔70〕〔79〕〔289〕Борботько В. Г. Принципы формирования дисскурса〔М〕. М.：КомКнига，2000：0—13，10—28.

〔32〕〔33〕Btnveniste E. Problemes de linguistique〔М〕. Paris：Gallimard，1966：129，129—130.

〔36〕〔78〕〔301〕Гальперин И. Р. Текст как обьект лингвистического исследования〔М〕. М：Наука，1981：18，30.

〔37〕Тодоров Ц. Понятие литературы// Семиотика〔М〕. М. Радуга，1983.

〔40〕Гак В. Г. О семантической организации повествовательного текста〔С〕. см：Лингвистика текста. Вып. 103. М.：МГПИИЯ，1976：6—9.

〔43〕Тодоров Х. Критика литературоведческих взглядов Р. Барта〔С〕.. см：Структурализм："за" и "против. М.：Прогресс，1975：383—387.

〔44〕Леонтьев А. А. Признаки связности и цельности текста // Лингвистика текста〔С〕.. Сб. науч. тркдов. Вып. 103. М.：МГПИИЯ，1975：60—70.

〔45〕Лотман Ю. М. Текст как динамическая сисиема〔С〕. см：Структура текста 81. М.：Наука，1981：104—105.

〔46〕Леонтьев Н. Н. О смысловой неполноте текста// Машинный перевод и прикладная лингвистика〔С〕. вып. 12. М：МГПИИЯ，1969：96—114.

〔47〕Звегинцев В. А. О цельнооформлености единиц текста //

Известия АНСССР，серия Ля. Т. 39. 1980. №1. с. 13－21.

[48] Колшанский Г. В. Коммуникативная дискретность языка // Лингвистика текста. ［С］. Сб. науч. тркдов. Вып. 103. М.：МГПИИЯ，1976：15－22.

[49] Дресслер В. Синтаксис текста // Новое в зарубежной лингвистике ［С］. Вып. 8. М.：Прогресс，1978：111－137.

[52] [55] Леонтьев А. А. Актуальное членение и способы его выражения в русском языке. Теория языка，методы его исследования и предложения ［М］. Л：Наука，1981：291.

[53] [56] Смирнов А. А. К вопросу о структурности текста // Вопросы психологии ［J］，1983. №4，с：111－113.

[54] ［142］ Черняховская Л. А. Информационный ивариант смысла текста и вариативность его языкового выражения ［D］：［Автореф. дис. докт. филол. наук］. М，1983. 34.

[57] Овчиников Н. Ф. Структура и симметрия/Системные исследлвания ［М］. М. Наука，1971. с. 111－121.

[58] Ballter T Frames and condext structures // Zum Thema Sprache und Logik/］ Hamburg ［М］. 1980/s. 281－334.

[60] Минский М. Структура типологии и фольклор/контекст ［М］. 1973. М. 329－346.

[61] [64] Ахутина Т. В. Модель порождения речи по данным нейролингвистики // материалы УП Восоюзного симпозиума по психолингвистике и теории коммуникации：Тез. Докл. М.，1985 .

[62] Одиноцов В. В. Стилистика текста ［М］. М.：Наука，1980. 263с. 3－е изд. М КомКнига/ URSS，2006.

[63] Pike R. L. Language in Relatin to an Unified Theory of the Structure of Humain Behaviou ［M］ r. The Hague - Paris：Mouton，1967. 762p.

[65] Dijk T. A. Van. Text and context. Exploration in the semantics and pragmatics of discourse ［М］. New York：Longman，1977. 3.

[66] Келемен Я. Текст и значение// Семиотика и художественное творчество ［М］. М.：Наука，1977. с：104－124.

[68] Соссюр Ф. де. Труды по языкознанию [M]. M：Прогресс，1977：141，143，149，146.

[69] Смирнов Г. А. К вопросу о структурности текста [C]. см.：Вопросы психологии. 1983 (4))：111—113.

[71] Сииронов Н. Н. Дискурс — анализ оценочной семантики [M]. M：НВИ—Тезаурус，1997：14—15.

[72] [73] [74] Леонтьев А. А. Язык как социальное явление（к определению обьекта языкознания） [C]. см：Известия АН СССР，серия ЯЛ. Т. 35，1976 (4)：299—307.

[75] Веселовский А. Н. Историческая поэтика [M]. M：ВШ，1989：301.

[76] [258] Пропп В. Я. Морфология сказки [M]. M：Наука，1969.

[77] Тодоров Ц. Грамматика повествовательного текста. см：Новое в зарубежной лингвистике [C]. Вып. VIII. M.：Прогресс，1978：453—454.

[80] 王燮康. 从后置的一致定语看俄语词序 [J]. 中国俄语教学，1989 (4)：28—32.

[81] 崔爔. 超句子统一体及其结构类型 [J]. 中国俄语教学，1995 (1)：16—21.

[82] 陈洁. 从实际切分角度谈翻译中的词序及行文线索 [J]. 中国俄语教学，1990 (4)：46—49.

[83] 陈倩. 俄语句际关系中的实际切分与交际接应 [J]. 中国俄语教学，2007 (3)：24—27.

[84] 吴贻翼. 现代俄语语篇语法学 [M]. 北京：商务印书馆. 2003.

[85] 胡壮麟. 语篇的衔接与连贯 [M]. 上海：上海外语教育出版社. 1994.

[86] 朱永生. 英汉语篇衔接手段对比研究 [M]. 2001.

[87] 李战子. 话语的人际意义研究 [M]. 上海：上海外语教育出版社，2002.

[88] 倪波，周承，李磊荣，杨明天. 言语行为理论与俄语语句聚合体 [M]. 上海：上海外语教育出版社，1998.

[89] 吕凡，宋正昆，徐仲历. 俄语修辞学 [M]. 北京：外语教学与研究出版社，1988.

[90] 王辛夷. 俄语语篇中段落的功能及其划分原则 [J]. 中国俄语教学，2010 (2)：31－35.

[91] 陈忠华. 知识与语篇理解. 话语分析认知科学方法论 [M]. 北京：外语教学与研究出版社，2004.

[92] [93] 王冬竹. 语境与话语 [M]. 哈尔滨：黑龙江人民出版社，2004：47.

[94] 田海龙. 语篇研究：范畴、视角、方法 [M]. 上海：上海外语教育出版社，2009.

[95] 安利. 现代俄语语篇分析 [M]. 长春：东北师范大学出版社，2009。

[96] 郭鸿. 语篇分析符号学分析 [J]. 外语研究，2007 (4)：26－30.

[97] 辛斌. 批评语篇分析的社会和认知取向 [J]. 外语研究，2007 (6)：19－24.

[98] 侯旭. 俄语书面独白语中的语气词 [D]. 黑龙江大学，2005.

[99] 赵明炜. 会话的交互言语行为模式 [D]. 上海外国语大学，2005.

[100] 王冰. 英语广告语篇的宏观结构研究 [D]. 吉林大学，2005.

[101] 李兵. 英语新闻批评性语篇分析 [D]. 广西师范大学，2007.

[102] 贾军. 科技语篇中的语法隐喻. 对比研究 [D]. 苏州大学，2004.

[103] 张友香. 系统功能视角的旅游语篇英汉对比研究 [D]. 江西师范大学，2005.

[104] 孙珊. 美国总统演讲的语篇分析 [D]. 山东师范大学，2008.

[105] 苑林琳. 电影语篇《乱世佳人》的多模态分析 [D]. 河北大学，2010.

[106] 王伊宾. 英语幽默语篇研究 [D]. 吉林大学，2005.

[107] 何振兴. 商务谈判：语篇分析与翻译 [D]. 上海海事大学，2008.

[108] 张玉玲. 网络语言的语体学研究 [D]. 复旦大学，2009.

[109] 王沛. 国家行政公文言语行为分析 [D]. 暨南大学，2007.

[110] 史春婷. 自然灾难新闻语篇中被动语态的人际功能研究 [D]. 吉林大学：2011.

[111] 孟姣. 中国大学生即兴演讲的人际意义研究 [D]. 吉林大学，2009.

[112] 杨晓宜. 中英文商业广告文本人际意义对比研究 [D]. 广东外语外贸大学，2009.

[113] 高宏. 英文日用品说明书语篇的人际功能研究 [D]. 山东师范大学，2007.

[114] 胡明亮. 语篇衔接语翻译 [M]. 成都：巴蜀书社，2007.

[115] 唐青叶. 语篇语言学 [M]. 上海：上海大学出版社. 2009.

[116] 孙亚娟. 中英文社论的语篇连贯对比分析 [D]. 华中师范大学，2006.

[117] 金莉娜. 韩（朝）汉语篇结构标记对比研究 [D]，延边大学，2012.

[118] 刘齐生. 汉德宣传性语篇结构差异的政治语法因素——汉、德"企业介绍"语篇研究 [D]. 广东外语外贸大学，2009.

[119] [120] [121] Красных В. В. Структура коммуникации в свете лингвокогнитивного подхода（коммуникативный акт, дискурс, текст）Дисс. докт. филол. наук. МГУ 1999.

[122] [美] 罗伯特·费尔德曼. [中] 黄希庭. 心理学与我们 [M]. 黄希庭等译. 北京：人民邮电出版社，2008：232，237，70.

[123] [124] [125] [126] 中国社会科学院语言研究所词典编辑室. 现代汉语词典 [Z]. 北京：商务印书馆，1987：789，1544，791。

[127] [128] [129] 李静. 民族心理学 [M]. 北京：民族出版社，2009：360.

[130] В. В. Виноградов. О художественной прозе [M]. М: 1930：82.

[131] [132] [134] [135] [268] Караулов Ю. Н. Русская языковая личность и задачи её изучения [C]，см：сб. Язык и

личность. М. , 1989. 3—8.

[133] [136] [137] [143] Красных В. В. Основы психолингвистики и теории коммуникации [M]. М. 2001.

[138] Stubbs M. Discourse Analysis: The Sociolinguistic Analysis of Natural Language [M]. — Oxford: Blackwell, 1983.

[139] [145] Серио П. , Квадратура смысла [C]. М: "Прогресс", 2002: 416.

[140] Барт Р. Избранные работы: Семиотика. Поэтика [C]. М: Прогресс, 1989.

[141] Фуко М. Психическая болезнь и личность [M]. Изд. 2—е, стереотип. — СПб. : ИЦ   Гуманитарная Академия   , 2010. — 320 с.

[144] [146] Бахтин М. М. Проблема текста в лингвистике, филологии и других гуманитарных науках// Бахтин М. М. Эстетика словесного творчества. — М: Искусство, 1979. — С. 281—307.

[147] [148] [152] Степанов Ю. С. Альтернативный мир, Дискурс, Факт и Принци причиности // Язык и наука ьконца 20 века [C]. М: РАН, 1996.

[149] [153] [154] Сигал . Я. Сочинительные конструкции в тексте: Опыт теоретико — экспериментального исследования (на материале простого предложения) [M]. М, 2004.

[150] [155] Малычева Н. В. Текст и сложное синтаксическое целое: системно—функциональный анализ [D]. 2010. 02. 01

[151] Ф. Бартлетт Воспоминание [M]. М. 1959.

[156] Карасик В. И. Языковый круг: личность, концепты, дискурс [M]. 2—е изд. — М: Гнозис, 2004. — 390 с.

[157] Маслова В. А. Лингвистический анализ экспрессивности художественного текста.   [M]. Минск: Издательство Вышэйшая школа, 1997.

[158] Ю. Криетева Семиотика Постмодернизм [M]. М. 1996.

[159] Чан Ким Бао. Русский текст как лингвистический феномен (Через призму лингвофилософской иньян—концепции) [D].. дис. на соиск. учен. степ. д. филол. н. : Спец. 10. 02. 01.

[160] [161] [165] [166] [167] [168] [171] [172] [174]

[195] [196] [214] [219] [220] [221] [222] [223] [224] А. В. Сергеева. Какие мы, русские? [M]. М.：Русский язык，2006. 10、37－38、67、158、110、104、105、63、64、65、66、67、53、54、52、51、61.

[162] [163] [187] 赵云中. 俄语情景对话 [Z]. 上海：上海译文出版社，1983：26，28，9.

[164] 黑龙江大学俄语学院编. 俄语 3 学生用书（全新版）[Z]. 北京：北京大学出版社，2009：120.

[169] [170] 余绍裔，徐雅芳等编. 俄罗斯苏联文学名著选读，上. 俄罗斯部分 [G]. 北京：商务印书馆，1984：15.

[173] 黑龙江大学俄语系编. 泛读教材：第二册 [Z]. 哈尔滨：黑龙江教育出版社，1993：191.

[175] [176] [179] 阮福根，张友毅. 俄语泛读 2（修订本）[Z]. 上海：上海译文出版社，1983：26，108.

[177] [178] 赵为，荣洁. 俄语阅读：第四册 [Z]. 哈尔滨：黑龙江教育出版社，1994：138.

[180] [191] [192] [217] [218] 杨无知. 董吉清编译. 俄语谚语选 [G]. 重庆：重庆出版社，1985：225，12.

[181] [182] [183] 〔苏〕列·费·叶尔绍夫著. 苏联文学史 [M]. 北京师范大学苏联文学研究所译. 北京：北京师范大学出版社，1982：341.

[184] 刘圣然，周邦新. 俄语辅导课本 [Z]. 上海：上海外语教育出版社，1982：142－143，135－138.

[185] [186] 〔英〕布丽姬特·贾艾斯主编. 认知心理学 [M]. 黄国强等译. 哈尔滨：黑龙江科学技术出版社，2007：174.

[188] [189] [205] [206] [208] [209] Кумбашева Ю. А. Человек в современном мире [G]. М.：Флинта Ⅵ наука，2006. 13、11、17、55.

[190] Татьянин день. Серия. http：//video. yandex. ru.

[193] Короткое дыхание. кинофильм. http：//video. yandex. ru：9 июля 2010.

[194] 大卫. C. 范德著. 人格谜题 [M]. 许燕等译. 北京：世界图书出版公司，2009：81，436，391，392，393.

［197］［198］［199］阮福根，张友毅．俄语泛读 3（修订本）［G］．上海：上海译文出版社，1983：129．

［200］［201］［202］［203］［204］［207］В. И. Аннушкин，А. А. Акишина，Т. Л. Жаркова．Знакомиться легко，расставаться трудно ［М］．М．：Флинта Ⅵ Наука，2004：89－91，42，72．

［210］北京外国语学院编．大学俄语 3 学生用书 ［Z］．北京：外语教学与研究出版社，2010：190．

［211］［212］］阮福根．张友毅主编．俄语泛读 1（修订本）［Z］．上海译文出版社，1983：11．

［213］［230］［232］李英男，丁曙．俄语选修 1－3（3）［Z］．北京：人民教育出版社，2007：11－12．

［215］［美］耶鲁・瑞奇蒙德著．解读俄罗斯人 ［M］．郭武文等译．北京：中国水利水电出版社，2004：37，19．

［216］［225］刘永兵，王冰，林正军．英语课堂教学量化研究工具的构想与设计 ［J］．《中国外语》，2009：30（3）．

［226］［227］刘献君主编．秦晓晴著．外语教学研究中的定量数据分析．武汉：华中科技大学出版社，2003：76，132．

［228］人民教育出版社课程教材研究所，俄语课程教材研究开发中心，俄罗斯普希金俄语学院合编．俄语 1 必修 ［Z］．北京：人民教育出版社，2007：36－37．

［229］［231］李英男．俄语・九年级 ［Z］下．北京：人民教育出版社，2004：3－4．

［233］岑运强主编．语言学基础理论 ［M］．北京：北京师范大学出版社，2001：4，10．

［234］刘金明．论语篇交际的构成原则 ［J］．山东外语教学，2005（6）：29－33．

［235］［236］［237］［276］黄甫全，王本陆主编．现代教学论学程［M］，北京：教育科学出版社，1998：205．

［238］［239］［240］［241］季元龙编著．俄语语言国情学——教与学探索 ［M］．上海：上海外语教育出版社，2004：8．

［242］Е. М. Верещагин，В. Г. Костомаров．Язык и культура．Лингвострановедение в преподавании русского языка как иностранного ［М］．М：Русский язык，1983：33，7，37．

［243］В. А. Ковшиков, В. П. Глухов. Психолингвистика. Теория речевой деятельности ［М］. М.：ACT Ⅵ Астрель, 2006：13.

［244］Леонтьев А. А. Некоторые проблемы обучения русскому языку как иностранному （психолингвистические очерки） ［М］. М：1970.

［245］Щерба Л. В. Языковая система и речевая деятельномть ［М］. Л.：Наука, 1974：428.

［246］Залевекая А. А. Psycholinguistics and language teaching 哈尔滨. 心理语言学与外语教学国际学术讨论会. 2005：5.

［247］Есперсен О. Философия грамматики ［М］. М：1958.

［248］［249］［257］［259］Колшанский Г. В. Коммуникативная фушкция и структура языка ［М］. М, 1984：15, 05－00.

［250］高凤兰. 俄语课堂教学模式探析 ［R］. 东北师范大学, 2010：6. 26.

［251］［252］［253］［254］［255］［256］［265］Каменская О. Л. Текст и коммуникация ［М］, М.：Высшая школа, 1990：20, 101, 136, 41.

［260］［263］［272］ ［273］Волгина Н. С. Теория текста ［М］. М., 2003：10, 4, 5.

［261］ ［262］Караулов, Ю. Н. Роль прецедентных текстов в структуре и функционировании языковой личности ［ R ］. Ⅵ Международный конгресс МАПРЯЛ. Доклады советской делегации. М, 1982.

［264］ ［271］Прохоров Ю. Е. Национальные социокультурные стереотипы речевого общения и их роль в обучении русскому языку иностранцев ［М］. М：ЛКИ, 2007. 161.

［266］李英男，丁曙. 俄语选修 1－3 （3） ［Z］. 北京：人民教育出版社, 2007. 11－12.

［267］［278］张高锋. 信息结构在英语语篇分析中的应用研究 ［D］. 西北工业大学, 2006.

［ 269 ］Формановская Н. И. Речевое взаимодействие：коммуникация и прагматика ［М］. М：ИКАР, 2007.

［270］高国翠，高凤兰. 高校俄语专业写作教学的先行组织者设计

[J]. 中国俄语教学，2009（3）.

[274] [苏] M. H. 科仁娜著. 俄语功能修辞学 [M]. 白春仁，郭聿凯，赵陵生等译. 北京：外语教学与研究出版社，1982：213.

[275] [277] 中华人民共和国教育部. 普通高中俄语课程标准（实验）[S]. 北京：人民教育出版社，2003：6，1，1—2，26，27，27—28，6，33.

[279] [280] 崔金萍. 大学英语口语语篇的人际意义分析及应用研究 [D]. 华北电力大学，2009.

[281] 北京外国语大学俄语学院编著. 东方大学俄语 [新版] 学生用书 2 [Z]. 北京：外语教学与研究出版社，2010：12，148—149，25.